T&P BOOKS

PERSA
VOCABULARIO

ESPAÑOL-
PERSA

Las palabras más útiles
Para expandir su vocabulario y refinar
sus habilidades lingüísticas

9000 palabras

Vocabulario Español-Persa - 9000 palabras más usadas

por Andrey Taranov

Los vocabularios de T&P Books buscan ayudar en el aprendizaje, la memorización y la revisión de palabras de idiomas extranjeros. El diccionario se divide por temas, cubriendo toda la esfera de las actividades cotidianas, de negocios, ciencias, cultura, etc.

El proceso de aprendizaje de palabras utilizando los diccionarios temáticos de T&P Books le proporcionará a usted las siguientes ventajas:

- La información del idioma secundario está organizada claramente y predetermina el éxito para las etapas subsiguientes en la memorización de palabras.
- Las palabras derivadas de la misma raíz se agrupan, lo cual permite la memorización de grupos de palabras en vez de palabras aisladas.
- Las unidades pequeñas de palabras facilitan el proceso de reconocimiento de enlaces de asociación que se necesitan para la cohesión del vocabulario.
- De este modo, se puede estimar el número de palabras aprendidas y así también el nivel de conocimiento del idioma.

T&P Books Publishing
www.tpbooks.com

ISBN: 978-1-78716-734-6

Este libro está disponible en formato electrónico o de E-Book también.
Visite www.tpbooks.com o las librerías electrónicas más destacadas en la Red.

volar (pájaro, avión)	parvāz kardan	پرواز کردن
volver (~ fondo arriba)	qaltāndan	غلتاندن
volverse de espaldas	ru bargardāndan	رو برگرداندن
votar (vi)	ra'y dādan	رأی دادن

VOCABULARIO PERSA
palabras más usadas

Los vocabularios de T&P Books buscan ayudar al aprendiz a aprender, memorizar y repasar palabras de idiomas extranjeros. Los vocabularios contienen más de 9000 palabras comúnmente usadas y organizadas de manera temática.

- El vocabulario contiene las palabras corrientes más usadas.
- Se recomienda como ayuda adicional a cualquier curso de idiomas.
- Capta las necesidades de aprendices de nivel principiante y avanzado.
- Es conveniente para uso cotidiano, prácticas de revisión y actividades de auto-evaluación.
- Facilita la evaluación del vocabulario.

Aspectos claves del vocabulario

- Las palabras se organizan según el significado, no según el orden alfabético.
- Las palabras se presentan en tres columnas para facilitar los procesos de repaso y auto-evaluación.
- Los grupos de palabras se dividen en pequeñas secciones para facilitar el proceso de aprendizaje.
- El vocabulario ofrece una transcripción sencilla y conveniente de cada palabra extranjera.

El vocabulario contiene 256 temas que incluyen lo siguiente:

Conceptos básicos, números, colores, meses, estaciones, unidades de medidas, ropa y accesorios, comida y nutrición, restaurantes, familia nuclear, familia extendida, características de personalidad, sentimientos, emociones, enfermedades, la ciudad y el pueblo, exploración del paisaje, compras, finanzas, la casa, el hogar, la oficina, el trabajo en oficina, importación y exportación, promociones, búsqueda de trabajo, deportes, educación, computación, la red, herramientas, la naturaleza, los países, las nacionalidades y más …

TABLA DE CONTENIDO

GUÍA DE PRONUNCIACIÓN

T&P alfabeto fonético	Ejemplo persa	Ejemplo español
['] (ayn)	دعوا [da'vā]	fricativa faríngea sonora
['] (hamza)	تایید [ta'id]	oclusiva glotal sorda
[a]	رود [ravad]	radio
[ā]	آتش [ātaš]	contraataque
[b]	بانک [bānk]	en barco
[č]	چند [čand]	mapache
[d]	هشتاد [haštād]	desierto
[e]	عشق [ešq]	verano
[f]	فندک [fandak]	golf
[g]	لوگو [logo]	jugada
[h]	گیاه [giyāh]	registro
[i]	جزیره [jazire]	ilegal
[j]	جشن [jašn]	jazz
[k]	کاج [kāj]	charco
[l]	لیمو [limu]	lira
[m]	ماجرا [mājarā]	nombre
[n]	نروژ [norvež]	sonar
[o]	گلف [golf]	bordado
[p]	اپرا [operā]	precio
[q]	لاغر [lāqar]	amigo, magnífico
[r]	رقم [raqam]	era, alfombra
[s]	سوپ [sup]	salva
[š]	دوش [duš]	shopping
[t]	ترجمه [tarjome]	torre
[u]	نیرو [niru]	mundo
[v]	ورشو [varšow]	travieso
[w]	روشن [rowšan]	acuerdo
[x]	کاخ [kāx]	reloj
[y]	بیابان [biyābān]	asiento
[z]	زنجیر [zanjir]	desde
[ž]	ژوئن [žuan]	adyacente

ABREVIATURAS
usadas en el vocabulario

Abreviatura en español

adj	-	adjetivo
adv	-	adverbio
anim.	-	animado
conj	-	conjunción
etc.	-	etcétera
f	-	sustantivo femenino
f pl	-	femenino plural
fam.	-	uso familiar
fem.	-	femenino
form.	-	uso formal
inanim.	-	inanimado
innum.	-	innumerable
m	-	sustantivo masculino
m pl	-	masculino plural
m, f	-	masculino, femenino
masc.	-	masculino
mat	-	matemáticas
mil.	-	militar
num.	-	numerable
p.ej.	-	por ejemplo
pl	-	plural
pron	-	pronombre
sg	-	singular
v aux	-	verbo auxiliar
vi	-	verbo intransitivo
vi, vt	-	verbo intransitivo, verbo transitivo
vr	-	verbo reflexivo
vt	-	verbo transitivo

CONCEPTOS BÁSICOS

Conceptos básicos. Unidad 1

1. Los pronombres

yo	man	من
tú	to	تو
él, ella, ello	u	او
nosotros, -as	mā	ما
vosotros, -as	šomā	شما
ellos, ellas	ān-hā	آنها

2. Saludos. Salutaciones. Despedidas

¡Hola! (form.)	salām	سلام
¡Buenos días!	sobh bexeyr	صبح بخیر
¡Buenas tardes!	ruz bexeyr!	روز بخیر!
¡Buenas noches!	asr bexeyr	عصر بخیر

decir hola	salām kardan	سلام کردن
¡Hola! (a un amigo)	salām	سلام
saludo (m)	salām	سلام
saludar (vt)	salām kardan	سلام کردن
¿Cómo estáis?	haletān četowr ast?	حالتان چطور است؟
¿Cómo estás?	četorid?	چطورید؟
¿Qué hay de nuevo?	če xabar?	چه خبر؟

¡Hasta la vista! (form.)	xodāhāfez	خداحافظ
¡Hasta la vista! (fam.)	bāy bāy	بای بای
¡Hasta pronto!	be omid-e didār!	به امید دیدار!
¡Adiós!	xodāhāfez!	خداحافظ!
despedirse (vr)	xodāhāfezi kardan	خداحافظی کردن
¡Hasta luego!	tā bezudi!	تا بزودی!

¡Gracias!	motešakker-am!	متشکرم!
¡Muchas gracias!	besyār motešakker-am!	بسیار متشکرم!
De nada	xāheš mikonam	خواهش می کنم
No hay de qué	tašakkor lāzem nist	تشکر لازم نیست
De nada	qābel-i nadārad	قابلی ندارد

¡Disculpa!	bebaxšid!	ببخشید!
disculpar (vt)	baxšidan	بخشیدن

disculparse (vr)	ozr xāstan	عذر خواستن
Mis disculpas	ozr mixāham	عذرمی خواهم

¡Perdóneme!	bebaxšid!	ببخشید!
perdonar (vt)	baxšidan	بخشیدن
¡No pasa nada!	mohem nist	مهم نیست
por favor	lotfan	لطفاً

¡No se le olvide!	farāmuš nakonid!	فراموش نکنید!
¡Ciertamente!	albate!	البته!
¡Claro que no!	albate ke neh!	البته که نه!
¡De acuerdo!	besyār xob!	بسیارخوب!
¡Basta!	bas ast!	بس است!

3. Como dirigirse a otras personas

¡Perdóneme!	bebaxšid!	ببخشید!
señor	āqā	آقا
señora	xānom	خانم
señorita	xānom	خانم
joven	mard-e javān	مرد جوان
niño	pesar bače	پسر بچه
niña	doxtar bačče	دخترچه

4. Números cardinales. Unidad 1

cero	sefr	صفر
uno	yek	یک
dos	do	دو
tres	se	سه
cuatro	čāhār	چهار

cinco	panj	پنج
seis	šeš	شش
siete	haft	هفت
ocho	hašt	هشت
nueve	neh	نه

diez	dah	ده
once	yāzdah	یازده
doce	davāzdah	دوازده
trece	sizdah	سیزده
catorce	čāhārdah	چهارده

quince	pānzdah	پانزده
dieciséis	šānzdah	شانزده
diecisiete	hefdah	هفده
dieciocho	hijdah	هیجده
diecinueve	nuzdah	نوزده

veinte	bist	بیست
veintiuno	bist-o yek	بیست ویک
veintidós	bist-o do	بیست ودو
veintitrés	bist-o se	بیست وسه
treinta	si	سی

treinta y uno	si-yo yek	سی ویک
treinta y dos	si-yo do	سی ودو
treinta y tres	si-yo se	سی وسه

cuarenta	čehel	چهل
cuarenta y uno	čehel-o yek	چهل ویک
cuarenta y dos	čehel-o do	چهل ودو
cuarenta y tres	čehel-o se	چهل وسه

cincuenta	panjāh	پنجاه
cincuenta y uno	panjāh-o yek	پنجاه ویک
cincuenta y dos	panjāh-o do	پنجاه ودو
cincuenta y tres	panjāh-o se	پنجاه وسه

sesenta	šast	شصت
sesenta y uno	šast-o yek	شصت ویک
sesenta y dos	šast-o do	شصت ودو
sesenta y tres	šast-o se	شصت وسه

setenta	haftād	هفتاد
setenta y uno	haftād-o yek	هفتاد ویک
setenta y dos	haftād-o do	هفتاد ودو
setenta y tres	haftād-o se	هفتاد وسه

ochenta	haštād	هشتاد
ochenta y uno	haštād-o yek	هشتاد ویک
ochenta y dos	haštād-o do	هشتاد ودو
ochenta y tres	haštād-o se	هشتاد وسه

noventa	navad	نود
noventa y uno	navad-o yek	نود ویک
noventa y dos	navad-o do	نود ودو
noventa y tres	navad-o se	نود وسه

5. Números cardinales. Unidad 2

cien	sad	صد
doscientos	devist	دویست
trescientos	sisad	سیصد
cuatrocientos	čāhārsad	چهارصد
quinientos	pānsad	پانصد

seiscientos	šešsad	ششصد
setecientos	haftsad	هفتصد
ochocientos	haštsad	هشتصد
novecientos	nohsad	نهصد

mil	hezār	هزار
dos mil	dohezār	دوهزار
tres mil	se hezār	سه هزار
diez mil	dah hezār	ده هزار
cien mil	sad hezār	صد هزار
millón (m)	milyun	میلیون
mil millones	milyārd	میلیارد

6. Números ordinales

primero (adj)	avvalin	اولین
segundo (adj)	dovvomin	دومین
tercero (adj)	sevvomin	سومین
cuarto (adj)	čāhāromin	چهارمین
quinto (adj)	panjomin	پنجمین
sexto (adj)	šešomin	ششمین
séptimo (adj)	haftomin	هفتمین
octavo (adj)	haštomin	هشتمین
noveno (adj)	nohomin	نهمین
décimo (adj)	dahomin	دهمین

7. Números. Fracciones

fracción (f)	kasr	کسر
un medio	yek dovvom	یک دوم
un tercio	yek sevvom	یک سوم
un cuarto	yek čāhārom	یک چهارم
un octavo	yek panjom	یک هشتم
un décimo	yek dahom	یک دهم
dos tercios	do sevvom	دو سوم
tres cuartos	se čāhārrom	سه چهارم

8. Números. Operaciones básicas

sustracción (f)	tafriq	تفریق
sustraer (vt)	tafriq kardan	تفریق کردن
división (f)	taqsim	تقسیم
dividir (vt)	taqsim kardan	تقسیم کردن
adición (f)	jam'	جمع
sumar (totalizar)	jam' kardan	جمع کردن
adicionar (vt)	ezāfe kardan	اضافه کردن
multiplicación (f)	zarb	ضرب
multiplicar (vt)	zarb kardan	ضرب کردن

9. Números. Miscelánea

cifra (f)	raqam	رقم
número (m) (~ cardinal)	adad	عدد
numeral (m)	adadi	عددی
menos (m)	manfi	منفی
más (m)	mosbat	مثبت
fórmula (f)	formul	فرمول
cálculo (m)	mohāsebe	محاسبه
contar (vt)	šemordan	شمردن

| calcular (vt) | mohāsebe kardan | محاسبه کردن |
| comparar (vt) | moqāyse kardan | مقایسه کردن |

¿Cuánto?	čeqadr?	چقدر؟
suma (f)	jamʿ-e kol	جمع کل
resultado (m)	natije	نتیجه
resto (m)	bāqimānde	باقیمانده

algunos, algunas ...	čand	چند
poco (adv)	kami	کمی
resto (m)	baqiye	بقیه
uno y medio	yek-o nim	یک و نیم
docena (f)	dojin	دوجین

en dos	be do qesmat	به دو قسمت
en partes iguales	be tāsavi	به تساوی
mitad (f)	nim	نیم
vez (f)	dafʿe	دفعه

10. Los verbos más importantes. Unidad 1

abrir (vt)	bāz kardan	باز کردن
acabar, terminar (vt)	be pāyān resāndan	به پایان رساندن
aconsejar (vt)	nasihat kardan	نصیحت کردن
adivinar (vt)	hads zadan	حدس زدن
advertir (vt)	hošdār dādan	هشدار دادن
alabarse, jactarse (vr)	be rox kešidan	به رخ کشیدن

almorzar (vi)	nāhār xordan	ناهار خوردن
alquilar (~ una casa)	ejāre kardan	اجاره کردن
amenazar (vt)	tahdid kardan	تهدید کردن
arrepentirse (vr)	afsus xordan	افسوس خوردن
ayudar (vt)	komak kardan	کمک کردن
bañarse (vr)	ābtani kardan	آبتنی کردن

bromear (vi)	šuxi kardan	شوخی کردن
buscar (vt)	jostoju kardan	جستجو کردن
caer (vi)	oftādan	افتادن
callarse (vr)	sāket māndan	ساکت ماندن
cambiar (vt)	avaz kardan	عوض کردن
castigar, punir (vt)	tanbih kardan	تنبیه کردن

cavar (vt)	kandan	کندن
cazar (vi, vt)	šekār kardan	شکار کردن
cenar (vi)	šām xordan	شام خوردن
cesar (vt)	bas kardan	بس کردن
coger (vt)	gereftan	گرفتن
comenzar (vt)	šoruʾ kardan	شروع کردن

comparar (vt)	moqāyse kardan	مقایسه کردن
comprender (vt)	fahmidan	فهمیدن
confiar (vt)	etminān kardan	اطمینان کردن
confundir (vt)	qāti kardan	قاطی کردن
conocer (~ a alguien)	šenāxtan	شناختن

contar (vt) (enumerar)	šemordan	شمردن
contar con ...	hesāb kardan	حساب کردن
continuar (vt)	edāme dādan	ادامه دادن
controlar (vt)	kontorol kardan	کنترل کردن
correr (vi)	davidan	دویدن
costar (vt)	qeymat dāštan	قیمت داشتن
crear (vt)	ijād kardan	ایجاد کردن

11. Los verbos más importantes. Unidad 2

dar (vt)	dādan	دادن
dar una pista	sarnax dādan	سرنخ دادن
decir (vt)	goftan	گفتن
decorar (para la fiesta)	tazyin kardan	تزیین کردن

defender (vt)	defā' kardan	دفاع کردن
dejar caer	andāxtan	انداختن
desayunar (vi)	sobhāne xordan	صبحانه خوردن
descender (vi)	pāyin āmadan	پایین آمدن

dirigir (administrar)	edāre kardan	اداره کردن
disculpar (vt)	baxšidan	بخشیدن
disculparse (vr)	ozr xāstan	عذر خواستن
discutir (vt)	bahs kardan	بحث کردن
dudar (vt)	šok dāštan	شک داشتن

encontrar (hallar)	peydā kardan	پیدا کردن
engañar (vi, vt)	farib dādan	فریب دادن
entrar (vi)	vāred šodan	وارد شدن
enviar (vt)	ferestādan	فرستادن

equivocarse (vr)	eštebāh kardan	اشتباه کردن
escoger (vt)	entexāb kardan	انتخاب کردن
esconder (vt)	penhān kardan	پنهان کردن
escribir (vt)	neveštan	نوشتن
esperar (aguardar)	montazer budan	منتظر بودن

esperar (tener esperanza)	omid dāštan	امید داشتن
estar de acuerdo	movāfeqat kardan	موافقت کردن
estudiar (vt)	dars xāndan	درس خواندن

exigir (vt)	darxāst kardan	درخواست کردن
existir (vi)	vojud dāštan	وجود داشتن
explicar (vt)	touzih dādan	توضیح دادن
faltar (a las clases)	qāyeb budan	غایب بودن
firmar (~ el contrato)	emzā kardan	امضا کردن

girar (~ a la izquierda)	pičidan	پیچیدن
gritar (vi)	faryād zadan	فریاد زدن
guardar (conservar)	hefz kardan	حفظ کردن
gustar (vi)	dust dāštan	دوست داشتن
hablar (vi, vt)	harf zadan	حرف زدن
hacer (vt)	anjām dādan	انجام دادن
informar (vt)	āgah kardan	آگاه کردن

| insistir (vi) | esrār kardan | اصرار کردن |
| insultar (vt) | towhin kardan | توهین کردن |

interesarse (vr)	alāqe dāštan	علاقه داشتن
invitar (vt)	da'vat kardan	دعوت کردن
ir (a pie)	raftan	رفتن
jugar (divertirse)	bāzi kardan	بازی کردن

12. Los verbos más importantes. Unidad 3

leer (vi, vt)	xāndan	خواندن
liberar (ciudad, etc.)	āzād kardan	آزاد کردن
llamar (por ayuda)	komak xāstan	کمک خواستن
llegar (vi)	residan	رسیدن
llorar (vi)	gerye kardan	گریه کردن

matar (vt)	koštan	کشتن
mencionar (vt)	zekr kardan	ذکر کردن
mostrar (vt)	nešān dādan	نشان دادن
nadar (vi)	šenā kardan	شنا کردن

negarse (vr)	rad kardan	رد کردن
objetar (vt)	moxalefat kardan	مخالفت کردن
observar (vt)	mošāhede kardan	مشاهده کردن
oír (vt)	šenidan	شنیدن

olvidar (vt)	farāmuš kardan	فراموش کردن
orar (vi)	do'ā kardan	دعا کردن
ordenar (mil.)	farmān dādan	فرمان دادن
pagar (vi, vt)	pardāxtan	پرداختن
pararse (vr)	motevaghef šodan	متوقف شدن

participar (vi)	šerekat kardan	شرکت کردن
pedir (ayuda, etc.)	xāstan	خواستن
pedir (en restaurante)	sefāreš dādan	سفارش دادن
pensar (vi, vt)	fekr kardan	فکر کردن

percibir (ver)	motevajjeh šodan	متوجه شدن
perdonar (vt)	baxšidan	بخشیدن
permitir (vt)	ejāze dādan	اجازه دادن
pertenecer a ...	ta'alloq dāštan	تعلق داشتن

planear (vt)	barnāmerizi kardan	برنامه ریزی کردن
poder (v aux)	tavānestan	توانستن
poseer (vt)	sāheb budan	صاحب بودن
preferir (vt)	tarjih dādan	ترجیح دادن
preguntar (vt)	porsidan	پرسیدن

preparar (la cena)	poxtan	پختن
prever (vt)	pišbini kardan	پیش بینی کردن
probar, tentar (vt)	talāš kardan	تلاش کردن
prometer (vt)	qowl dādan	قول دادن
pronunciar (vt)	talaffoz kardan	تلفظ کردن
proponer (vt)	pišnahād dādan	پیشنهاد دادن

quebrar (vt)	šekastan	شکستن
quejarse (vr)	šekāyat kardan	شکایت کردن
querer (amar)	dust dāštan	دوست داشتن
querer (desear)	xāstan	خواستن

13. Los verbos más importantes. Unidad 4

recomendar (vt)	towsie kardan	توصیه کردن
regañar, reprender (vt)	da'vā kardan	دعوا کردن
reírse (vr)	xandidan	خندیدن
repetir (vt)	tekrār kardan	تکرار کردن
reservar (~ una mesa)	rezerv kardan	رزرو کردن
responder (vi, vt)	javāb dādan	جواب دادن

robar (vt)	dozdidan	دزدیدن
saber (~ algo mas)	dānestan	دانستن
salir (vi)	birun raftan	بیرون رفتن
salvar (vt)	najāt dādan	نجات دادن
seguir ...	donbāl kardan	دنبال کردن
sentarse (vr)	nešastan	نشستن

ser necesario	hāmi budan	حامی بودن
ser, estar (vi)	budan	بودن
significar (vt)	ma'ni dāštan	معنی داشتن
sonreír (vi)	labxand zadan	لبخند زدن
sorprenderse (vr)	mote'ajjeb šodan	متعجب شدن

subestimar (vt)	dast-e kam gereftan	دست کم گرفتن
tener (vt)	dāštan	داشتن
tener hambre	gorosne budan	گرسنه بودن
tener miedo	tarsidan	ترسیدن

tener prisa	ajale kardan	عجله کردن
tener sed	tešne budan	تشنه بودن
tirar, disparar (vi)	tirandāzi kardan	تیراندازی کردن
tocar (con las manos)	lams kardan	لمس کردن
tomar (vt)	bardāštan	برداشتن
tomar nota	neveštan	نوشتن

trabajar (vi)	kār kardan	کار کردن
traducir (vt)	tarjome kardan	ترجمه کردن
unir (vt)	mottahed kardan	متحد کردن
vender (vt)	foruxtan	فروختن
ver (vt)	didan	دیدن
volar (pájaro, avión)	parvāz kardan	پرواز کردن

14. Los colores

color (m)	rang	رنگ
matiz (m)	teyf-e rang	طیف رنگ
tono (m)	rangmaye	رنگمایه
arco (m) iris	rangin kamān	رنگین کمان

blanco (adj)	sefid	سفید
negro (adj)	siyāh	سیاه
gris (adj)	xākestari	خاکستری

verde (adj)	sabz	سبز
amarillo (adj)	zard	زرد
rojo (adj)	sorx	سرخ

azul (adj)	abi	آبی
azul claro (adj)	ābi rowšan	آبی روشن
rosa (adj)	surati	صورتی
naranja (adj)	nārenji	نارنجی
violeta (adj)	banafš	بنفش
marrón (adj)	qahve i	قهوه ای

| dorado (adj) | talāyi | طلایی |
| argentado (adj) | noqre i | نقره ای |

beige (adj)	baž	بژ
crema (adj)	kerem	کرم
turquesa (adj)	firuze i	فیروزه ای
rojo cereza (adj)	ālbāluyi	آلبالویی
lila (adj)	banafš yasi	بنفش یاسی
carmesí (adj)	zereški	زرشکی

claro (adj)	rowšan	روشن
oscuro (adj)	tire	تیره
vivo (adj)	rowšan	روشن

de color (lápiz ~)	rangi	رنگی
en colores (película ~)	rangi	رنگی
blanco y negro (adj)	siyāh-o sefid	سیاه و سفید
unicolor (adj)	yek rang	یک رنگ
multicolor (adj)	rangārang	رنگارنگ

15. Las preguntas

¿Quién?	če kas-i?	چه کسی؟
¿Qué?	če čiz-i?	چه چیزی؟
¿Dónde?	kojā?	کجا؟
¿Adónde?	kojā?	کجا؟
¿De dónde?	az kojā?	از کجا؟
¿Cuándo?	če vaqt?	چه وقت؟
¿Para qué?	čerā?	چرا؟
¿Por qué?	čerā?	چرا؟

¿Por qué razón?	barā-ye če?	برای چه؟
¿Cómo?	četor?	چطور؟
¿Qué ...? (~ color)	kodām?	کدام؟
¿Cuál?	kodām?	کدام؟

¿A quién?	barā-ye ki?	برای کی؟
¿De quién? (~ hablan ...)	dar bāre-ye ki?	درباره کی؟
¿De qué?	darbāre-ye či?	درباره چی؟

¿Con quién?	bā ki?	با کی؟
¿Cuánto?	čeqadr?	چقدر؟
¿De quién?	māl-e ki?	مال کی؟

16. Las preposiciones

con ... (~ algn)	bā	با
sin ... (~ azúcar)	bedune	بدون
a ... (p.ej. voy a México)	be	به
de ... (hablar ~)	rāje' be	راجع به
antes de ...	piš az	پیش از
delante de ...	dar moqābel	در مقابل

debajo	zir	زیر
sobre ..., encima de ...	bālā-ye	بالای
en, sobre (~ la mesa)	ruy	روی
de (origen)	az	از
de (fabricado de)	az	از

| dentro de ... | tā | تا |
| encima de ... | az bālāye | از بالای |

17. Las palabras útiles. Los adverbios. Unidad 1

¿Dónde?	kojā?	کجا؟
aquí (adv)	in jā	این جا
allí (adv)	ānjā	آنجا

| en alguna parte | jā-yi | جایی |
| en ninguna parte | hič kojā | هیچ کجا |

| junto a ... | nazdik | نزدیک |
| junto a la ventana | nazdik panjere | نزدیک پنجره |

¿A dónde?	kojā?	کجا؟
aquí (venga ~)	in jā	این جا
allí (vendré ~)	ānjā	آنجا
de aquí (adv)	az injā	از اینجا
de allí (adv)	az ānjā	از آنجا

| cerca (no lejos) | nazdik | نزدیک |
| lejos (adv) | dur | دور |

cerca de ...	nazdik	نزدیک
al lado (de ...)	nazdik	نزدیک
no lejos (adv)	nazdik	نزدیک

izquierdo (adj)	čap	چپ
a la izquierda (situado ~)	dast-e čap	دست چپ
a la izquierda (girar ~)	be čap	به چپ
derecho (adj)	rāst	راست
a la derecha (situado ~)	dast-e rāst	دست راست

a la derecha (girar)	be rāst	به راست
delante (yo voy ~)	jelo	جلو
delantero (adj)	jelo	جلو
adelante (movimiento)	jelo	جلو

detrás de ...	aqab	عقب
desde atrás	az aqab	از عقب
atrás (da un paso ~)	aqab	عقب

centro (m), medio (m)	vasat	وسط
en medio (adv)	dar vasat	در وسط

de lado (adv)	pahlu	پهلو
en todas partes	hame jā	همه جا
alrededor (adv)	atrāf	اطراف

de dentro (adv)	az daxel	از داخل
a alguna parte	jā-yi	جایی
todo derecho (adv)	mostaqim	مستقیم
atrás (muévelo para ~)	aqab	عقب

de alguna parte (adv)	az har jā	از هر جا
no se sabe de dónde	az yek jā-yi	از یک جایی

primero (adv)	avvalan	اولاً
segundo (adv)	dumā	دوما
tercero (adv)	sālesan	ثالثاً

de súbito (adv)	nāgahān	ناگهان
al principio (adv)	dar avval	در اول
por primera vez	barā-ye avvalin bār	برای اولین بار
mucho tiempo antes ...	xeyli vaqt piš	خیلی وقت پیش
de nuevo (adv)	az now	از نو
para siempre (adv)	barā-ye hamiše	برای همیشه

jamás, nunca (adv)	hič vaqt	هیچ وقت
de nuevo (adv)	dobāre	دوباره
ahora (adv)	alān	الان
frecuentemente (adv)	aqlab	اغلب
entonces (adv)	ān vaqt	آن وقت
urgentemente (adv)	foran	فوراً
usualmente (adv)	ma'mulan	معمولاً

a propósito, ...	rāst-i	راستی
es probable	momken ast	ممکن است
probablemente (adv)	ehtemālan	احتمالاً
tal vez	šāyad	شاید
además ...	bealāve	بعلاوه
por eso ...	be hamin xāter	به همین خاطر
a pesar de ...	alāraqm	علیرغم
gracias a ...	be lotf	به لطف

qué (pron)	če?	چه؟
que (conj)	ke	که
algo (~ le ha pasado)	yek čiz-i	یک چیزی
algo (~ así)	yek kāri	یک کاری

nada (f)	hič čiz	هیچ چیز
quien	ki	کی
alguien (viene ~)	yek kas-i	یک کسی
alguien (¿ha llamado ~?)	yek kas-i	یک کسی

nadie	hič kas	هیچ کس
a ninguna parte	hič kojā	هیچ کجا
de nadie	māl-e hičkas	مال هیچ کس
de alguien	har kas-i	هر کسی

tan, tanto (adv)	xeyli	خیلی
también (~ habla francés)	ham	هم
también (p.ej. Yo ~)	ham	هم

18. Las palabras útiles. Los adverbios. Unidad 2

¿Por qué?	čerā?	چرا؟
no se sabe porqué	be dalil-i	به دلیلی
porque ...	čon	چون
por cualquier razón (adv)	barā-ye maqsudi	برای مقصودی

y (p.ej. uno y medio)	va	و
o (p.ej. té o café)	yā	یا
pero (p.ej. me gusta, ~)	ammā	اما
para (p.ej. es para ti)	barā-ye	برای

demasiado (adv)	besyār	بسیار
sólo, solamente (adv)	faqat	فقط
exactamente (adv)	daqiqan	دقیقا
unos ...,	taqriban	تقریباً
cerca de ... (~ 10 kg)		

aproximadamente	taqriban	تقریباً
aproximado (adj)	taqribi	تقریبی
casi (adv)	taqriban	تقریباً
resto (m)	baqiye	بقیه

el otro (adj)	digar	دیگر
otro (p.ej. el otro día)	digar	دیگر
cada (adj)	har	هر
cualquier (adj)	har	هر
mucho (adv)	ziyād	زیاد
muchos (mucha gente)	besyāri	بسیاری
todos	hame	همه

a cambio de ...	dar avaz	در عوض
en cambio (adv)	dar barābar	در برابر
a mano (hecho ~)	dasti	دستی
poco probable	baid ast	بعید است

probablemente	ehtemālan	احتمالاً
a propósito (adv)	amdan	عمداً
por accidente (adv)	tasādofi	تصادفی
muy (adv)	besyār	بسیار

por ejemplo (adv)	masalan	مثلاً
entre (~ nosotros)	beyn	بین
entre (~ otras cosas)	miyān	میان
tanto (~ gente)	in qadr	این قدر
especialmente (adv)	maxsusan	مخصوصاً

Conceptos básicos. Unidad 2

19. Los opuestos

rico (adj)	servatmand	ثروتمند
pobre (adj)	faqir	فقیر
enfermo (adj)	bimār	بیمار
sano (adj)	sālem	سالم
grande (adj)	bozorg	بزرگ
pequeño (adj)	kučak	کوچک
rápidamente (adv)	sariʿ	سریع
lentamente (adv)	āheste	آهسته
rápido (adj)	sariʿ	سریع
lento (adj)	āheste	آهسته
alegre (adj)	xošhāl	خوشحال
triste (adj)	qamgin	غمگین
juntos (adv)	bāham	باهم
separadamente	jodāgāne	جداگانه
en voz alta	boland	بلند
en silencio	be ārāmi	به آرامی
alto (adj)	boland	بلند
bajo (adj)	kutāh	کوتاه
profundo (adj)	amiq	عمیق
poco profundo (adj)	sathi	سطحی
sí	bale	بله
no	neh	نه
lejano (adj)	dur	دور
cercano (adj)	nazdik	نزدیک
lejos (adv)	dur	دور
cerco (adv)	nazdik	نزدیک
largo (adj)	derāz	دراز
corto (adj)	kutāh	کوتاه
bueno (de buen corazón)	mehrbān	مهربان
malvado (adj)	badjens	بدجنس

| casado (adj) | mote'ahhel | متاهل |
| soltero (adj) | mojarrad | مجرد |

| prohibir (vt) | mamnu' kardan | ممنوع کردن |
| permitir (vt) | ejāze dādan | اجازه دادن |

| fin (m) | pāyān | پایان |
| principio (m) | šoru' | شروع |

| izquierdo (adj) | čap | چپ |
| derecho (adj) | rāst | راست |

| primero (adj) | avvalin | اولین |
| último (adj) | āxarin | آخرین |

| crimen (m) | jenāyat | جنایت |
| castigo (m) | mojāzāt | مجازات |

| ordenar (vt) | farmān dādan | فرمان دادن |
| obedecer (vi, vt) | etā'at kardan | اطاعت کردن |

| recto (adj) | mostaqim | مستقیم |
| curvo (adj) | monhani | منحنی |

| paraíso (m) | behešt | بهشت |
| infierno (m) | jahannam | جهنم |

| nacer (vi) | motevalled šodan | متولد شدن |
| morir (vi) | mordan | مردن |

| fuerte (adj) | nirumand | نیرومند |
| débil (adj) | za'if | ضعیف |

| viejo (adj) | kohne | کهنه |
| joven (adj) | javān | جوان |

| viejo (adj) | qadimi | قدیمی |
| nuevo (adj) | jadid | جدید |

| duro (adj) | soft | سفت |
| blando (adj) | narm | نرم |

| tibio (adj) | garm | گرم |
| frío (adj) | sard | سرد |

| gordo (adj) | čāq | چاق |
| delgado (adj) | lāqar | لاغر |

| estrecho (adj) | bārik | باریک |
| ancho (adj) | vasi' | وسیع |

| bueno (adj) | xub | خوب |
| malo (adj) | bad | بد |

| valiente (adj) | šojā' | شجاع |
| cobarde (adj) | tarsu | ترسو |

20. Los días de la semana

lunes (m)	došanbe	دوشنبه
martes (m)	se šanbe	سه شنبه
miércoles (m)	čāhāršanbe	چهارشنبه
jueves (m)	panj šanbe	پنج شنبه
viernes (m)	jom'e	جمعه
sábado (m)	šanbe	شنبه
domingo (m)	yek šanbe	یک شنبه
hoy (adv)	emruz	امروز
mañana (adv)	fardā	فردا
pasado mañana	pas fardā	پس فردا
ayer (adv)	diruz	دیروز
anteayer (adv)	pariruz	پریروز
día (m)	ruz	روز
día (m) de trabajo	ruz-e kāri	روز کاری
día (m) de fiesta	ruz-e jašn	روز جشن
día (m) de descanso	ruz-e ta'til	روز تعطیل
fin (m) de semana	āxar-e hafte	آخر هفته
todo el día	tamām-e ruz	تمام روز
al día siguiente	ruz-e ba'd	روز بعد
dos días atrás	do ruz-e piš	دو روز پیش
en vísperas (adv)	ruz-e qabl	روز قبل
diario (adj)	ruzāne	روزانه
cada día (adv)	har ruz	هر روز
semana (f)	hafte	هفته
semana (f) pasada	hafte-ye gozašte	هفته گذشته
semana (f) que viene	hafte-ye āyande	هفته آینده
semanal (adj)	haftegi	هفتگی
cada semana (adv)	har hafte	هر هفته
2 veces por semana	do bār dar hafte	دو بار درهفته
todos los martes	har sešanbe	هر سه شنبه

21. Las horas. El día y la noche

mañana (f)	sobh	صبح
por la mañana	sobh	صبح
mediodía (m)	zohr	ظهر
por la tarde	ba'd az zohr	بعد ازظهر
noche (f)	asr	عصر
por la noche	asr	عصر
noche (f) (p.ej. 2:00 a.m.)	šab	شب
por la noche	šab	شب
medianoche (f)	nesfe šab	نصفه شب
segundo (m)	sānie	ثانیه
minuto (m)	daqiqe	دقیقه
hora (f)	sā'at	ساعت

media hora (f)	nim sā'at	نیم ساعت
cuarto (m) de hora	yek rob'	یک ربع
quince minutos	pānzdah daqiqe	پانزده دقیقه
veinticuatro horas	šabāne ruz	شبانه روز

salida (f) del sol	tolu-'e āftāb	طلوع آفتاب
amanecer (m)	sahar	سحر
madrugada (f)	sobh-e zud	صبح زود
puesta (f) del sol	qorub	غروب

de madrugada	sobh-e zud	صبح زود
esta mañana	emruz sobh	امروز صبح
mañana por la mañana	fardā sobh	فردا صبح

esta tarde	emruz zohr	امروز ظهر
por la tarde	ba'd az zohr	بعد ازظهر
mañana por la tarde	fardā ba'd az zohr	فردا بعد ازظهر

| esta noche (p.ej. 8:00 p.m.) | emšab | امشب |
| mañana por la noche | fardā šab | فردا شب |

a las tres en punto	sar-e sā'at-e se	سر ساعت ۳
a eso de las cuatro	nazdik-e sā'at-e čāhār	نزدیک ساعت ۴
para las doce	nazdik zohr	نزدیک ظهر

dentro de veinte minutos	bist daqiqe-ye digar	۲۰ دقیقه دیگر
dentro de una hora	yek sā'at-e digar	یک ساعت دیگر
a tiempo (adv)	be moqe'	به موقع

... menos cuarto	yek rob' be	یک ربع به
durante una hora	yek sā'at-e digar	یک ساعت دیگر
cada quince minutos	har pānzdah daqiqe	هر ۵۱ دقیقه
día y noche	šabāne ruz	شبانه روز

22. Los meses. Las estaciones

enero (m)	žānvie	ژانویه
febrero (m)	fevriye	فوریه
marzo (m)	mārs	مارس
abril (m)	āvril	آوریل
mayo (m)	meh	مه
junio (m)	žuan	ژوئن

julio (m)	žuiye	ژوئیه
agosto (m)	owt	اوت
septiembre (m)	septāmbr	سپتامبر
octubre (m)	oktobr	اکتبر
noviembre (m)	novāmbr	نوامبر
diciembre (m)	desāmr	دسامبر

primavera (f)	bahār	بهار
en primavera	dar bahār	در بهار
de primavera (adj)	bahāri	بهاری
verano (m)	tābestān	تابستان

| en verano | dar tābestān | در تابستان |
| de verano (adj) | tābestāni | تابستانی |

otoño (m)	pāyiz	پاییز
en otoño	dar pāyiz	در پاییز
de otoño (adj)	pāyizi	پاییزی

invierno (m)	zemestān	زمستان
en invierno	dar zemestān	در زمستان
de invierno (adj)	zemestāni	زمستانی
mes (m)	māh	ماه
este mes	in māh	این ماه
al mes siguiente	māh-e āyande	ماه آینده
el mes pasado	māh-e gozašte	ماه گذشته

hace un mes	yek māh qabl	یک ماه قبل
dentro de un mes	yek māh digar	یک ماه دیگر
dentro de dos meses	do māh-e digar	۲ماه دیگر
todo el mes	tamām-e māh	تمام ماه
todo un mes	tamām-e māh	تمام ماه

mensual (adj)	māhāne	ماهانه
mensualmente (adv)	māhāne	ماهانه
cada mes	har māh	هر ماه
dos veces por mes	do bār dar māh	دو بار درماه

año (m)	sāl	سال
este año	emsāl	امسال
el próximo año	sāl-e āyande	سال آینده
el año pasado	sāl-e gozašte	سال گذشته
hace un año	yek sāl qabl	یک سال قبل
dentro de un año	yek sāl-e digar	یک سال دیگر
dentro de dos años	do sāl-e digar	۲سال دیگر
todo el año	tamām-e sāl	تمام سال
todo un año	tamām-e sāl	تمام سال

cada año	har sāl	هر سال
anual (adj)	sālāne	سالانه
anualmente (adv)	sālāne	سالانه
cuatro veces por año	čāhār bār dar sāl	چهار بار در سال

fecha (f) (la ~ de hoy es ...)	tārix	تاریخ
fecha (f) (~ de entrega)	tārix	تاریخ
calendario (m)	taqvim	تقویم

medio año (m)	nim sāl	نیم سال
seis meses	nim sāl	نیم سال
estación (f)	fasl	فصل
siglo (m)	qarn	قرن

23. La hora. Miscelánea

| tiempo (m) | zamān | زمان |
| momento (m) | lahze | لحظه |

instante (m)	lahze	لمظه
instantáneo (adj)	āni	آنی
lapso (m) de tiempo	baxši az zamān	بخشی از زمان
vida (f)	zendegi	زندگی
eternidad (f)	abadiyat	ابدیت

época (f)	asr	عصر
era (f)	dowre	دوره
ciclo (m)	čarxe	چرخه
periodo (m)	dowre	دوره
plazo (m) (~ de tres meses)	mohlat	مهلت

futuro (m)	āyande	آینده
futuro (adj)	āyande	آینده
la próxima vez	daf'e-ye ba'd	دفعه بعد
pasado (m)	gozašte	گذشته
pasado (adj)	gozašte	گذشته
la última vez	daf'e-ye gozašte	دفعه گذشته
más tarde (adv)	ba'dan	بعداً
después	ba'd az	بعد از
actualmente (adv)	aknun	اکنون
ahora (adv)	alān	الان
inmediatamente	foran	فوراً
pronto (adv)	be zudi	به زودی
de antemano (adv)	az qabl	از قبل

hace mucho tiempo	moddathā piš	مدت ها پیش
hace poco (adv)	axiran	اخیراً
destino (m)	sarnevešt	سرنوشت
recuerdos (m pl)	xāterāt	خاطرات
archivo (m)	āršiv	آرشیو
durante …	dar zamān	در زمان
mucho tiempo (adv)	tulāni	طولانی
poco tiempo (adv)	kutāh	کوتاه
temprano (adv)	zud	زود
tarde (adv)	dir	دیر

para siempre (adv)	barā-ye hamiše	برای همیشه
comenzar (vt)	šoru' kardan	شروع کردن
aplazar (vt)	mowkul kardan	موکول کردن

simultáneamente	ham zamān	هم زمان
permanentemente	dāemi	دائمی
constante (ruido, etc.)	dāemi	دائمی
temporal (adj)	movaqqati	موقتی

a veces (adv)	gāh-i	گاهی
raramente (adv)	be nodrat	به ندرت
frecuentemente	aqlab	اغلب

24. Las líneas y las formas

| cuadrado (m) | morabba' | مربع |
| cuadrado (adj) | morabba' | مربع |

círculo (m)	dāyere	دایره
redondo (adj)	gard	گرد
triángulo (m)	mosallas	مثلث
triangular (adj)	mosallasi	مثلثی

óvalo (m)	beyzi	بیضی
oval (adj)	beyzi	بیضی
rectángulo (m)	mostatil	مستطیل
rectangular (adj)	mostatil	مستطیل

pirámide (f)	heram	هرم
rombo (m)	lowz-i	لوزی
trapecio (m)	zuzanaqe	ذوزنقه
cubo (m)	moka'ab	مکعب
prisma (m)	manšur	منشور

circunferencia (f)	mohit-e monhani	محیط منحنی
esfera (f)	kare	کره
globo (m)	kare	کره
diámetro (m)	qotr	قطر
radio (m)	šo'ā'	شعاع
perímetro (m)	mohit	محیط
centro (m)	markaz	مرکز

horizontal (adj)	ofoqi	افقی
vertical (adj)	amudi	عمودی
paralela (f)	movāzi	موازی
paralelo (adj)	movāzi	موازی

línea (f)	xat	خط
trazo (m)	xat	خط
recta (f)	xatt-e mostaqim	خط مستقیم
curva (f)	monhani	منحنی
fino (la ~a línea)	nāzok	نازک
contorno (m)	borun namā	برون نما

intersección (f)	taqāto'	تقاطع
ángulo (m) recto	zāvie-ye qāem	زاویه قائم
segmento (m)	qet'e	قطعه
sector (m)	baxš	بخش
lado (m)	taraf	طرف
ángulo (m)	zāvie	زاویه

25. Las unidades de medida

peso (m)	vazn	وزن
longitud (f)	tul	طول
anchura (f)	arz	عرض
altura (f)	ertefā'	ارتفاع
profundidad (f)	omq	عمق
volumen (m)	hajm	حجم
área (f)	masāhat	مساحت
gramo (m)	garm	گرم
miligramo (m)	mili geram	میلی گرم

kilogramo (m)	kilugeram	کیلوگرم
tonelada (f)	ton	تن
libra (f)	pond	پوند
onza (f)	ons	اونس

metro (m)	metr	متر
milímetro (m)	mili metr	میلی متر
centímetro (m)	sântimetr	سانتیمتر
kilómetro (m)	kilumetr	کیلومتر
milla (f)	mâyel	مایل

pulgada (f)	inč	اینچ
pie (m)	fowt	فوت
yarda (f)	yârd	یارد

metro (m) cuadrado	metr morabbaʿ	متر مربع
hectárea (f)	hektâr	هکتار

litro (m)	litr	لیتر
grado (m)	daraje	درجه
voltio (m)	volt	ولت
amperio (m)	âmper	آمپر
caballo (m) de fuerza	asb-e boxâr	اسب بخار

cantidad (f)	meqdâr	مقدار
un poco de …	kami	کمی
mitad (f)	nim	نیم
docena (f)	dojin	دوجین
pieza (f)	tâ	تا

dimensión (f)	andâze	اندازه
escala (f) (del mapa)	meqyâs	مقیاس

mínimo (adj)	haddeaqal	حداقل
el más pequeño (adj)	kučaktarin	کوچکترین
medio (adj)	motevasset	متوسط
máximo (adj)	haddeaksar	حداکثر
el más grande (adj)	bištarin	بیشترین

26. Contenedores

tarro (m) de vidrio	šišeh konserv	شیشه کنسرو
lata (f)	quti	قوطی
cubo (m)	satl	سطل
barril (m)	boške	بشکه

palangana (f)	tašt	تشت
tanque (m)	maxzan	مخزن
petaca (f) (de alcohol)	qomqome	قمقمه
bidón (m) de gasolina	dabbe	دبه
cisterna (f)	maxzan	مخزن

taza (f) (mug de cerámica)	livân	لیوان
taza (f) (~ de café)	fenjân	فنجان

platillo (m)	na'lbeki	نعلبکی
vaso (m) (~ de agua)	estekān	استکان
copa (f) (~ de vino)	gilās-e šarāb	گیلاس شراب
olla (f)	qāblame	قابلمه

| botella (f) | botri | بطری |
| cuello (m) de botella | gardan-e botri | گردن بطری |

garrafa (f)	tong	تنگ
jarro (m) (~ de agua)	pārč	پارچ
recipiente (m)	zarf	ظرف
tarro (m)	sofāl	سفال
florero (m)	goldān	گلدان

frasco (m) (~ de perfume)	botri	بطری
frasquito (m)	viyāl	ویال
tubo (m)	tiyub	تیوب

saco (m) (~ de azúcar)	kise	کیسه
bolsa (f) (~ plástica)	pākat	پاکت
paquete (m) (~ de cigarrillos)	baste	بسته

caja (f)	ja'be	جعبه
cajón (m) (~ de madera)	sanduq	صندوق
cesta (f)	sabad	سبد

27. Materiales

material (m)	mādde	ماده
madera (f)	deraxt	درخت
de madera (adj)	čubi	چوبی

| vidrio (m) | šiše | شیشه |
| de vidrio (adj) | šiše i | شیشه ای |

| piedra (f) | sang | سنگ |
| de piedra (adj) | sangi | سنگی |

| plástico (m) | pelāstik | پلاستیک |
| de plástico (adj) | pelāstiki | پلاستیکی |

| goma (f) | lāstik | لاستیک |
| de goma (adj) | lāstiki | لاستیکی |

| tela (f) | pārče | پارچه |
| de tela (adj) | pārče-i | پارچه ی |

| papel (m) | kāqaz | کاغذ |
| de papel (adj) | kāqazi | کاغذی |

cartón (m)	kārton	کارتن
de cartón (adj)	kārtoni	کارتنی
polietileno (m)	polietilen	پلیاتیلن
celofán (m)	solofān	سلوفان

linóleo (m)	linoleom	لینولئوم
contrachapado (m)	taxte-ye čand lāyi	تخته چند لایی
porcelana (f)	čini	چینی
de porcelana (adj)	čini	چینی
arcilla (f), barro (m)	xāk-e ros	خاک رس
de barro (adj)	sofāli	سفالی
cerámica (f)	serāmik	سرامیک
de cerámica (adj)	serāmiki	سرامیکی

28. Los metales

metal (m)	felez	فلز
metálico (adj)	felezi	فلزی
aleación (f)	ālyiāž	آلیاژ
oro (m)	talā	طلا
de oro (adj)	talā	طلا
plata (f)	noqre	نقره
de plata (adj)	noqre	نقره
hierro (m)	āhan	آهن
de hierro (adj)	āhani	آهنی
acero (m)	fulād	فولاد
de acero (adj)	fulādi	فولادی
cobre (m)	mes	مس
de cobre (adj)	mesi	مسی
aluminio (m)	ālominiyom	آلومینیوم
de aluminio (adj)	ālominiyomi	آلومینیومی
bronce (m)	boronz	برنز
de bronce (adj)	boronzi	برنزی
latón (m)	berenj	برنج
níquel (m)	nikel	نیکل
platino (m)	pelātin	پلاتین
mercurio (m)	jive	جیوه
estaño (m)	qalʿ	قلع
plomo (m)	sorb	سرب
zinc (m)	ruy	روی

EL SER HUMANO

El ser humano. El cuerpo

29. El ser humano. Conceptos básicos

ser (m) humano	ensān	انسان
hombre (m) (varón)	mard	مرد
mujer (f)	zan	زن
niño -a (m, f)	kudak	کودک
niña (f)	doxtar	دختر
niño (m)	pesar bače	پسر بچه
adolescente (m)	nowjavān	نوجوان
viejo, anciano (m)	pirmard	پیرمرد
vieja, anciana (f)	pirzan	پیرزن

30. La anatomía humana

organismo (m)	orgānism	ارگانیسم
corazón (m)	qalb	قلب
sangre (f)	xun	خون
arteria (f)	sorxrag	سرخرگ
vena (f)	siyāhrag	سیاهرگ
cerebro (m)	maqz	مغز
nervio (m)	asab	عصب
nervios (m pl)	a'sāb	اعصاب
vértebra (f)	mohre	مهره
columna (f) vertebral	sotun-e faqarāt	ستون فقرات
estómago (m)	me'de	معده
intestinos (m pl)	rude	روده
intestino (m)	rude	روده
hígado (m)	kabed	کبد
riñón (m)	kolliye	کلیه
hueso (m)	ostexān	استخوان
esqueleto (m)	eskelet	اسکلت
costilla (f)	dande	دنده
cráneo (m)	jomjome	جمجمه
músculo (m)	azole	عضله
bíceps (m)	azole-ye dosar	عضلۀ دوسر
tríceps (m)	azole-ye se sar	عضلۀ سه سر
tendón (m)	tāndon	تاندون
articulación (f)	mofassal	مفصل

pulmones (m pl)	rie	ریه
genitales (m pl)	andām hā-ye tanāsol-i	اندام های تناسلی
piel (f)	pust	پوست

31. La cabeza

cabeza (f)	sar	سر
cara (f)	surat	صورت
nariz (f)	bini	بینی
boca (f)	dahān	دهان

ojo (m)	češm	چشم
ojos (m pl)	češm-hā	چشم ها
pupila (f)	mardomak	مردمک
ceja (f)	abru	ابرو
pestaña (f)	može	مژه
párpado (m)	pelek	پلک

lengua (f)	zabān	زبان
diente (m)	dandān	دندان
labios (m pl)	lab-hā	لب ها
pómulos (m pl)	ostexānhā-ye gune	استخوان های گونه
encía (f)	lase	لثه
paladar (m)	saqf-e dahān	سقف دهان

ventanas (f pl)	surāxhā-ye bini	سوراخ های بینی
mentón (m)	čāne	چانه
mandíbula (f)	fak	فک
mejilla (f)	gune	گونه

frente (f)	pišāni	پیشانی
sien (f)	gijgāh	گیجگاه
oreja (f)	guš	گوش
nuca (f)	pas gardan	پس گردن
cuello (m)	gardan	گردن
garganta (f)	galu	گلو

pelo, cabello (m)	mu-hā	مو ها
peinado (m)	model-e mu	مدل مو
corte (m) de pelo	model-e mu	مدل مو
peluca (f)	kolāh-e gis	کلاه گیس

bigote (m)	sebil	سبیل
barba (f)	riš	ریش
tener (~ la barba)	gozāštan	گذاشتن
trenza (f)	muy-e bāfte	موی بافته
patillas (f pl)	xatt-e riš	خط ریش

pelirrojo (adj)	muqermez	موقرمز
gris, canoso (adj)	sefid-e mu	سفید مو
calvo (adj)	tās	طاس
calva (f)	tāsi	طاسی
cola (f) de caballo	dom-e asbi	دم اسبی
flequillo (m)	čatri	چتری

32. El cuerpo

mano (f)	dast	دست
brazo (m)	bāzu	بازو
dedo (m)	angošt	انگشت
dedo (m) del pie	šast-e pā	شصت پا
dedo (m) pulgar	šost	شست
dedo (m) meñique	angošt-e kučak	انگشت کوچک
uña (f)	nāxon	ناخن
puño (m)	mošt	مشت
palma (f)	kaf-e dast	کف دست
muñeca (f)	moč-e dast	مچ دست
antebrazo (m)	sā'ed	ساعد
codo (m)	āranj	آرنج
hombro (m)	ketf	کتف
pierna (f)	pā	پا
planta (f)	pā	پا
rodilla (f)	zānu	زانو
pantorrilla (f)	sāq	ساق
cadera (f)	rān	ران
talón (m)	pāšne-ye pā	پاشنۀ پا
cuerpo (m)	badan	بدن
vientre (m)	šekam	شکم
pecho (m)	sine	سینه
seno (m)	sine	سینه
lado (m), costado (m)	pahlu	پهلو
espalda (f)	pošt	پشت
zona (f) lumbar	kamar	کمر
cintura (f), talle (m)	dur-e kamar	دور کمر
ombligo (m)	nāf	ناف
nalgas (f pl)	nešiman-e gāh	نشیمن گاه
trasero (m)	bāsan	باسن
lunar (m)	xāl	خال
marca (f) de nacimiento	xāl-e mādarzād	خال مادرزاد
tatuaje (m)	xāl kubi	خال کوبی
cicatriz (f)	jā-ye zaxm	جای زخم

La ropa y los accesorios

33. La ropa exterior. Los abrigos

ropa (f)	lebās	لباس
ropa (f) de calle	lebās-e ru	لباس رو
ropa (f) de invierno	lebās-e zemestāni	لباس زمستانی
abrigo (m)	pāltow	پالتو
abrigo (m) de piel	pālto-ye pustin	پالتوی پوستین
abrigo (m) corto de piel	kot-e pustin	کت پوستین
chaqueta (f) plumón	kāpšan	کاپشن
cazadora (f)	kot	کت
impermeable (m)	bārāni	بارانی
impermeable (adj)	zed-e āb	ضد آب

34. Ropa de hombre y mujer

camisa (f)	pirāhan	پیراهن
pantalones (m pl)	šalvār	شلوار
jeans, vaqueros (m pl)	jin	جین
chaqueta (f), saco (m)	kot	کت
traje (m)	kat-o šalvār	کت و شلوار
vestido (m)	lebās	لباس
falda (f)	dāman	دامن
blusa (f)	boluz	بلوز
rebeca (f), chaqueta (f) de punto	jeliqe-ye kešbāf	جلیقه کشباف
chaqueta (f)	kot	کت
camiseta (f) (T-shirt)	tey šarr-at	تی شرت
pantalones (m pl) cortos	šalvarak	شلوارک
traje (m) deportivo	lebās-e varzeši	لباس ورزشی
bata (f) de baño	howle-ye hamām	حوله حمام
pijama (m)	pižāme	پیژامه
suéter (m)	poliver	پلیور
pulóver (m)	poliver	پلیور
chaleco (m)	jeliqe	جلیقه
frac (m)	kat-e dāman gerd	کت دامن گرد
esmoquin (m)	esmoking	اسموکینگ
uniforme (m)	oniform	اونیفورم
ropa (f) de trabajo	lebās-e kār	لباس کار
mono (m)	rupuš	روپوش
bata (f) (p. ej. ~ blanca)	rupuš	روپوش

35. La ropa. La ropa interior

ropa (f) interior	lebās-e zir	لباس زیر
bóxer (m)	šort-e bākser	شورت باکسر
bragas (f pl)	šort-e zanāne	شورت زنانه
camiseta (f) interior	zir-e pirāhan-i	زیر پیراهنی
calcetines (m pl)	jurāb	جوراب
camisón (m)	lebās-e xāb	لباس خواب
sostén (m)	sine-ye band	سینه بند
calcetines (m pl) altos	sāq	ساق
pantimedias (f pl)	jurāb-e šalvāri	جوراب شلواری
medias (f pl)	jurāb-e sāqeboland	جوراب ساقه بلند
traje (m) de baño	māyo	مایو

36. Gorras

gorro (m)	kolāh	کلاه
sombrero (m) de fieltro	šāpo	شاپو
gorra (f) de béisbol	kolāh beysbāl	کلاه بیس بال
gorra (f) plana	kolāh-e taxt	کلاه تخت
boina (f)	kolāh barre	کلاه بره
capuchón (m)	kolāh-e bārāni	کلاه بارانی
panamá (m)	kolāh-e dowre-ye boland	کلاه دوره بلند
gorro (m) de punto	kolāh-e bāftani	کلاه بافتنی
pañuelo (m)	rusari	روسری
sombrero (m) de mujer	kolāh-e zanāne	کلاه زنانه
casco (m) (~ protector)	kolāh-e imeni	کلاه ایمنی
gorro (m) de campaña	kolāh-e pādegān	کلاه پادگان
casco (m) (~ de moto)	kolāh-e imeni	کلاه ایمنی
bombín (m)	kolāh-e namadi	کلاه نمدی
sombrero (m) de copa	kolāh-e ostovānei	کلاه استوانه ای

37. El calzado

calzado (m)	kafš	کفش
botas (f pl)	putin	پوتین
zapatos (m pl) (~ de tacón bajo)	kafš	کفش
botas (f pl) altas	čakme	چکمه
zapatillas (f pl)	dampāyi	دمپایی
tenis (m pl)	kafš katān-i	کفش کتانی
zapatillas (f pl) de lona	kafš katān-i	کفش کتانی
sandalias (f pl)	sandal	صندل
zapatero (m)	kaffāš	کفاش
tacón (m)	pāšne-ye kafš	پاشنهٔ کفش

par (m)	yek joft	یک جفت
cordón (m)	band-e kafš	بند کفش
encordonar (vt)	band-e kafš bastan	بند کفش بستن
calzador (m)	pāšne keš	پاشنه کش
betún (m)	vāks	واکس

38. Los textiles. Las telas

algodón (m)	panbe	پنبه
de algodón (adj)	panbe i	پنبه ای
lino (m)	katān	کتان
de lino (adj)	katāni	کتانی

seda (f)	abrišam	ابریشم
de seda (adj)	abrišami	ابریشمی
lana (f)	pašm	پشم
de lana (adj)	pašmi	پشمی

terciopelo (m)	maxmal	مخمل
gamuza (f)	jir	جیر
pana (f)	maxmal-e kebriti	مخمل کبریتی

nilón (m)	nāylon	نایلون
de nilón (adj)	nāyloni	نایلونی
poliéster (m)	poliester	پلی‌استر
de poliéster (adj)	poliester	پلاستر

piel (f) (cuero)	čarm	چرم
de piel (de cuero)	čarmi	چرمی
piel (f) (~ de zorro, etc.)	xaz	خز
de piel (abrigo ~)	xaz	خز

39. Accesorios personales

guantes (m pl)	dastkeš	دستکش
manoplas (f pl)	dastkeš-e yek angošti	دستکش یک انگشتی
bufanda (f)	šāl-e gardan	شال گردن

gafas (f pl)	eynak	عینک
montura (f)	qāb	قاب
paraguas (m)	čatr	چتر
bastón (m)	asā	عصا
cepillo (m) de pelo	bores-e mu	برس مو
abanico (m)	bādbezan	بادبزن

corbata (f)	kerāvāt	کراوات
pajarita (f)	pāpiyon	پاپیون
tirantes (m pl)	band šalvār	بند شلوار
moquero (m)	dastmāl	دستمال

| peine (m) | šāne | شانه |
| pasador (m) de pelo | sanjāq-e mu | سنجاق مو |

| horquilla (f) | sanjāq-e mu | سنجاق مو |
| hebilla (f) | sagak | سگک |

| cinturón (m) | kamarband | كمربند |
| correa (f) (de bolso) | tasme | تسمه |

bolsa (f)	keyf	كيف
bolso (m)	keyf-e zanāne	كيف زنانه
mochila (f)	kule pošti	كوله پشتی

40. La ropa. Miscelánea

moda (f)	mod	مد
de moda (adj)	mod	مد
diseñador (m) de moda	tarrāh-e lebas	طراح لباس

cuello (m)	yaqe	يقه
bolsillo (m)	jib	جيب
de bolsillo (adj)	jibi	جيبی
manga (f)	āstin	آستين
presilla (f)	band-e āviz	بند آويز
bragueta (f)	zip	زيپ

cremallera (f)	zip	زيپ
cierre (m)	sagak	سگک
botón (m)	dokme	دكمه
ojal (m)	surāx-e dokme	سوراخ دكمه
saltar (un botón)	kande šodan	كنده شدن

coser (vi, vt)	duxtan	دوختن
bordar (vt)	golduzi kardan	گلدوزی كردن
bordado (m)	golduzi	گلدوزی
aguja (f)	suzan	سوزن
hilo (m)	nax	نخ
costura (f)	darz	درز

ensuciarse (vr)	kasif šodan	كثيف شدن
mancha (f)	lakke	لكه
arrugarse (vr)	čoruk šodan	چروک شدن
rasgar (vt)	pāre kardan	پاره كردن
polilla (f)	šab parre	شب پره

41. Productos personales. Cosméticos

pasta (f) de dientes	xamir-e dandān	خمير دندان
cepillo (m) de dientes	mesvāk	مسواک
limpiarse los dientes	mesvāk zadan	مسواک زدن

maquinilla (f) de afeitar	tiq	تيغ
crema (f) de afeitar	kerem-e riš tarāši	كرم ريش تراشی
afeitarse (vr)	riš tarāšidan	ريش تراشيدن
jabón (m)	sābun	صابون

champú (m)	šāmpu	شامپو
tijeras (f pl)	qeyči	قیچی
lima (f) de uñas	sohan-e nāxon	سوهان ناخن
cortaúñas (m pl)	nāxon gir	ناخن گیر
pinzas (f pl)	mučin	موچین

cosméticos (m pl)	lavāzem-e ārāyeši	لوازم آرایشی
mascarilla (f)	māsk	ماسک
manicura (f)	mānikur	مانیکور
hacer la manicura	mānikur kardan	مانیکور کردن
pedicura (f)	pedikur	پدیکور

bolsa (f) de maquillaje	kife lavāzem-e ārāyeši	کیف لوازم آرایشی
polvos (m pl)	pudr	پودر
polvera (f)	ja'be-ye pudr	جعبهٔ پودر
colorete (m), rubor (m)	sorxāb	سرخاب

perfume (m)	atr	عطر
agua (f) de tocador	atr	عطر
loción (f)	losiyon	لوسیون
agua (f) de Colonia	odkolon	اودکلن

sombra (f) de ojos	sāye-ye češm	سایه چشم
lápiz (m) de ojos	medād čašm	مداد چشم
rímel (m)	rimel	ریمل

pintalabios (m)	mātik	ماتیک
esmalte (m) de uñas	lāk-e nāxon	لاک ناخن
fijador (m) para el pelo	esperey-ye mu	اسپری مو
desodorante (m)	deodyrant	دئودورانت

crema (f)	kerem	کرم
crema (f) de belleza	kerem-e surat	کرم صورت
crema (f) de manos	kerem-e dast	کرم دست
crema (f) antiarrugas	kerem-e zedd-e čoruk	کرم ضد چروک
crema (f) de día	kerem-e ruz	کرم روز
crema (f) de noche	kerem-e šab	کرم شب
de día (adj)	ruzāne	روزانه
de noche (adj)	šab	شب

tampón (m)	tāmpon	تامپون
papel (m) higiénico	kāqaz-e tuālet	کاغذ توالت
secador (m) de pelo	sešovār	سشوار

42. Las joyas

joyas (f pl)	javāherāt	جواهرات
precioso (adj)	qeymati	قیمتی
contraste (m)	ayār	عیار

anillo (m)	angoštar	انگشتر
anillo (m) de boda	halqe	حلقه
pulsera (f)	alangu	النگو
pendientes (m pl)	gušvāre	گوشواره

collar (m) (~ de perlas)	gardan band	گردن بند
corona (f)	tāj	تاج
collar (m) de abalorios	gardan band	گردن بند

diamante (m)	almās	الماس
esmeralda (f)	zomorrod	زمرد
rubí (m)	yāqut	یاقوت
zafiro (m)	yāqut-e kabud	یاقوت کبود
perla (f)	morvārid	مروارید
ámbar (m)	kahrobā	کهربا

43. Los relojes

reloj (m)	sā'at-e moči	ساعت مچی
esfera (f)	safhe-ye sā'at	صفحهٔ ساعت
aguja (f)	aqrabe	عقربه
pulsera (f)	band-e sāat	بند ساعت
correa (f) (del reloj)	band-e čarmi	بند چرمی

pila (f)	bātri	باطری
descargarse (vr)	tamām šodan bātri	تمام شدن باتری
cambiar la pila	bātri avaz kardan	باطری عوض کردن
adelantarse (vr)	jelo oftādan	جلو افتادن
retrasarse (vr)	aqab māndan	عقب ماندن

reloj (m) de pared	sā'at-e divāri	ساعت دیواری
reloj (m) de arena	sā'at-e šeni	ساعت شنی
reloj (m) de sol	sā'at-e āftābi	ساعت آفتابی
despertador (m)	sā'at-e zang dār	ساعت زنگ دار
relojero (m)	sā'at sāz	ساعت ساز
reparar (vt)	ta'mir kardan	تعمیر کردن

La comida y la nutrición

carne (f)	gušt	گوشت
gallina (f)	morq	مرغ
pollo (m)	juje	جوجه
pato (m)	ordak	اردک
ganso (m)	qāz	غاز
caza (f) menor	gušt-e šekār	گوشت شکار
pava (f)	gušt-e buqalamun	گوشت بوقلمون
carne (f) de cerdo	gušt-e xuk	گوشت خوک
carne (f) de ternera	gušt-e gusāle	گوشت گوساله
carne (f) de carnero	gušt-e gusfand	گوشت گوسفند
carne (f) de vaca	gušt-e gāv	گوشت گاو
conejo (m)	xarguš	خرگوش
salchichón (m)	kālbās	کالباس
salchicha (f)	sosis	سوسیس
beicon (m)	beykon	بیکن
jamón (m)	žāmbon	ژامبون
jamón (m) fresco	rān xuk	ران خوک
paté (m)	pāte	پاته
hígado (m)	jegar	جگر
carne (f) picada	hamberger	همبرگر
lengua (f)	zabān	زبان
huevo (m)	toxm-e morq	تخم مرغ
huevos (m pl)	toxm-e morq-ha	تخم مرغ ها
clara (f)	sefide-ye toxm-e morq	سفیده تخم مرغ
yema (f)	zarde-ye toxm-e morq	زرده تخم مرغ
pescado (m)	māhi	ماهی
mariscos (m pl)	qazā-ye daryāyi	غذای دریایی
crustáceos (m pl)	saxtpustān	سختپوستان
caviar (m)	xāviār	خاویار
cangrejo (m) de mar	xarčang	خرچنگ
camarón (m)	meygu	میگو
ostra (f)	sadaf-e xorāki	صدف خوراکی
langosta (f)	xarčang-e xārdār	خرچنگ خاردار
pulpo (m)	hašt pā	هشت پا
calamar (m)	māhi-ye morakkab	ماهی مرکب
esturión (m)	māhi-ye xāviār	ماهی خاویار
salmón (m)	māhi-ye salemon	ماهی سالمون
fletán (m)	halibut	هالیبوت
bacalao (m)	māhi-ye rowqan	ماهی روغن

caballa (f)	māhi-ye esqumeri	ماهی اسقومری
atún (m)	tan māhi	تن ماهی
anguila (f)	mārmāhi	مارماهی

trucha (f)	māhi-ye qezelālā	ماهی قزل آلا
sardina (f)	sārdin	ساردین
lucio (m)	ordak māhi	اردک ماهی
arenque (m)	māhi-ye šur	ماهی شور

pan (m)	nān	نان
queso (m)	panir	پنیر
azúcar (m)	qand	قند
sal (f)	namak	نمک

arroz (m)	berenj	برنج
macarrones (m pl)	mākāroni	ماکارونی
tallarines (m pl)	rešte-ye farangi	رشته فرنگی

mantequilla (f)	kare	کره
aceite (m) vegetal	rowqan-e nabāti	روغن نباتی
aceite (m) de girasol	rowqan āftābgardān	روغن آفتاب گردان
margarina (f)	mārgārin	مارگارین

| olivas, aceitunas (f pl) | zeytun | زیتون |
| aceite (m) de oliva | rowqan-e zeytun | روغن زیتون |

leche (f)	šir	شیر
leche (f) condensada	šir-e čegāl	شیر چگال
yogur (m)	mās-at	ماست
nata (f) agria	xāme-ye torš	خامهٔ ترش
nata (f) líquida	saršir	سرشیر

| mayonesa (f) | māyonez | مایونز |
| crema (f) de mantequilla | xāme | خامه |

cereales (m pl) integrales	hobubāt	حبوبات
harina (f)	ārd	آرد
conservas (f pl)	konserv-hā	کنسرو ها

copos (m pl) de maíz	bereštuk	برشتوک
miel (f)	asal	عسل
confitura (f)	morabbā	مربا
chicle (m)	ādāms	آدامس

45. Las bebidas

agua (f)	āb	آب
agua (f) potable	āb-e āšāmidani	آب آشامیدنی
agua (f) mineral	āb-e ma'dani	آب معدنی

sin gas	bedun-e gāz	بدون گاز
gaseoso (adj)	gāzdār	گازدار
con gas	gāzdār	گازدار
hielo (m)	yax	یخ

con hielo	yax dār	يخ دار
sin alcohol	bi alkol	بی الکل
bebida (f) sin alcohol	nušābe-ye bi alkol	نوشابهٔ بی الکل
refresco (m)	nušābe-ye xonak	نوشابهٔ خنک
limonada (f)	limunād	لیموناد

bebidas (f pl) alcohólicas	mašrubāt-e alkoli	مشروبات الکلی
vino (m)	šarāb	شراب
vino (m) blanco	šarāb-e sefid	شراب سفید
vino (m) tinto	šarāb-e sorx	شراب سرخ

licor (m)	likor	لیکور
champaña (f)	šāmpāyn	شامپاین
vermú (m)	vermut	ورموت

whisky (m)	viski	ویسکی
vodka (m)	vodkā	ودکا
ginebra (f)	jin	جین
coñac (m)	konyāk	کنیاک
ron (m)	araq-e neyšekar	عرق نیشکر

café (m)	qahve	قهوه
café (m) solo	qahve-ye talx	قهوهٔ تلخ
café (m) con leche	šir-qahve	شیرقهوه
capuchino (m)	kāpočino	کاپوچینو
café (m) soluble	qahve-ye fowri	قهوه فوری

leche (f)	šir	شیر
cóctel (m)	kuktel	کوکتل
batido (m)	kuktele šir	کوکتل شیر

zumo (m), jugo (m)	āb-e mive	آب میوه
jugo (m) de tomate	āb-e gowjefarangi	آب گوجه فرنگی
zumo (m) de naranja	āb-e porteqāl	آب پرتقال
zumo (m) fresco	āb-e mive-ye taze	آب میوهٔ تازه

cerveza (f)	ābejow	آبجو
cerveza (f) rubia	ābejow-ye sabok	آبجوی سبک
cerveza (f) negra	ābejow-ye tire	آبجوی تیره

té (m)	čāy	چای
té (m) negro	čāy-e siyāh	چای سیاه
té (m) verde	čāy-e sabz	چای سبز

46. Las verduras

| legumbres (f pl) | sabzijāt | سبزیجات |
| verduras (f pl) | sabzi | سبزی |

tomate (m)	gowje farangi	گوجه فرنگی
pepino (m)	xiyār	خیار
zanahoria (f)	havij	هویج
patata (f)	sib zamini	سیب زمینی
cebolla (f)	piyāz	پیاز

ajo (m)	sir	سیر
col (f)	kalam	کلم
coliflor (f)	gol kalam	گل کلم
col (f) de Bruselas	koll-am boruksel	کلم بروکسل
brócoli (m)	kalam borokli	کلم بروکلی
remolacha (f)	čoqondar	چغندر
berenjena (f)	bādenjān	بادنجان
calabacín (m)	kadu sabz	کدو سبز
calabaza (f)	kadu tanbal	کدو تنبل
nabo (m)	šalqam	شلغم
perejil (m)	ja'fari	جعفری
eneldo (m)	šavid	شوید
lechuga (f)	kāhu	کاهو
apio (m)	karafs	کرفس
espárrago (m)	mārčube	مارچوبه
espinaca (f)	esfenāj	اسفناج
guisante (m)	noxod	نخود
habas (f pl)	lubiyā	لوبیا
maíz (m)	zorrat	ذرت
fréjol (m)	lubiyā qermez	لوبیا قرمز
pimiento (m) dulce	felfel	فلفل
rábano (m)	torobče	تربچه
alcachofa (f)	kangar farangi	کنگرفرنگی

47. Las frutas. Las nueces

fruto (m)	mive	میوه
manzana (f)	sib	سیب
pera (f)	golābi	گلابی
limón (m)	limu	لیمو
naranja (f)	porteqāl	پرتقال
fresa (f)	tut-e farangi	توت فرنگی
mandarina (f)	nārengi	نارنگی
ciruela (f)	ālu	آلو
melocotón (m)	holu	هلو
albaricoque (m)	zardālu	زردآلو
frambuesa (f)	tamešk	تمشک
piña (f)	ānānās	آناناس
banana (f)	mowz	موز
sandía (f)	hendevāne	هندوانه
uva (f)	angur	انگور
guinda (f)	ālbālu	آلبالو
cereza (f)	gilās	گیلاس
melón (m)	xarboze	خربزه
pomelo (m)	gerip forut	گریپ فوروت
aguacate (m)	āvokādo	اووکادو
papaya (f)	pāpāyā	پاپایا

mango (m)	anbe	انبه
granada (f)	anār	انار

grosella (f) roja	angur-e farangi-ye sorx	انگور فرنگی سرخ
grosella (f) negra	angur-e farangi-ye siyāh	انگور فرنگی سیاه
grosella (f) espinosa	angur-e farangi	انگور فرنگی
arándano (m)	zoqāl axte	زغال اخته
zarzamoras (f pl)	šāh tut	شاه توت

pasas (f pl)	kešmeš	کشمش
higo (m)	anjir	انجیر
dátil (m)	xormā	خرما

cacahuete (m)	bādām zamin-i	بادام زمینی
almendra (f)	bādām	بادام
nuez (f)	gerdu	گردو
avellana (f)	fandoq	فندق
nuez (f) de coco	nārgil	نارگیل
pistachos (m pl)	peste	پسته

48. El pan. Los dulces

pasteles (m pl)	širini jāt	شیرینی جات
pan (m)	nān	نان
galletas (f pl)	biskuit	بیسکوییت

chocolate (m)	šokolāt	شکلات
de chocolate (adj)	šokolāti	شکلاتی
caramelo (m)	āb nabāt	آب نبات
tarta (f) (pequeña)	nān-e širini	نان شیرینی
tarta (f) (~ de cumpleaños)	širini	شیرینی

tarta (f) (~ de manzana)	keyk	کیک
relleno (m)	čāšni	چاشنی

confitura (f)	morabbā	مربا
mermelada (f)	mārmālād	مارمالاد
gofre (m)	vāfel	وافل
helado (m)	bastani	بستنی
pudin (m)	puding	پودینگ

49. Los platos

plato (m)	qazā	غذا
cocina (f)	qazā	غذا
receta (f)	dastur-e poxt	دستور پخت
porción (f)	pors	پرس

ensalada (f)	sālād	سالاد
sopa (f)	sup	سوپ
caldo (m)	pāye-ye sup	پایه سوپ
bocadillo (m)	sāndevič	ساندویچ

huevos (m pl) fritos	nimru	نيمرو
hamburguesa (f)	hamberger	همبرگر
bistec (m)	esteyk	استيک

guarnición (f)	moxallafāt	مخلفات
espagueti (m)	espāgeti	اسپاگتی
puré (m) de patatas	pure-ye sibi zamini	پورۀ سيب زمينی
pizza (f)	pitzā	پيتزا
gachas (f pl)	šurbā	شوربا
tortilla (f) francesa	ommol-at	املت

cocido en agua (adj)	āb paz	آب پز
ahumado (adj)	dudi	دودی
frito (adj)	sorx šode	سرخ شده
seco (adj)	xošk	خشک
congelado (adj)	yax zade	يخ زده
marinado (adj)	torši	ترشی

azucarado, dulce (adj)	širin	شيرين
salado (adj)	šur	شور
frío (adj)	sard	سرد
caliente (adj)	dāq	داغ
amargo (adj)	talx	تلخ
sabroso (adj)	xoš mazze	خوش مزه

cocer en agua	poxtan	پختن
preparar (la cena)	poxtan	پختن
freír (vt)	sorx kardan	سرخ کردن
calentar (vt)	garm kardan	گرم کردن

salar (vt)	namak zadan	نمک زدن
poner pimienta	felfel pāšidan	فلفل پاشيدن
rallar (vt)	rande kardan	رنده کردن
piel (f)	pust	پوست
pelar (vt)	pust kandan	پوست کندن

50. Las especias

sal (f)	namak	نمک
salado (adj)	šur	شور
salar (vt)	namak zadan	نمک زدن

pimienta (f) negra	felfel-e siyāh	فلفل سياه
pimienta (f) roja	felfel-e sorx	فلفل سرخ
mostaza (f)	xardal	خردل
rábano (m) picante	torob-e kuhi	ترب کوهی

condimento (m)	adviye	ادويه
especia (f)	adviye	ادويه
salsa (f)	ses	سس
vinagre (m)	serke	سرکه

| anís (m) | rāziyāne | رازيانه |
| albahaca (f) | reyhān | ريحان |

clavo (m)	mixak	میخک
jengibre (m)	zanjefil	زنجفیل
cilantro (m)	gešniz	گشنیز
canela (f)	dārčin	دارچین

sésamo (m)	konjed	کنجد
hoja (f) de laurel	barg-e bu	برگ بو
paprika (f)	paprika	پاپریکا
comino (m)	zire	زیره
azafrán (m)	za'ferān	زعفران

51. Las comidas

comida (f)	qazā	غذا
comer (vi, vt)	xordan	خوردن

desayuno (m)	sobhāne	صبحانه
desayunar (vi)	sobhāne xordan	صبحانه خوردن
almuerzo (m)	nāhār	ناهار
almorzar (vi)	nāhār xordan	ناهار خوردن
cena (f)	šām	شام
cenar (vi)	šām xordan	شام خوردن

apetito (m)	eštehā	اشتها
¡Que aproveche!	nuš-e jān	نوش جان

abrir (vt)	bāz kardan	باز کردن
derramar (líquido)	rixtan	ریختن
derramarse (líquido)	rixtan	ریختن

hervir (vi)	jušidan	جوشیدن
hervir (vt)	jušāndan	جوشاندن
hervido (agua ~a)	jušide	جوشیده
enfriar (vt)	sard kardan	سرد کردن
enfriarse (vr)	sard šodan	سرد شدن

sabor (m)	maze	مزه
regusto (m)	maze	مزه

adelgazar (vi)	lāqar kardan	لاغر کردن
dieta (f)	režim	رژیم
vitamina (f)	vitāmin	ویتامین
caloría (f)	kālori	کالری

vegetariano (m)	giyāh xār	گیاه خوار
vegetariano (adj)	giyāh xāri	گیاه خواری

grasas (f pl)	čarbi-hā	چربی ها
proteínas (f pl)	porotein	پروتئین
carbohidratos (m pl)	karbohidrāt-hā	کربو هیدرات ها

loncha (f)	qet'e	قطعه
pedazo (m)	tekke	تکه
miga (f)	zarre	ذره

52. Los cubiertos

cuchara (f)	qāšoq	قاشق
cuchillo (m)	kārd	کارد
tenedor (m)	čangāl	چنگال
taza (f)	fenjān	فنجان
plato (m)	bošqāb	بشقاب
platillo (m)	na'lbeki	نعلبکی
servilleta (f)	dastmāl	دستمال
mondadientes (m)	xelāl-e dandān	خلال دندان

53. El restaurante

restaurante (m)	resturān	رستوران
cafetería (f)	kāfe	کافه
bar (m)	bār	بار
salón (m) de té	qahve xāne	قهوه خانه
camarero (m)	pišxedmat	پیشخدمت
camarera (f)	pišxedmat	پیشخدمت
barman (m)	motesaddi-ye bār	متصدی بار
carta (f), menú (m)	meno	منو
carta (f) de vinos	kārt-e šarāb	کارت شراب
reservar una mesa	miz rezerv kardan	میز رزرو کردن
plato (m)	qazā	غذا
pedir (vt)	sefāreš dādan	سفارش دادن
hacer un pedido	sefāreš dādan	سفارش دادن
aperitivo (m)	mašrub-e piš qazā	مشروب پیش غذا
entremés (m)	piš qazā	پیش غذا
postre (m)	deser	دسر
cuenta (f)	surat hesāb	صورت حساب
pagar la cuenta	surat-e hesāb rā pardāxtan	صورت حساب را پرداختن
dar la vuelta	baqiye rā dādan	بقیه را دادن
propina (f)	an'ām	انعام

La familia nuclear, los parientes y los amigos

nombre (m)	esm	اسم
apellido (m)	nām-e xānevādegi	نام خانوادگی
fecha (f) de nacimiento	tārix-e tavallod	تاریخ تولد
lugar (m) de nacimiento	mahall-e tavallod	محل تولد
nacionalidad (f)	melliyat	ملیت
domicilio (m)	mahall-e sokunat	محل سکونت
país (m)	kešvar	کشور
profesión (f)	šoql	شغل
sexo (m)	jens	جنس
estatura (f)	qad	قد
peso (m)	vazn	وزن

madre (f)	mādar	مادر
padre (m)	pedar	پدر
hijo (m)	pesar	پسر
hija (f)	doxtar	دختر
hija (f) menor	doxtar-e kučak	دختر کوچک
hijo (m) menor	pesar-e kučak	پسر کوچک
hija (f) mayor	doxtar-e bozorg	دختر بزرگ
hijo (m) mayor	pesar-e bozorg	پسر بزرگ
hermano (m)	barādar	برادر
hermano (m) mayor	barādar-e bozorg	برادر بزرگ
hermano (m) menor	barādar-e kučak	برادر کوچک
hermana (f)	xāhar	خواهر
hermana (f) mayor	xāhar-e bozorg	خواهر بزرگ
hermana (f) menor	xāhar-e kučak	خواهر کوچک
primo (m)	pesar 'amu	پسر عمو
prima (f)	doxtar amu	دختر عمو
mamá (f)	māmān	مامان
papá (m)	bābā	بابا
padres (pl)	vāledeyn	والدین
niño -a (m, f)	kudak	کودک
niños (pl)	bače-hā	بچه ها
abuela (f)	mādarbozorg	مادربزرگ
abuelo (m)	pedar-bozorg	پدربزرگ

nieto (m)	nave	نوه
nieta (f)	nave	نوه
nietos (pl)	nave-hā	نوه ها

tío (m)	amu	عمو
tía (f)	xāle yā amme	خاله یا عمه
sobrino (m)	barādar-zāde	برادرزاده
sobrina (f)	xāhar-zāde	خواهرزاده

suegra (f)	mādarzan	مادرزن
suegro (m)	pedar-šowhar	پدرشوهر
yerno (m)	dāmād	داماد
madrastra (f)	nāmādari	نامادری
padrastro (m)	nāpedari	ناپدری

niño (m) de pecho	nowzād	نوزاد
bebé (m)	širxār	شیرخوار
chico (m)	pesar-e kučulu	پسر کوچولو

mujer (f)	zan	زن
marido (m)	šowhar	شوهر
esposo (m)	hamsar	همسر
esposa (f)	hamsar	همسر

casado (adj)	mote'ahhel	متاهل
casada (adj)	mote'ahhel	متاهل
soltero (adj)	mojarrad	مجرد
soltero (m)	mojarrad	مجرد
divorciado (adj)	talāq gerefte	طلاق گرفته
viuda (f)	bive zan	بیوه زن
viudo (m)	bive	بیوه

pariente (m)	xišāvand	خویشاوند
pariente (m) cercano	aqvām-e nazdik	اقوام نزدیک
pariente (m) lejano	aqvām-e dur	اقوام دور
parientes (pl)	aqvām	اقوام

huérfano (m), huérfana (f)	yatim	یتیم
tutor (m)	qayyem	قیم
adoptar (un niño)	be pesari gereftan	به پسری گرفتن
adoptar (una niña)	be doxtari gereftan	به دختری گرفتن

56. Los amigos. Los compañeros del trabajo

amigo (m)	dust	دوست
amiga (f)	dust	دوست
amistad (f)	dusti	دوستی
ser amigo	dust budan	دوست بودن

amigote (m)	rafiq	رفیق
amiguete (f)	rafiq	رفیق
compañero (m)	šarik	شریک
jefe (m)	ra'is	رئیس
superior (m)	ra'is	رئیس

propietario (m)	sãheb	صاحب
subordinado (m)	zirdast	زیردست
colega (m, f)	hamkãr	همکار

conocido (m)	ãšnã	آشنا
compañero (m) de viaje	hamsafar	همسفر
condiscípulo (m)	ham kelãs	هم کلاس

vecino (m)	hamsãye	همسایه
vecina (f)	hamsãye	همسایه
vecinos (pl)	hamsãye-hã	همسایه ها

57. El hombre. La mujer

mujer (f)	zan	زن
muchacha (f)	doxtar	دختر
novia (f)	arus	عروس

guapa (adj)	zibã	زیبا
alta (adj)	qad boland	قد بلند
esbelta (adj)	xoš andãm	خوش اندام
de estatura mediana	qad kutãh	قد کوتاه

| rubia (f) | mu bur | مو بور |
| morena (f) | mu siyãh | مو سیاه |

de señora (adj)	zanãne	زنانه
virgen (f)	bãkere	باکره
embarazada (adj)	bãrdãr	باردار

hombre (m) (varón)	mard	مرد
rubio (m)	mu bur	مو بور
moreno (m)	mu siyãh	مو سیاه
alto (adj)	qad boland	قد بلند
de estatura mediana	qad kutãh	قد کوتاه

grosero (adj)	xašen	خشن
rechoncho (adj)	tanumand	تنومند
robusto (adj)	tanumand	تنومند
fuerte (adj)	nirumand	نیرومند
fuerza (f)	niru	نیرو

gordo (adj)	čãq	چاق
moreno (adj)	sabze ru	سبزه رو
esbelto (adj)	xoš andãm	خوش اندام
elegante (adj)	barãzande	برازنده

58. La edad

edad (f)	sen	سن
juventud (f)	javãni	جوانی
joven (adj)	javãn	جوان

menor (adj)	kučaktar	کوچکتر
mayor (adj)	bozorgtar	بزرگتر
joven (m)	mard-e javān	مرد جوان
adolescente (m)	nowjavān	نوجوان
muchacho (m)	mard	مرد
anciano (m)	pirmard	پیرمرد
anciana (f)	pirzan	پیرزن
adulto	bāleq	بالغ
de edad media (adj)	miyānsāl	میانسال
anciano, mayor (adj)	sālmand	سالمند
viejo (adj)	mosen	مسن
jubilación (f)	mostamerri	مستمری
jubilarse	bāznešaste šodan	بازنشسته شدن
jubilado (m)	bāznešaste	بازنشسته

59. Los niños

niño -a (m, f)	kudak	کودک
niños (pl)	bače-hā	بچه ها
gemelos (pl)	doqolu	دوقلو
cuna (f)	gahvāre	گهواره
sonajero (m)	jeqjeqe	جغجغه
pañal (m)	pušak	پوشک
chupete (m)	pestānak	پستانک
cochecito (m)	kāleske	کالسکه
jardín (m) de infancia	kudakestān	کودکستان
niñera (f)	parastār bače	پرستار بچه
infancia (f)	kudaki	کودکی
muñeca (f)	arusak	عروسک
juguete (m)	asbāb bāzi	اسباب بازی
mecano (m)	xāne sāzi	خانه سازی
bien criado (adj)	bā tarbiyat	با تربیت
mal criado (adj)	bi tarbiyat	بی تربیت
mimado (adj)	lus	لوس
hacer travesuras	šeytanat kardan	شیطنت کردن
travieso (adj)	bāziguš	بازیگوش
travesura (f)	šeytāni	شیطانی
travieso (m)	šeytān	شیطان
obediente (adj)	motiʿ	مطیع
desobediente (adj)	sarkeš	سرکش
dócil (adj)	āqel	عاقل
inteligente (adj)	bāhuš	باهوش
niño (m) prodigio	kudak nābeqe	کودک نابغه

60. El matrimonio. La vida familiar

besar (vt)	busidan	بوسیدن
besarse (vr)	hamdigar rã busidan	همدیگررا بوسیدن
familia (f)	xãnevãde	خانواده
familiar (adj)	xãnevãdegi	خانوادگی
pareja (f)	zoj	زوج
matrimonio (m)	ezdevãj	ازدواج
hogar (m) familiar	kãšãne	کاشانه
dinastía (f)	selsele	سلسله

| cita (f) | qarãr | قرار |
| beso (m) | buse | بوسه |

amor (m)	ešq	عشق
querer (amar)	dust dãštan	دوست داشتن
querido (adj)	mahbub	محبوب

ternura (f)	mehrbãni	مهربانی
tierno (afectuoso)	mehrbãn	مهربان
fidelidad (f)	vafã	وفا
fiel (adj)	vafãdãr	وفادار
cuidado (m)	tavajjoh	توجه
cariñoso (un padre ~)	ba molãheze	با ملاحظه

recién casados (pl)	tãze ezdevãj karde	تازه ازدواج کرده
luna (f) de miel	mãh-e asal	ماه عسل
estar casada	ezdevãj kardan	ازدواج کردن
casarse (con una mujer)	ezdevãj kardan	ازدواج کردن

boda (f)	arusi	عروسی
bodas (f pl) de oro	panjãhomin sãlgard-e arusi	پنجاهمین سالگرد عروسی
aniversario (m)	sãlgard	سالگرد

| amante (m) | ma'šuq | معشوق |
| amante (f) | ma'šuqe | معشوقه |

adulterio (m)	xiyãnat	خیانت
cometer adulterio	xiyãnat kardan	خیانت کردن
celoso (adj)	hasud	حسود
tener celos	hasud budan	حسود بودن
divorcio (m)	talãq	طلاق
divorciarse (vr)	talãq gereftan	طلاق گرفتن

reñir (vi)	da'vã kardan	دعوا کردن
reconciliarse (vr)	ãšti kardan	آشتی کردن
juntos (adv)	bãham	باهم
sexo (m)	seks	سکس

felicidad (f)	xošbaxti	خوشبختی
feliz (adj)	xošbaxt	خوشبخت
desgracia (f)	badbaxti	بدبختی
desgraciado (adj)	badbaxt	بدبخت

Las características de personalidad. Los sentimientos

61. Los sentimientos. Las emociones

sentimiento (m)	ehsās	احساس
sentimientos (m pl)	ehsāsat	احساسات
sentir (vt)	ehsās kardan	احساس کردن
hambre (f)	gorosnegi	گرسنگی
tener hambre	gorosne budan	گرسنه بودن
sed (f)	tešnegi	تشنگی
tener sed	tešne budan	تشنه بودن
somnolencia (f)	xāb āludegi	خواب آلودگی
tener sueño	xābālud budan	خواب آلود بودن
cansancio (m)	xastegi	خستگی
cansado (adj)	xaste	خسته
estar cansado	xaste šodan	خسته شدن
humor (m) (de buen ~)	xolq	خلق
aburrimiento (m)	bi hoselegi	بی حوصلگی
aburrirse (vr)	hosele sar raftan	حوصله سررفتن
soledad (f)	guše nešini	گوشه نشینی
aislarse (vr)	guše nešini kardan	گوشه نشینی کردن
inquietar (vt)	negarān kardan	نگران کردن
inquietarse (vr)	negarān šodan	نگران شدن
inquietud (f)	negarāni	نگرانی
preocupación (f)	negarāni	نگرانی
preocupado (adj)	moztareb	مضطرب
estar nervioso	asabi šodan	عصبی شدن
darse al pánico	vahšat kardan	وحشت کردن
esperanza (f)	omid	امید
esperar (tener esperanza)	omid dāštan	امید داشتن
seguridad (f)	etminān	اطمینان
seguro (adj)	motmaen	مطمئن
inseguridad (f)	adam-e etminān	عدم اطمینان
inseguro (adj)	nā motmaen	نا مطمئن
borracho (adj)	mast	مست
sobrio (adj)	hošyār	هوشیار
débil (adj)	za'if	ضعیف
feliz (adj)	xošbaxt	خوشبخت
asustar (vt)	tarsāndan	ترساندن
furia (f)	qeyz	غیظ
rabia (f)	xašm	خشم
depresión (f)	afsordegi	افسردگی
incomodidad (f)	nārāhati	ناراحتی

comodidad (f)	āsāyeš	آسایش
arrepentirse (vr)	afsus xordan	افسوس خوردن
arrepentimiento (m)	afsus	افسوس
mala suerte (f)	bad šāns-i	بد شانسی
tristeza (f)	delxori	دلخوری

vergüenza (f)	šarm	شرم
júbilo (m)	šādi	شادی
entusiasmo (m)	eštiyāq	اشتیاق
entusiasta (m)	moštāq	مشتاق
mostrar entusiasmo	eštiyāq dāštan	اشتیاق داشتن

62. El carácter. La personalidad

carácter (m)	šaxsiyat	شخصیت
defecto (m)	naqs	نقص
mente (f), razón (f)	aql	عقل

consciencia (f)	vejdān	وجدان
hábito (m)	ādat	عادت
habilidad (f)	esteʻdād	استعداد
poder (~ nadar, etc.)	tavānestan	توانستن

paciente (adj)	bā howsele	با حوصله
impaciente (adj)	bi hosele	بی حوصله
curioso (adj)	konjkāv	کنجکاو
curiosidad (f)	konjkāvi	کنجکاوی

modestia (f)	forutani	فروتنی
modesto (adj)	forutan	فروتن
inmodesto (adj)	gostāx	گستاخ

pereza (f)	tanbali	تنبلی
perezoso (adj)	tanbal	تنبل
perezoso (m)	tanbal	تنبل

astucia (f)	mokāri	مکاری
astuto (adj)	makkār	مکار
desconfianza (f)	bad gomāni	بد گمانی
desconfiado (adj)	bad gomān	بد گمان

generosidad (f)	sexāvat	سخاوت
generoso (adj)	ba sexāvat	با سخاوت
talentoso (adj)	bā esteʻdād	با استعداد
talento (m)	esteʻdād	استعداد

valiente (adj)	šojāʻ	شجاع
coraje (m)	šojāʻat	شجاعت
honesto (adj)	sādeq	صادق
honestidad (f)	sedāqat	صداقت

prudente (adj)	bā ehtiyāt	با احتیاط
valeroso (adj)	bi bāk	بی باک
serio (adj)	jeddi	جدی

severo (adj)	saxt gir	سخت گیر
decidido (adj)	mosammam	مصمم
indeciso (adj)	do del	دو دل
tímido (adj)	xejālati	خجالتی
timidez (f)	xejālat	خجالت

confianza (f)	e'temād	اعتماد
creer (créeme)	bāvar kardan	باور کردن
confiado (crédulo)	zud bāvar	زود باور

sinceramente (adv)	sādeqāne	صادقانه
sincero (adj)	sādeq	صادق
sinceridad (f)	sedāqat	صداقت
abierto (adj)	sarih	صریح

calmado (adj)	ārām	آرام
franco (sincero)	rok	رک
ingenuo (adj)	sāde lowh	ساده لوح
distraído (adj)	sar be havā	سربه هوا
gracioso (adj)	xande dār	خنده دار

avaricia (f)	hers	حرص
avaro (adj)	haris	حریص
tacaño (adj)	xasis	خسیس
malvado (adj)	badjens	بدجنس
terco (adj)	lajuj	لجوج
desagradable (adj)	nāxošāyand	ناخوشایند

egoísta (m)	xodxāh	خودخواه
egoísta (adj)	xodxāhi	خودخواهی
cobarde (m)	tarsu	ترسو
cobarde (adj)	tarsu	ترسو

63. El sueño. Los sueños

dormir (vi)	xābidan	خوابیدن
sueño (m) (estado)	xāb	خواب
sueño (m) (dulces ~s)	royā	رویا
soñar (vi)	xāb didan	خواب دیدن
adormilado (adj)	xāb ālud	خواب آلود

cama (f)	taxt-e xāb	تخت خواب
colchón (m)	tošak	تشک
manta (f)	patu	پتو
almohada (f)	bālešt	بالشت
sábana (f)	malāfe	ملافه

insomnio (m)	bi-xābi	بیخوابی
de insomnio (adj)	bi xāb	بی خواب
somnífero (m)	xāb āvar	خواب آور
tomar el somnífero	xābāvar xordan	خواب آور خوردن

tener sueño	xābālud budan	خواب آلود بودن
bostezar (vi)	xamyāze kešidan	خمیازه کشیدن

irse a la cama	be raxtexāb raftan	به رختخواب رفتن
hacer la cama	raxtexāb-e pahn kardan	رختخواب پهن کردن
dormirse (vr)	xābidan	خوابیدن

pesadilla (f)	kābus	کابوس
ronquido (m)	xoropof	خروپف
roncar (vi)	xoropof kardan	خروپف کردن

despertador (m)	sā'at-e zang dār	ساعت زنگ دار
despertar (vt)	bidār kardan	بیدار کردن
despertarse (vr)	bidār šodan	بیدار شدن
levantarse (vr)	boland šodan	بلند شدن
lavarse (vr)	dast-o ru šostan	دست و روشستن

64. El humor. La risa. La alegría

humor (m)	šuxi	شوخی
sentido (m) del humor	šux ta'bi	شوخ طبعی
divertirse (vr)	šādi kardan	شادی کردن
alegre (adj)	šād	شاد
júbilo (m)	šādi	شادی

sonrisa (f)	labxand	لبخند
sonreír (vi)	labxand zadan	لبخند زدن
echarse a reír	xandidan	خندیدن
reírse (vr)	xandidan	خندیدن
risa (f)	xande	خنده

anécdota (f)	latife	لطیفه
gracioso (adj)	xande dār	خنده دار
ridículo (adj)	xande dār	خنده دار

bromear (vi)	šuxi kardan	شوخی کردن
broma (f)	šuxi	شوخی
alegría (f) (emoción)	šādi	شادی
alegrarse (vr)	xošhāl šodan	خوشحال شدن
alegre (~ de que ...)	xošhāl	خوشحال

65. La discusión y la conversación. Unidad 1

comunicación (f)	ertebāt	ارتباط
comunicarse (vr)	ertebāt dāštan	ارتباط داشتن

conversación (f)	mokāleme	مکالمه
diálogo (m)	goftogu	گفتگو
discusión (f) (debate)	mobāhese	مباحثه
debate (m)	mošājere	مشاجره
debatir (vi)	mošājere kardan	مشاجره کردن

interlocutor (m)	ham soxan	هم سخن
tema (m)	mowzu'	موضوع
punto (m) de vista	noqte nazar	نقطه نظر

opinión (f)	nazar	نظر
discurso (m)	soxanrāni	سخنرانی

discusión (f) (del informe, etc.)	mozākere	مذاکره
discutir (vt)	bahs kardan	بحث کردن
conversación (f)	goftogu	گفتگو
conversar (vi)	goftogu kardan	گفتگو کردن
reunión (f)	didār	دیدار
encontrarse (vr)	molāqāt kardan	ملاقات کردن

proverbio (m)	zarb-ol-masal	ضرب المثل
dicho (m)	zarb-ol-masal	ضرب المثل
adivinanza (f)	moʻammā	معما
contar una adivinanza	moʻammā matrah kardan	معما مطرح کردن
contraseña (f)	ramz	رمز
secreto (m)	rāz	راز

juramento (m)	sowgand	سوگند
jurar (vt)	sowgand xordan	سوگند خوردن
promesa (f)	vaʻde	وعده
prometer (vt)	qowl dādan	قول دادن

consejo (m)	nasihat	نصیحت
aconsejar (vt)	nasihat kardan	نصیحت کردن
seguir el consejo	nasihat-e kasi rā donbāl kardan	نصیحت کسی را دنبال کردن
escuchar (a los padres)	guš kardan	گوش کردن

noticias (f pl)	xabar	خبر
sensación (f)	hayajān	هیجان
información (f)	ettelāʻāt	اطلاعات
conclusión (f)	natije	نتیجه
voz (f)	sedā	صدا
cumplido (m)	taʻrif	تعریف
amable (adj)	bā mohabbat	با محبت

palabra (f)	kalame	کلمه
frase (f)	ebārat	عبارت
respuesta (f)	javāb	جواب

verdad (f)	haqiqat	حقیقت
mentira (f)	doruq	دروغ

pensamiento (m)	fekr	فکر
idea (f)	fekr	فکر
fantasía (f)	fāntezi	فانتزی

66. La discusión y la conversación. Unidad 2

respetado (adj)	mohtaram	محترم
respetar (vt)	ehterām gozāštan	احترام گذاشتن
respeto (m)	ehterām	احترام
Estimado ...	gerāmi	گرامی
presentar (~ a sus padres)	moʻarrefi kardan	معرفی کردن

conocer a alguien	āšnā šodan	آشنا شدن
intención (f)	qasd	قصد
tener intención (de ...)	qasd dāštan	قصد داشتن
deseo (m)	ārezu	آرزو
desear (vt) (~ buena suerte)	ārezu kardan	آرزو کردن
sorpresa (f)	ta'ajjob	تعجب
sorprender (vt)	mote'ajjeb kardan	متعجب کردن
sorprenderse (vr)	mote'ajjeb šodan	متعجب شدن
dar (vt)	dādan	دادن
tomar (vt)	bardāštan	برداشتن
devolver (vt)	bargardāndan	برگرداندن
retornar (vt)	pas dādan	پس دادن
disculparse (vr)	ozr xāstan	عذر خواستن
disculpa (f)	ozr xāhi	عذر خواهی
perdonar (vt)	baxšidan	بخشیدن
hablar (vi)	harf zadan	حرف زدن
escuchar (vt)	guš dādan	گوش دادن
escuchar hasta el final	xub guš dādan	خوب گوش دادن
comprender (vt)	fahmidan	فهمیدن
mostrar (vt)	nešān dādan	نشان دادن
mirar a ...	negāh kardan	نگاه کردن
llamar (vt)	sedā kardan	صدا کردن
distraer (molestar)	mozāhem šodan	مزاحم شدن
molestar (vt)	mozāhem šodan	مزاحم شدن
pasar (~ un mensaje)	dādan	دادن
petición (f)	xāheš	خواهش
pedir (vt)	xāheš kardan	خواهش کردن
exigencia (f)	taqāzā	تقاضا
exigir (vt)	darxāst kardan	درخواست کردن
motejar (vr)	dast endāxtan	دست انداختن
burlarse (vr)	masxare kardan	مسخره کردن
burla (f)	masxare	مسخره
apodo (m)	laqab	لقب
alusión (f)	kenāye	کنایه
aludir (vi)	kenāye zadan	کنایه زدن
sobrentender (vt)	ma'ni dāštan	معنی داشتن
descripción (f)	towsif	توصیف
describir (vt)	towsif kardan	توصیف کردن
elogio (m)	tahsin	تحسین
elogiar (vt)	tahsin kardan	تحسین کردن
decepción (f)	nāomidi	ناامیدی
decepcionar (vt)	nāomid kardan	ناامید کردن
estar decepcionado	nāomid šodan	ناامید شدن
suposición (f)	farz	فرض
suponer (vt)	farz kardan	فرض کردن

| advertencia (f) | extār | اخطار |
| prevenir (vt) | extār dādan | اخطار دادن |

67. La discusión y la conversación. Unidad 3

| convencer (vt) | rāzi kardan | راضی کردن |
| calmar (vt) | ārām kardan | آرام کردن |

silencio (m) (~ es oro)	sokut	سکوت
callarse (vr)	sāket māndan	ساکت ماندن
susurrar (vi, vt)	najvā kardan	نجوا کردن
susurro (m)	najvā	نجوا

| francamente (adv) | sādeqāne | صادقانه |
| en mi opinión ... | be nazar-e man | به نظرمن |

detalle (m) (de la historia)	joz'iyāt	جزئیات
detallado (adj)	mofassal	مفصل
detalladamente (adv)	be tafsil	به تفصیل

| pista (f) | sarnax | سرنخ |
| dar una pista | sarnax dādan | سرنخ دادن |

mirada (f)	nazar	نظر
echar una mirada	nazar andāxtan	نظر انداختن
fija (mirada ~)	bi harekat	بی حرکت
parpadear (vi)	pelk zadan	پلک زدن
guiñar un ojo	češmak zadan	چشمک زدن
asentir con la cabeza	sar-e tekān dādan	سر تکان دادن

suspiro (m)	āh	آه
suspirar (vi)	āh kešidan	آه کشیدن
estremecerse (vr)	larzidan	لرزیدن
gesto (m)	žest	ژست
tocar (con la mano)	lams kardan	لمس کردن
asir (~ de la mano)	gereftan	گرفتن
palmear (~ la espalda)	zadan	زدن

¡Cuidado!	movāzeb bāš!	مواظب باش!
¿De veras?	vāqe'an?	واقعاً؟
¿Estás seguro?	motmaenn-i?	مطمئنی؟
¡Suerte!	movaffaq bāšid!	موفق باشید!
¡Ya veo!	albate!	البته!
¡Es una lástima!	heyf!	حیف!

68. El acuerdo. El rechazo

acuerdo (m)	movāfeqat	موافقت
estar de acuerdo	movāfeqat kardan	موافقت کردن
aprobación (f)	ta'id	تایید
aprobar (vt)	ta'id kardan	تایید کردن
rechazo (m)	emtenā'	امتناع

negarse (vr)	rad kardan	رد کردن
¡Excelente!	āli	عالی
¡De acuerdo!	xub	خوب
¡Vale!	besyār xob!	بسیارخوب!

prohibido (adj)	mamnuʿ	ممنوع
está prohibido	mamnuʿ ast	ممنوع است
es imposible	qeyr-e momken ast	غیر ممکن است
incorrecto (adj)	nādorost	نادرست

rechazar (vt)	rad kardan	رد کردن
apoyar (la decisión)	poštibāni kardan	پشتیبانی کردن
aceptar (vt)	qabul kardan	قبول کردن

confirmar (vt)	taʿyid kardan	تآیید کردن
confirmación (f)	taʿyid	تآیید
permiso (m)	ejāze	اجازه
permitir (vt)	ejāze dādan	اجازه دادن
decisión (f)	tasmim	تصمیم
no decir nada	sokut kardan	سکوت کردن

condición (f)	šart	شرط
excusa (f) (pretexto)	bahāne	بهانه
elogio (m)	tahsin	تحسین
elogiar (vt)	tahsin kardan	تحسین کردن

69. El éxito. La buena suerte. El fracaso

éxito (m)	movaffaqiyat	موفقیت
con éxito (adv)	bā movaffaqiyat	با موفقیت
exitoso (adj)	movaffaqiyat āmiz	موفقیت آمیز

suerte (f)	šāns	شانس
¡Suerte!	movaffaq bāšid!	موفق باشید!
de suerte (día ~)	šāns	شانس
afortunado (adj)	xoš šāns	خوش شانس

fiasco (m)	nākāmi	ناکامی
infortunio (m)	bad šāns-i	بد شانسی
mala suerte (f)	bad šāns-i	بد شانسی

fracasado (adj)	nā movaffaq	نا موفق
catástrofe (f)	fājeʿe	فاجعه

orgullo (m)	eftexār	افتخار
orgulloso (adj)	maqrur	مغرور
estar orgulloso	eftexār kardan	افتخارکردن

ganador (m)	barande	برنده
ganar (vi)	piruz šodan	پیروز شدن
perder (vi)	bāxtan	باختن
tentativa (f)	talāš	تلاش
intentar (tratar)	talāš kardan	تلاش کردن
chance (f)	šāns	شانس

70. Las discusiones. Las emociones negativas

grito (m)	faryād	فرياد
gritar (vi)	faryād zadan	فرياد زدن
comenzar a gritar	faryād zadan	فرياد زدن
disputa (f), riña (f)	da'vā	دعوا
reñir (vi)	da'vā kardan	دعوا کردن
escándalo (m) (riña)	mošājere	مشاجره
causar escándalo	janjāl kardan	جنجال کردن
conflicto (m)	dargiri	درگیری
malentendido (m)	su'-e tafāhom	سوء تفاهم
insulto (m)	towhin	توهین
insultar (vt)	towhin kardan	توهین کردن
insultado (adj)	towhin šode	توهین شده
ofensa (f)	ranješ	رنجش
ofender (vt)	ranjāndan	رنجاندن
ofenderse (vr)	ranjidan	رنجیدن
indignación (f)	xašm	خشم
indignarse (vr)	xašmgin šodan	خشمگین شدن
queja (f)	šekāyat	شکایت
quejarse (vr)	šekāyat kardan	شکایت کردن
disculpa (f)	ozr xāhi	عذر خواهی
disculparse (vr)	ozr xāstan	عذر خواستن
pedir perdón	ozr xāstan	عذر خواستن
crítica (f)	enteqād	انتقاد
criticar (vt)	enteqād kardan	انتقاد کردن
acusación (f)	ettehām	اتهام
acusar (vt)	mottaham kardan	متهم کردن
venganza (f)	enteqām	انتقام
vengar (vt)	enteqām gereftan	انتقام گرفتن
pagar (vt)	talāfi darāvardan	تلافی درآوردن
desprecio (m)	tahqir	تحقیر
despreciar (vt)	tahqir kardan	تحقیر کردن
odio (m)	nefrat	نفرت
odiar (vt)	motenaffer budan	متنفر بودن
nervioso (adj)	asabi	عصبی
estar nervioso	asabi šodan	عصبی شدن
enfadado (adj)	xašmgin	خشمگین
enfadar (vt)	xašmgin kardan	خشمگین کردن
humillación (f)	tahqir	تحقیر
humillar (vt)	tahqir kardan	تحقیر کردن
humillarse (vr)	tahqir šodan	تحقیر شدن
choque (m)	šok	شوک
chocar (vi)	šokke kardan	شوک کردن
molestia (f) (problema)	moškel	مشکل

desagradable (adj)	nāxošāyand	ناخوشایند
miedo (m)	tars	ترس
terrible (tormenta, etc.)	eftezāh	افتضاح
de miedo (historia ~)	vahšatnāk	وحشتناک
horror (m)	vahšat	وحشت
horrible (adj)	vahšat āvar	وحشت آور

empezar a temblar	larzidan	لرزیدن
llorar (vi)	gerye kardan	گریه کردن
comenzar a llorar	gerye sar dādan	گریه سر دادن
lágrima (f)	ašk	اشک

culpa (f)	taqsir	تقصیر
remordimiento (m)	gonāh	گناه
deshonra (f)	ār	عار
protesta (f)	e'terāz	اعتراض
estrés (m)	fešār	فشار

molestar (vt)	mozāhem šodan	مزاحم شدن
estar furioso	xašmgin budan	خشمگین بودن
enfadado (adj)	xašmgin	خشمگین
terminar (vt)	qat' kardan	قطع کردن
regañar (vt)	fohš dādan	فحش دادن

asustarse (vr)	tarsidan	ترسیدن
golpear (vt)	zadan	زدن
pelear (vi)	zad-o-xord kardan	زد و خورد کردن

resolver (~ la discusión)	hal-o-fasl kardan	حل و فصل کردن
descontento (adj)	nārāzi	ناراضی
furioso (adj)	qazabnāk	غضبناک

| ¡No está bien! | xub nist! | خوب نیست! |
| ¡Está mal! | bad ast! | بد است! |

La medicina

enfermedad (f)	bimāri	بیماری
estar enfermo	bimār budan	بیمار بودن
salud (f)	salāmati	سلامتی
resfriado (m) (coriza)	āb-e rizeš-e bini	آب ریزش بینی
angina (f)	varam-e lowze	ورم لوزه
resfriado (m)	sarmā xordegi	سرما خوردگی
resfriarse (vr)	sarmā xordan	سرما خوردن
bronquitis (f)	boronšit	برنشیت
pulmonía (f)	zātorrie	ذات الریه
gripe (f)	ānfolānzā	آنفولانزا
miope (adj)	nazdik bin	نزدیک بین
présbita (adj)	durbin	دوربین
estrabismo (m)	enherāf-e čašm	انحراف چشم
estrábico (m) (adj)	luč	لوچ
catarata (f)	āb morvārid	آب مروارید
glaucoma (m)	ab-e siyāh	آب سیاه
insulto (m)	sekte-ye maqzi	سکته مغزی
ataque (m) cardiaco	sekte-ye qalbi	سکته قلبی
infarto (m) de miocardio	ānfārktus	آنفارکتوس
parálisis (f)	falaji	فلجی
paralizar (vt)	falj kardan	فلج کردن
alergia (f)	ālerži	آلرژی
asma (f)	āsm	آسم
diabetes (f)	diyābet	دیابت
dolor (m) de muelas	dandān-e dard	دندان درد
caries (f)	pusidegi	پوسیدگی
diarrea (f)	eshāl	اسهال
estreñimiento (m)	yobusat	یبوست
molestia (f) estomacal	nārāhati-ye me'de	ناراحتی معده
envenenamiento (m)	masmumiyat	مسمومیت
envenenarse (vr)	masmum šodan	مسموم شدن
artritis (f)	varam-e mafāsel	ورم مفاصل
raquitismo (m)	rāšitism	راشیتیسم
reumatismo (m)	romātism	روماتیسم
ateroesclerosis (f)	tasallob-e šarāin	تصلب شرائین
gastritis (f)	varam-e me'de	ورم معده
apendicitis (f)	āpāndisit	آپاندیسیت

colecistitis (f)	eltehāb-e kise-ye safrā	التهاب کیسه صفرا
úlcera (f)	zaxm	زخم
sarampión (m)	sorxak	سرخک
rubeola (f)	sorxje	سرخجه
ictericia (f)	yaraqān	یرقان
hepatitis (f)	hepātit	هپاتیت
esquizofrenia (f)	šizoferni	شیزوفرنی
rabia (f) (hidrofobia)	hāri	هاری
neurosis (f)	extelāl-e a'sāb	اختلال اعصاب
conmoción (f) cerebral	zarbe-ye maqzi	ضربه مغزی
cáncer (m)	saratān	سرطان
esclerosis (f)	eskeleroz	اسکلروز
esclerosis (m) múltiple	eskeleroz čandgāne	اسکلروز چندگانه
alcoholismo (m)	alkolism	الکلیسم
alcohólico (m)	alkoli	الکلی
sífilis (f)	siflis	سیفلیس
SIDA (m)	eydz	ایدز
tumor (m)	tumor	تومور
maligno (adj)	bad xim	بد خیم
benigno (adj)	xoš xim	خوش خیم
fiebre (f)	tab	تب
malaria (f)	mālāriyā	مالاریا
gangrena (f)	qānqāriyā	قانقاریا
mareo (m)	daryā-zadegi	دریازدگی
epilepsia (f)	sar'	صرع
epidemia (f)	epidemi	اپیدمی
tifus (m)	hasbe	حصبه
tuberculosis (f)	sel	سل
cólera (f)	vabā	وبا
peste (f)	tā'un	طاعون

72. Los síntomas. Los tratamientos. Unidad 1

síntoma (m)	alāem-e bimāri	علائم بیماری
temperatura (f)	damā	دما
fiebre (f)	tab	تب
pulso (m)	nabz	نبض
mareo (m) (vértigo)	sargije	سرگیجه
caliente (adj)	dāq	داغ
escalofrío (m)	ra'še	رعشه
pálido (adj)	rang paride	رنگ پریده
tos (f)	sorfe	سرفه
toser (vi)	sorfe kardan	سرفه کردن
estornudar (vi)	atse kardan	عطسه کردن
desmayo (m)	qaš	غش

desmayarse (vr)	qaš kardan	غش کردن
moradura (f)	kabudi	کبودی
chichón (m)	barāmadegi	برآمدگی
golpearse (vr)	barxord kardan	برخورد کردن
magulladura (f)	kuftegi	کوفتگی
magullarse (vr)	zarb didan	ضرب دیدن

cojear (vi)	langidan	لنگیدن
dislocación (f)	dar raftegi	دررفتگی
dislocar (vt)	dar raftan	دررفتن
fractura (f)	šekastegi	شکستگی
tener una fractura	dočār-e šekastegi šodan	دچار شکستگی شدن

corte (m) (tajo)	boridegi	بریدگی
cortarse (vr)	boridan	بریدن
hemorragia (f)	xunrizi	خونریزی

| quemadura (f) | suxtegi | سوختگی |
| quemarse (vr) | dočār-e suxtegi šodan | دچار سوختگی شدن |

pincharse (~ el dedo)	surāx kardan	سوراخ کردن
pincharse (vr)	surāx kardan	سوراخ کردن
herir (vt)	āsib resāndan	آسیب رساندن
herida (f)	zaxm	زخم
lesión (f) (herida)	zaxm	زخم
trauma (m)	zarbe	ضربه

delirar (vi)	hazyān goftan	هذیان گفتن
tartamudear (vi)	loknat dāštan	لکنت داشتن
insolación (f)	āftāb-zadegi	آفتابزدگی

73. Los síntomas. Los tratamientos. Unidad 2

| dolor (m) | dard | درد |
| astilla (f) | xār | خار |

sudor (m)	araq	عرق
sudar (vi)	araq kardan	عرق کردن
vómito (m)	estefrāq	استفراغ
convulsiones (f pl)	tašannoj	تشنج

embarazada (adj)	bārdār	باردار
nacer (vi)	motevalled šodan	متولد شدن
parto (m)	vaz'-e haml	وضع حمل
dar a luz	be donyā āvardan	به دنیا آوردن
aborto (m)	seqt-e janin	سقط جنین

respiración (f)	tanaffos	تنفس
inspiración (f)	estenšāq	استنشاق
espiración (f)	bāzdam	بازدم
espirar (vi)	bāzdamidan	بازدمیدن
inspirar (vi)	nafas kešidan	نفس کشیدن
inválido (m)	ma'lul	معلول
mutilado (m)	falaj	فلج

drogadicto (m)	mo'tād	معتاد
sordo (adj)	kar	کر
mudo (adj)	lāl	لال
sordomudo (adj)	kar-o lāl	کر و لال

loco (adj)	divāne	دیوانه
loco (m)	divāne	دیوانه
loca (f)	divāne	دیوانه
volverse loco	divāne šodan	دیوانه شدن

gen (m)	žen	ژن
inmunidad (f)	masuniyat	مصونیت
hereditario (adj)	mowrusi	موروثی
de nacimiento (adj)	mādarzād	مادرزاد

virus (m)	virus	ویروس
microbio (m)	mikrob	میکروب
bacteria (f)	bākteri	باکتری
infección (f)	ofunat	عفونت

74. Los síntomas. Los tratamientos. Unidad 3

hospital (m)	bimārestān	بیمارستان
paciente (m)	bimār	بیمار

diagnosis (f)	tašxis	تشخیص
cura (f)	mo'āleje	معالجه
tratamiento (m)	darmān	درمان
curarse (vr)	darmān šodan	درمان شدن
tratar (vt)	mo'āleje kardan	معالجه کردن
cuidar (a un enfermo)	parastāri kardan	پرستاری کردن
cuidados (m pl)	parastāri	پرستاری

operación (f)	amal-e jarrāhi	عمل جراحی
vendar (vt)	pānsemān kardan	پانسمان کردن
vendaje (m)	pānsemān	پانسمان

vacunación (f)	vāksināsyon	واکسیناسیون
vacunar (vt)	vāksine kardan	واکسینه کردن
inyección (f)	tazriq	تزریق
aplicar una inyección	tazriq kardan	تزریق کردن

ataque (m)	hamle	حمله
amputación (f)	qat'-e ozv	قطع عضو
amputar (vt)	qat' kardan	قطع کردن
coma (m)	komā	کما
estar en coma	dar komā budan	در کما بودن
revitalización (f)	morāqebat-e viže	مراقبت ویژه

recuperarse (vr)	behbud yāftan	بهبود یافتن
estado (m) (de salud)	hālat	حالت
consciencia (f)	huš	هوش
memoria (f)	hāfeze	حافظه
extraer (un diente)	dandān kešidan	دندان کشیدن

| empaste (m) | por kardan | پر کردن |
| empastar (vt) | por kardan | پر کردن |

| hipnosis (f) | hipnotizm | هیپنوتیزم |
| hipnotizar (vt) | hipnotizm kardan | هیپنوتیزم کردن |

75. Los médicos

médico (m)	pezešk	پزشک
enfermera (f)	parastār	پرستار
médico (m) personal	pezešk-e šaxsi	پزشک شخصی

dentista (m)	dandān pezešk	دندان پزشک
oftalmólogo (m)	češm-pezešk	چشم پزشک
internista (m)	pezešk omumi	پزشک عمومی
cirujano (m)	jarrāh	جراح

psiquiatra (m)	ravānpezešk	روانپزشک
pediatra (m)	pezešk-e kudakān	پزشک کودکان
psicólogo (m)	ravānšenās	روانشناس
ginecólogo (m)	motexasses-e zanān	متخصص زنان
cardiólogo (m)	motexasses-e qalb	متخصص قلب

76. La medicina. Las drogas. Los accesorios

medicamento (m), droga (f)	dāru	دارو
remedio (m)	darmān	درمان
prescribir (vt)	tajviz kardan	تجویز کردن
receta (f)	nosxe	نسخه

tableta (f)	qors	قرص
ungüento (m)	pomād	پماد
ampolla (f)	āmpul	آمپول
mixtura (f), mezcla (f)	šarbat	شربت
sirope (m)	šarbat	شربت
píldora (f)	kapsul	کپسول
polvo (m)	pudr	پودر

venda (f)	bānd	باند
algodón (m) (discos de ~)	panbe	پنبه
yodo (m)	yod	ید

tirita (f), curita (f)	časb-e zaxm	چسب زخم
pipeta (f)	qatre čekān	قطره چکان
termómetro (m)	damāsanj	دماسنج
jeringa (f)	sorang	سرنگ

| silla (f) de ruedas | vilčer | ویلچر |
| muletas (f pl) | čub zir baqal | چوب زیر بغل |

| anestésico (m) | mosaken | مسکن |
| purgante (m) | moshel | مسهل |

alcohol (m)	alkol	الکل
hierba (f) medicinal	giyāhān-e dāruyi	گیاهان دارویی
de hierbas (té ~)	giyāhi	گیاهی

77. El tabaquismo. Los productos del tabaco

tabaco (m)	tutun	توتون
cigarrillo (m)	sigār	سیگار
cigarro (m)	sigār	سیگار
pipa (f)	pip	پیپ
paquete (m)	baste	بسته

cerillas (f pl)	kebrit	کبریت
caja (f) de cerillas	quti-ye kebrit	قوطی کبریت
encendedor (m)	fandak	فندک
cenicero (m)	zir-sigāri	زیرسیگاری
pitillera (f)	quti-ye sigār	قوطی سیگار

| boquilla (f) | čub-e sigār | چوب سیگار |
| filtro (m) | filter | فیلتر |

fumar (vi, vt)	sigār kešidan	سیگار کشیدن
encender un cigarrillo	sigār rowšan kardan	سیگار روشن کردن
tabaquismo (m)	sigār kešidan	سیگار کشیدن
fumador (m)	sigāri	سیگاری

colilla (f)	tah-e sigār	ته سیگار
humo (m)	dud	دود
ceniza (f)	xākestar	خاکستر

EL AMBIENTE HUMANO

La ciudad

78. La ciudad. La vida en la ciudad

ciudad (f)	šahr	شهر
capital (f)	pāytaxt	پایتخت
aldea (f)	rustā	روستا
plano (m) de la ciudad	naqše-ye šahr	نقشهٔ شهر
centro (m) de la ciudad	markaz-e šahr	مرکز شهر
suburbio (m)	hume-ye šahr	حومهٔ شهر
suburbano (adj)	hume-ye šahr	حومهٔ شهر
arrabal (m)	hume	حومه
afueras (f pl)	hume	حومه
barrio (m)	mahalle	محله
zona (f) de viviendas	mahalle-ye maskuni	محلهٔ مسکونی
tráfico (m)	obur-o morur	عبور و مرور
semáforo (m)	čerāq-e rāhnamā	چراغ راهنما
transporte (m) urbano	haml-o naql-e šahri	حمل و نقل شهری
cruce (m)	čahārrāh	چهارراه
paso (m) de peatones	xatt-e āber-e piyāde	خط عابرپیاده
paso (m) subterráneo	zir-e gozar	زیر گذر
cruzar (vt)	obur kardan	عبور کردن
peatón (m)	piyāde	پیاده
acera (f)	piyāde row	پیاده رو
puente (m)	pol	پل
muelle (m)	xiyābān-e sāheli	خیابان ساحلی
fuente (f)	češme	چشمه
alameda (f)	bāq rāh	باغ راه
parque (m)	pārk	پارک
bulevar (m)	bolvār	بولوار
plaza (f)	meydān	میدان
avenida (f)	xiyābān	خیابان
calle (f)	xiyābān	خیابان
callejón (m)	kuče	کوچه
callejón (m) sin salida	bon bast	بن بست
casa (f)	xāne	خانه
edificio (m)	sāxtemān	ساختمان
rascacielos (m)	āsemānxarāš	آسمانخراش
fachada (f)	namā	نما
techo (m)	bām	بام

ventana (f)	panjere	پنجره
arco (m)	tāq-e qowsi	طاق قوسی
columna (f)	sotun	ستون
esquina (f)	nabš	نبش

escaparate (f)	vitrin	ویترین
letrero (m) (~ luminoso)	tāblo	تابلو
cartel (m)	poster	پوستر
cartel (m) publicitario	poster-e tabliqāti	پوستر تبلیغاتی
valla (f) publicitaria	bilbord	بیلبورد

basura (f)	āšqāl	آشغال
cajón (m) de basura	satl-e āšqāl	سطل آشغال
tirar basura	kasif kardan	کثیف کردن
basurero (m)	jā-ye dafn-e āšqāl	جای دفن آشغال

cabina (f) telefónica	kābin-e telefon	کابین تلفن
farola (f)	tir-e barq	تیر برق
banco (m) (del parque)	nimkat	نیمکت

policía (m)	polis	پلیس
policía (f) (~ nacional)	polis	پلیس
mendigo (m)	gedā	گدا
persona (f) sin hogar	bi xānomān	بی خانمان

79. Las instituciones urbanas

tienda (f)	maqāze	مغازه
farmacia (f)	dāruxāne	داروخانه
óptica (f)	eynak foruši	عینک فروشی
centro (m) comercial	markaz-e tejāri	مرکز تجاری
supermercado (m)	supermārket	سوپرمارکت

panadería (f)	nānvāyi	نانوایی
panadero (m)	nānvā	نانوا
pastelería (f)	qannādi	قنادی
tienda (f) de comestibles	baqqāli	بقالی
carnicería (f)	gušt foruši	گوشت فروشی

verdulería (f)	sabzi foruši	سبزی فروشی
mercado (m)	bāzār	بازار

cafetería (f)	kāfe	کافه
restaurante (m)	resturān	رستوران
cervecería (f)	bār	بار
pizzería (f)	pitzā-foruši	پیتزا فروشی

peluquería (f)	ārāyešgāh	آرایشگاه
oficina (f) de correos	post	پست
tintorería (f)	xošk-šuyi	خشکشویی
estudio (m) fotográfico	ātolye-ye akkāsi	آتلیۀ عکاسی

zapatería (f)	kafš foruši	کفش فروشی
librería (f)	ketāb-foruši	کتاب فروشی

tienda (f) deportiva	maqāze-ye varzeši	مغازهٔ ورزشی
arreglos (m pl) de ropa	ta'mir-e lebās	تعمیر لباس
alquiler (m) de ropa	kerāye-ye lebās	کرایهٔ لباس
videoclub (m)	kerāye-ye film	کرایهٔ فیلم
circo (m)	sirak	سیرک
zoológico (m)	bāq-e vahš	باغ وحش
cine (m)	sinamā	سینما
museo (m)	muze	موزه
biblioteca (f)	ketābxāne	کتابخانه
teatro (m)	teātr	تئاتر
ópera (f)	operā	اپرا
club (m) nocturno	kābāre	کاباره
casino (m)	kāzino	کازینو
mezquita (f)	masjed	مسجد
sinagoga (f)	kenešt	کنشت
catedral (f)	kelisā-ye jāme'	کلیسای جامع
templo (m)	ma'bad	معبد
iglesia (f)	kelisā	کلیسا
instituto (m)	anistito	انستیتو
universidad (f)	dānešgāh	دانشگاه
escuela (f)	madrese	مدرسه
prefectura (f)	ostāndāri	استانداری
alcaldía (f)	šahrdāri	شهرداری
hotel (m)	hotel	هتل
banco (m)	bānk	بانک
embajada (f)	sefārat	سفارت
agencia (f) de viajes	āžāns-e jahāngardi	آژانس جهانگردی
oficina (f) de información	daftar-e ettelāāt	دفتر اطلاعات
oficina (f) de cambio	sarrāfi	صرافی
metro (m)	metro	مترو
hospital (m)	bimārestān	بیمارستان
gasolinera (f)	pomp-e benzin	پمپ بنزین
aparcamiento (m)	pārking	پارکینگ

80. Los avisos

letrero (m) (~ luminoso)	tāblo	تابلو
cartel (m) (texto escrito)	nevešte	نوشته
pancarta (f)	poster	پوستر
señal (m) de dirección	rāhnamā	راهنما
flecha (f) (signo)	alāmat	علامت
advertencia (f)	ehtiyāt	احتیاط
aviso (m)	alāmat-e hošdār	علامت هشدار
advertir (vt)	hošdār dādan	هشدار دادن
día (m) de descanso	ruz-e ta'til	روز تعطیل

| horario (m) | jadval | جدول |
| horario (m) de apertura | sā'athā-ye kāri | ساعت های کاری |

¡BIENVENIDOS!	xoš āmadid	خوش آمدید
ENTRADA	vorud	ورود
SALIDA	xoruj	خروج

EMPUJAR	hel dādan	هل دادن
TIRAR	bekešid	بکشید
ABIERTO	bāz	باز
CERRADO	baste	بسته

| MUJERES | zanāne | زنانه |
| HOMBRES | mardāne | مردانه |

REBAJAS	taxfif	تخفیف
SALDOS	harāj	حراج
NOVEDAD	jadid	جدید
GRATIS	majjāni	مجانی

¡ATENCIÓN!	tavajjoh	توجه
COMPLETO	otāq-e xāli nadārim	اتاق خالی نداریم
RESERVADO	rezerv šode	رزرو شده

| ADMINISTRACIÓN | edāre | اداره |
| SÓLO PERSONAL AUTORIZADO | xāse personel | خاص پرسنل |

CUIDADO CON EL PERRO	movāzeb-e sag bāšid	مواظب سگ باشید
PROHIBIDO FUMAR	sigār kešidan mamnu'	سیگار کشیدن ممنوع
NO TOCAR	dast nazanid	دست نزنید

PELIGROSO	xatarnāk	خطرناک
PELIGRO	xatar	خطر
ALTA TENSIÓN	voltāj bālā	ولتاژ بالا
PROHIBIDO BAÑARSE	šenā mamnu'	شنا ممنوع
NO FUNCIONA	xārāb	خراب

INFLAMABLE	qābel-e ehterāq	قابل احتراق
PROHIBIDO	mamnu'	ممنوع
PROHIBIDO EL PASO	obur mamnu'	عبور ممنوع
RECIÉN PINTADO	rang-e xis	رنگ خیس

81. El transporte urbano

autobús (m)	otobus	اتوبوس
tranvía (m)	terāmvā	تراموا
trolebús (m)	otobus-e barqi	اتوبوس برقی
itinerario (m)	xat	خط
número (m)	šomāre	شماره

ir en ...	raftan bā	رفتن با
tomar (~ el autobús)	savār šodan	سوار شدن
bajar (~ del tren)	piyāde šodan	پیاده شدن

parada (f)	istgāh-e otobus	ایستگاه اتوبوس
próxima parada (f)	istgāh-e ba'di	ایستگاه بعدی
parada (f) final	istgāh-e āxar	ایستگاه آخر
horario (m)	barnāme	برنامه
esperar (aguardar)	montazer budan	منتظر بودن

| billete (m) | belit | بلیط |
| precio (m) del billete | qeymat-e belit | قیمت بلیط |

cajero (m)	sanduqdār	صندوقدار
control (m) de billetes	kontorol-e belit	کنترل بلیط
revisor (m)	kontorol či	کنترل چی

llegar tarde (vi)	ta'xir dāštan	تأخیرداشتن
perder (~ el tren)	az dast dādan	از دست دادن
tener prisa	ajale kardan	عجله کردن

taxi (m)	tāksi	تاکسی
taxista (m)	rānande-ye tāksi	راننده تاکسی
en taxi	bā tāksi	با تاکسی
parada (f) de taxi	istgāh-e tāksi	ایستگاه تاکسی
llamar un taxi	tāksi gereftan	تاکسی گرفتن
tomar un taxi	tāksi gereftan	تاکسی گرفتن

tráfico (m)	obur-o morur	عبور و مرور
atasco (m)	terāfik	ترافیک
horas (f pl) de punta	sā'at-e šoluqi	ساعت شلوغی
aparcar (vi)	pārk kardan	پارک کردن
aparcar (vt)	pārk kardan	پارک کردن
aparcamiento (m)	pārking	پارکینگ

metro (m)	metro	مترو
estación (f)	istgāh	ایستگاه
ir en el metro	bā metro raftan	با مترو رفتن
tren (m)	qatār	قطار
estación (f)	istgāh-e rāh-e āhan	ایستگاه راه آهن

82. El turismo. La excursión

monumento (m)	mojassame	مجسمه
fortaleza (f)	qal'e	قلعه
palacio (m)	kāx	کاخ
castillo (m)	qal'e	قلعه
torre (f)	borj	برج
mausoleo (m)	ārāmgāh	آرامگاه

arquitectura (f)	me'māri	معماری
medieval (adj)	qorun-e vasati	قرون وسطی
antiguo (adj)	qadimi	قدیمی
nacional (adj)	melli	ملی
conocido (adj)	mašhur	مشهور

| turista (m) | turist | توریست |
| guía (m) (persona) | rāhnamā-ye tur | راهنمای تور |

excursión (f)	gardeš	گردش
mostrar (vt)	nešān dādan	نشان دادن
contar (una historia)	hekāyat kardan	حکایت کردن

encontrar (hallar)	peydā kardan	پیدا کردن
perderse (vr)	gom šodan	گم شدن
plano (m) (~ de metro)	naqše	نقشه
mapa (m) (~ de la ciudad)	naqše	نقشه

recuerdo (m)	sowqāti	سوغاتی
tienda (f) de regalos	forušgāh-e sowqāti	فروشگاه سوغاتی
hacer fotos	aks gereftan	عکس گرفتن
fotografiarse (vr)	aks gereftan	عکس گرفتن

83. Las compras

comprar (vt)	xarid kardan	خرید کردن
compra (f)	xarid	خرید
hacer compras	xarid kardan	خرید کردن
compras (f pl)	xarid	خرید

| estar abierto (tienda) | bāz budan | باز بودن |
| estar cerrado | baste budan | بسته بودن |

calzado (m)	kafš	کفش
ropa (f)	lebās	لباس
cosméticos (m pl)	lavāzem-e ārāyeši	لوازم آرایشی
productos alimenticios	mavādd-e qazāyi	مواد غذایی
regalo (m)	hedye	هدیه

| vendedor (m) | forušande | فروشنده |
| vendedora (f) | forušande-ye zan | فروشنده زن |

caja (f)	sanduq	صندوق
espejo (m)	āyene	آینه
mostrador (m)	pišxān	پیشخوان
probador (m)	otāq porov	اتاق پرو

probar (un vestido)	emtehān kardan	امتحان کردن
quedar (una ropa, etc.)	monāseb budan	مناسب بودن
gustar (vi)	dust dāštan	دوست داشتن

precio (m)	qeymat	قیمت
etiqueta (f) de precio	barčasb-e qeymat	برچسب قیمت
costar (vt)	qeymat dāštan	قیمت داشتن
¿Cuánto?	čeqadr?	چقدر؟
descuento (m)	taxfif	تخفیف

no costoso (adj)	arzān	ارزان
barato (adj)	arzān	ارزان
caro (adj)	gerān	گران
Es caro	gerān ast	گران است
alquiler (m)	kerāye	کرایه
alquilar (vt)	kerāye kardan	کرایه کردن

| crédito (m) | vām | وام |
| a crédito (adv) | xarid-e e'tebāri | خرید اعتباری |

84. El dinero

dinero (m)	pul	پول
cambio (m)	tabdil-e arz	تبدیل ارز
curso (m)	nerx-e arz	نرخ ارز
cajero (m) automático	xodpardāz	خودپرداز
moneda (f)	sekke	سکه

| dólar (m) | dolār | دلار |
| euro (m) | yuro | یورو |

lira (f)	lire	لیره
marco (m) alemán	mārk	مارک
franco (m)	farānak	فرانک
libra esterlina (f)	pond-e esterling	پوند استرلینگ
yen (m)	yen	ین

deuda (f)	qarz	قرض
deudor (m)	bedehkār	بدهکار
prestar (vt)	qarz dādan	قرض دادن
tomar prestado	qarz gereftan	قرض گرفتن

banco (m)	bānk	بانک
cuenta (f)	hesāb-e bānki	حساب بانکی
ingresar (~ en la cuenta)	rixtan	ریختن
ingresar en la cuenta	be hesāb rixtan	به حساب ریختن
sacar de la cuenta	az hesāb bardāštan	از حساب برداشتن

tarjeta (f) de crédito	kārt-e e'tebāri	کارت اعتباری
dinero (m) en efectivo	pul-e naqd	پول نقد
cheque (m)	ček	چک
sacar un cheque	ček neveštan	چک نوشتن
talonario (m)	daste-ye ček	دسته چک

cartera (f)	kif-e pul	کیف پول
monedero (m)	kif-e pul	کیف پول
caja (f) fuerte	gāvsanduq	گاوصندوق

heredero (m)	vāres	وارث
herencia (f)	mirās	میراث
fortuna (f)	dārāyi	دارایی

arriendo (m)	ejāre	اجاره
alquiler (m) (dinero)	kerāye-ye xāne	کرایهٔ خانه
alquilar (~ una casa)	ejāre kardan	اجاره کردن

precio (m)	qeymat	قیمت
coste (m)	arzeš	ارزش
suma (f)	jam'-e kol	جمع کل
gastar (vt)	xarj kardan	خرج کردن
gastos (m pl)	maxārej	مخارج

| economizar (vi, vt) | sarfeju-yi kardan | صرفه جویی کردن |
| económico (adj) | maqrun besarfe | مقرون به صرفه |

pagar (vi, vt)	pardāxtan	پرداختن
pago (m)	pardāxt	پرداخت
cambio (m) (devolver el ~)	pul-e xerad	پول خرد

impuesto (m)	māliyāt	مالیات
multa (f)	jarime	جریمه
multar (vt)	jarime kardan	جریمه کردن

85. La oficina de correos

oficina (f) de correos	post	پست
correo (m) (cartas, etc.)	post	پست
cartero (m)	nāme resān	نامه رسان
horario (m) de apertura	sā'athā-ye kāri	ساعت های کاری

carta (f)	nāme	نامه
carta (f) certificada	nāme-ye sefāreši	نامه سفارشی
tarjeta (f) postal	kārt-e postāl	کارت پستال
telegrama (m)	telegrām	تلگرام
paquete (m) postal	baste posti	بسته پستی
giro (m) postal	havāle	حواله

recibir (vt)	gereftan	گرفتن
enviar (vt)	ferestādan	فرستادن
envío (m)	ersāl	ارسال

dirección (f)	nešāni	نشانی
código (m) postal	kod-e posti	کد پستی
expedidor (m)	ferestande	فرستنده
destinatario (m)	girande	گیرنده

| nombre (m) | esm | اسم |
| apellido (m) | nām-e xānevādegi | نام خانوادگی |

tarifa (f)	ta'refe	تعرفه
ordinario (adj)	ādi	عادی
económico (adj)	ādi	عادی

peso (m)	vazn	وزن
pesar (~ una carta)	vazn kardan	وزن کردن
sobre (m)	pākat	پاکت
sello (m)	tambr	تمبر
poner un sello	tamr zadan	تمبر زدن

La vivienda. La casa. El hogar

casa (f)	xāne	خانه
en casa (adv)	dar xāne	در خانه
patio (m)	hayāt	حیاط
verja (f)	hesār	حصار
ladrillo (m)	ājor	آجر
de ladrillo (adj)	ājori	آجری
piedra (f)	sang	سنگ
de piedra (adj)	sangi	سنگی
hormigón (m)	boton	بتن
de hormigón (adj)	botoni	بتنی
nuevo (adj)	jadid	جدید
viejo (adj)	qadimi	قدیمی
deteriorado (adj)	maxrube	مخروبه
moderno (adj)	modern	مدرن
de muchos pisos	čandtabaqe	چندطبقه
alto (adj)	boland	بلند
piso (m), planta (f)	tabaqe	طبقه
de una sola planta	yek tabaqe	یک طبقه
piso (m) bajo	tabaqe-ye pāin	طبقهٔ پائین
piso (m) alto	tabaqe-ye bālā	طبقهٔ بالا
techo (m)	bām	بام
chimenea (f)	dudkeš	دودکش
tejas (f pl)	saqf-e kazeb	سقف کاذب
de tejas (adj)	sofāli	سفالی
desván (m)	zir-širvāni	زیرشیروانی
ventana (f)	panjere	پنجره
vidrio (m)	šiše	شیشه
alféizar (m)	tāqče-ye panjare	طاقچهٔ پنجره
contraventanas (f pl)	kerkere	کرکره
pared (f)	divār	دیوار
balcón (m)	bālkon	بالکن
gotera (f)	nāvdān	ناودان
arriba (estar ~)	bālā	بالا
subir (vi)	bālā raftan	بالا رفتن
descender (vi)	pāyin āmadan	پایین آمدن
mudarse (vr)	asbābkeši kardan	اسباب کشی کردن

87. La casa. La entrada. El ascensor

entrada (f)	darb-e vorudi	درب ورودی
escalera (f)	pellekān	پلکان
escalones (m pl)	pelle-hā	پله ها
baranda (f)	narde	نرده
vestíbulo (m)	lābi	لابی

buzón (m)	sanduq-e post	صندوق پست
contenedor (m) de basura	zobāle dān	زباله دان
bajante (f) de basura	šuting zobale	شوتینگ زباله

ascensor (m)	āsānsor	آسانسور
ascensor (m) de carga	bālābar	بالابر
cabina (f)	kābin-e āsānsor	کابین آسانسور
ir en el ascensor	āsānsor gereftan	آسانسور گرفتن

apartamento (m)	āpārtemān	آپارتمان
inquilinos (pl)	sākenān	ساکنان
vecino (m)	hamsāye	همسایه
vecina (f)	hamsāye	همسایه
vecinos (pl)	hamsāye-hā	همسایه ها

88. La casa. La electricidad

electricidad (f)	barq	برق
bombilla (f)	lāmp	لامپ
interruptor (m)	kelid	کلید
fusible (m)	fiyuz	فیوز

cable, hilo (m)	sim	سیم
instalación (f) eléctrica	sim keši	سیم کشی
contador (m) de luz	kontor	کنتور
lectura (f) (~ del contador)	dastgāh-e xaneš	دستگاه خوانش

89. La casa. La puerta. La cerradura

puerta (f)	darb	درب
portón (m)	darvāze	دروازه
tirador (m)	dastgire-ye dar	دستگیرهٔ در
abrir el cerrojo	bāz kardan	باز کردن
abrir (vt)	bāz kardan	باز کردن
cerrar (vt)	bastan	بستن

llave (f)	kelid	کلید
manojo (m) de llaves	daste	دسته
crujir (vi)	qežqež kardan	غژغژ کردن
crujido (m)	qež qež	غژ غژ
gozne (m)	lowlā	لولا
felpudo (m)	pādari	پادری
cerradura (f)	qofl	قفل

ojo (m) de cerradura	surāx kelid	سوراخ کلید
cerrojo (m)	kolun-e dar	کلون در
pestillo (m)	čeft	چفت
candado (m)	qofl	قفل

tocar el timbre	zang zadan	زنگ زدن
campanillazo (m)	zang	زنگ
timbre (m)	zang-e dar	زنگ در
botón (m)	zang	زنگ
toque (m) a la puerta	dar zadan	درزدن
tocar la puerta	dar zadan	درزدن

código (m)	kod	کد
cerradura (f) de contraseña	qofl-e ramz dār	قفل رمز دار
telefonillo (m)	āyfon	آیفون
número (m)	pelāk-e manzel	پلاک منزل
placa (f) de puerta	pelāk	پلاک
mirilla (f)	češmi	چشمی

90. La casa de campo

aldea (f)	rustā	روستا
huerta (f)	jāliz	جالیز
empalizada (f)	parčin	پرچین
valla (f)	hesār	حصار
puertecilla (f)	darvāze	دروازه

granero (m)	anbār	انبار
sótano (m)	zirzamin	زیرزمین
cobertizo (m)	ālonak	آلونک
pozo (m)	čāh	چاه

estufa (f)	boxāri	بخاری
calentar la estufa	rowšan kardan-e boxāri	روشن کردن بخاری
leña (f)	hizom	هیزم
leño (m)	kande-ye čub	کندۀ چوب

veranda (f)	eyvān-e sarpušide	ایوان سرپوشیده
terraza (f)	terās	تراس
porche (m)	vorudi-e xāne	ورودی خانه
columpio (m)	tāb	تاب

91. La villa. La mansión

casa (f) de campo	xāne-ye xārej-e šahr	خانۀ خارج شهر
villa (f)	vilā	ویلا
ala (f)	bāl	بال

jardín (m)	bāq	باغ
parque (m)	pārk	پارک
invernadero (m) tropical	golxāne	گلخانه
cuidar (~ el jardín, etc.)	negahdāri kardan	نگهداری کردن

piscina (f)	estaxr	استخر
gimnasio (m)	sālon-e varzeš	سالن ورزش
cancha (f) de tenis	zamin-e tenis	زمین تنیس
sala (f) de cine	sinamā	سینما
garaje (m)	gārāž	گاراژ
propiedad (f) privada	melk-e xosusi	ملک خصوصی
terreno (m) privado	melk-e xosusi	ملک خصوصی
advertencia (f)	hošdār	هشدار
letrero (m) de aviso	alāmat-e hošdār	علامت هشدار
seguridad (f)	hefāzat	حفاظت
guardia (m) de seguridad	negahbān	نگهبان
alarma (f) antirrobo	dozdgir	دزدگیر

92. El castillo. El palacio

castillo (m)	qal'e	قلعه
palacio (m)	kāx	کاخ
fortaleza (f)	qal'e	قلعه
muralla (f)	divār	دیوار
torre (f)	borj	برج
torre (f) principal	borj-e asli	برج اصلی
rastrillo (m)	darb-e kešowyi	درب کشویی
pasaje (m) subterráneo	rāh-e zirzamini	راه زیرزمینی
foso (m) del castillo	xandaq	خندق
cadena (f)	zanjir	زنجیر
aspillera (f)	mazqal	مزغل
magnífico (adj)	mojallal	مجلل
majestuoso (adj)	bāšokuh	باشکوه
inexpugnable (adj)	nofoz nāpazir	نفوذ ناپذیر
medieval (adj)	qorun-e vasati	قرون وسطی

93. El apartamento

apartamento (m)	āpārtemān	آپارتمان
habitación (f)	otāq	اتاق
dormitorio (m)	otāq-e xāb	اتاق خواب
comedor (m)	otāq-e qazāxori	اتاق غذاخوری
salón (m)	mehmānxāne	مهمانخانه
despacho (m)	daftar	دفتر
antecámara (f)	tālār-e vorudi	تالار ورودی
cuarto (m) de baño	hammām	حمام
servicio (m)	tuālet	توالت
techo (m)	saqf	سقف
suelo (m)	kaf	کف
rincón (m)	guše	گوشه

94. El apartamento. La limpieza

hacer la limpieza	tamiz kardan	تمیز کردن
quitar (retirar)	morattab kardan	مرتب کردن
polvo (m)	gard	گرد
polvoriento (adj)	gard ālud	گرد آلود
limpiar el polvo	gardgiri kardan	گردگیری کردن
aspirador (m), aspiradora (f)	jāru barqi	جارو برقی
limpiar con la aspiradora	jāru barq-i kešidan	جارو برقی کشیدن
barrer (vi, vt)	jāru kardan	جارو کردن
barreduras (f pl)	āšqāl	آشقال
orden (m)	nazm	نظم
desorden (m)	bi nazmi	بی نظمی
fregona (f)	jāru-ye dastedār	جاروی دسته دار
trapo (m)	kohne	کهنه
escoba (f)	jārub	جاروب
cogedor (m)	xāk andāz	خاک انداز

95. Los muebles. El interior

muebles (m pl)	mobl	مبل
mesa (f)	miz	میز
silla (f)	sandali	صندلی
cama (f)	taxt-e xāb	تخت خواب
sofá (m)	kānāpe	کاناپه
sillón (m)	mobl-e rāhati	مبل راحتی
librería (f)	qafase-ye ketāb	قفسه کتاب
estante (m)	qafase	قفسه
armario (m)	komod	کمد
percha (f)	raxt āviz	رخت آویز
perchero (m) de pie	čub lebāsi	چوب لباسی
cómoda (f)	komod	کمد
mesa (f) de café	miz-e pišdasti	میز پیشدستی
espejo (m)	āyene	آینه
tapiz (m)	farš	فرش
alfombra (f)	qāliče	قالیچه
chimenea (f)	šumine	شومینه
vela (f)	šamʿ	شمع
candelero (m)	šamʿdān	شمعدان
cortinas (f pl)	parde	پرده
empapelado (m)	kāqaz-e divāri	کاغذ دیواری
estor (m) de láminas	kerkere	کرکره
lámpara (f) de mesa	čerāq-e rumizi	چراغ رومیزی
aplique (m)	čerāq-e divāri	چراغ دیواری

| lámpara (f) de pie | ābāžur | آباژور |
| lámpara (f) de araña | luster | لوستر |

pata (f) (~ de la mesa)	pāye	پایه
brazo (m)	daste-ye sandali	دستۀ صندلی
espaldar (m)	pošti	پشتی
cajón (m)	kešow	کشو

96. Los accesorios de cama

ropa (f) de cama	raxt-e xāb	رخت خواب
almohada (f)	bālešt	بالشت
funda (f)	rubalešt	روبالشت
manta (f)	patu	پتو
sábana (f)	malāfe	ملافه
sobrecama (f)	rutaxti	روتختی

97. La cocina

cocina (f)	āšpazxāne	آشپزخانه
gas (m)	gāz	گاز
cocina (f) de gas	ojāgh-e gāz	اجاق گاز
cocina (f) eléctrica	ojāgh-e barghi	اجاق برقی
horno (m)	fer	فر
horno (m) microondas	māykrofer	مایکروفر

frigorífico (m)	yaxčāl	یخچال
congelador (m)	fereyzer	فریزر
lavavajillas (m)	māšin-e zarfšuyi	ماشین ظرفشویی

picadora (f) de carne	čarx-e gušt	چرخ گوشت
exprimidor (m)	ābmive giri	آبمیوه گیری
tostador (m)	towster	توستر
batidora (f)	maxlut kon	مخلوط کن

cafetera (f) (aparato de cocina)	qahve sāz	قهوه ساز
cafetera (f) (para servir)	qahve juš	قهوه جوش
molinillo (m) de café	āsiyāb-e qahve	آسیاب قهوه

hervidor (m) de agua	ketri	کتری
tetera (f)	quri	قوری
tapa (f)	sarpuš	سرپوش
colador (m) de té	čāy sāf kon	چای صاف کن

cuchara (f)	qāšoq	قاشق
cucharilla (f)	qāšoq čāy xori	قاشق چای خوری
cuchara (f) de sopa	qāšoq sup xori	قاشق سوپ خوری
tenedor (m)	čangāl	چنگال
cuchillo (m)	kārd	کارد
vajilla (f)	zoruf	ظروف
plato (m)	bošqāb	بشقاب

platillo (m)	na'lbeki	نعلبکی
vaso (m) de chupito	gilās-e vodkā	گیلاس ودکا
vaso (m) (~ de agua)	estekān	استکان
taza (f)	fenjān	فنجان
azucarera (f)	qandān	قندان
salero (m)	namakdān	نمکدان
pimentero (m)	felfeldān	فلفلدان
mantequera (f)	zarf-e kare	ظرف کره
cacerola (f)	qāblame	قابلمه
sartén (f)	tābe	تابه
cucharón (m)	malāqe	ملاقه
colador (m)	ābkeš	آبکش
bandeja (f)	sini	سینی
botella (f)	botri	بطری
tarro (m) de vidrio	šiše	شیشه
lata (f)	quti	قوطی
abrebotellas (m)	dar bāz kon	در بازکن
abrelatas (m)	dar bāz kon	در بازکن
sacacorchos (m)	dar bāz kon	در بازکن
filtro (m)	filter	فیلتر
filtrar (vt)	filter kardan	فیلتر کردن
basura (f)	āšqāl	آشغال
cubo (m) de basura	satl-e zobāle	سطل زباله

98. El baño

cuarto (m) de baño	hammām	حمام
agua (f)	āb	آب
grifo (m)	šir	شیر
agua (f) caliente	āb-e dāq	آب داغ
agua (f) fría	āb-e sard	آب سرد
pasta (f) de dientes	xamir-e dandān	خمیر دندان
limpiarse los dientes	mesvāk zadan	مسواک زدن
cepillo (m) de dientes	mesvāk	مسواک
afeitarse (vr)	riš tarāšidan	ریش تراشیدن
espuma (f) de afeitar	xamir-e eslāh	خمیر اصلاح
maquinilla (f) de afeitar	tiq	تیغ
lavar (vt)	šostan	شستن
darse un baño	hamām kardan	حمام کردن
ducha (f)	duš	دوش
darse una ducha	duš gereftan	دوش گرفتن
bañera (f)	vān hammām	وان حمام
inodoro (m)	tuālet-e farangi	توالت فرنگی
lavabo (m)	sink	سینک
jabón (m)	sābun	صابون

jabonera (f)	jā sābun	جا صابون
esponja (f)	abr	ابر
champú (m)	šāmpu	شامپو
toalla (f)	howle	حوله
bata (f) de baño	howle-ye hamām	حوله حمام

colada (f), lavado (m)	raxčuyi	لباسشویی
lavadora (f)	māšin-e lebas-šui	ماشین لباسشویی
lavar la ropa	šostan-e lebās	شستن لباس
detergente (m) en polvo	pudr-e lebas-šui	پودر لباسشویی

99. Los aparatos domésticos

televisor (m)	televiziyon	تلویزیون
magnetófono (m)	zabt-e sowt	ضبط صوت
vídeo (m)	video	ویدئو
radio (m)	rādiyo	رادیو
reproductor (m) (~ MP3)	paxš konande	پخش کننده

proyector (m) de vídeo	video porožektor	ویدئو پروژکتور
sistema (m) home cinema	sinamā-ye xānegi	سینمای خانگی
reproductor (m) de DVD	paxš konande-ye di vi di	پخش کننده دی وی دی
amplificador (m)	āmpli-fāyer	آمپلی فایر
videoconsola (f)	konsul-e bāzi	کنسول بازی

cámara (f) de vídeo	durbin-e filmbardāri	دوربین فیلمبرداری
cámara (f) fotográfica	durbin-e akkāsi	دوربین عکاسی
cámara (f) digital	durbin-e dijitāl	دوربین دیجیتال

aspirador (m), aspiradora (f)	jāru barqi	جارو برقی
plancha (f)	oto	اتو
tabla (f) de planchar	miz-e otu	میز اتو

teléfono (m)	telefon	تلفن
teléfono (m) móvil	telefon-e hamrāh	تلفن همراه
máquina (f) de escribir	māšin-e tahrir	ماشین تحریر
máquina (f) de coser	čarx-e xayyāti	چرخ خیاطی

micrófono (m)	mikrofon	میکروفون
auriculares (m pl)	guši	گوشی
mando (m) a distancia	kontorol az rāh-e dur	کنترل از راه دور

CD (m)	si-di	سیدی
casete (m)	kāst	کاست
disco (m) de vinilo	safhe-ye gerāmāfon	صفحه گرامافون

100. Los arreglos. La renovación

renovación (f)	ta'mir	تعمیر
renovar (vt)	ta'mir kardan	تعمیر کردن
reparar (vt)	ta'mir kardan	تعمیر کردن
poner en orden	morattab kardan	مرتب کردن

rehacer (vt)	dobāre anjām dādan	دوباره انجام دادن
pintura (f)	rang	رنگ
pintar (las paredes)	rang kardan	رنگ کردن
pintor (m)	naqqāš	نقاش
brocha (f)	qalam mu	قلم مو
cal (f)	sefid kāri	سفید کاری
encalar (vt)	sefid kāri kardan	سفید کاری کردن
empapelado (m)	kāqaz-e divāri	کاغذ دیواری
empapelar (vt)	kāqaz-e divāri kardan	کاغذ دیواری کردن
barniz (m)	lāk	لاک
cubrir con barniz	lāk zadan	لاک زدن

101. La plomería

agua (f)	āb	آب
agua (f) caliente	āb-e dāq	آب داغ
agua (f) fría	āb-e sard	آب سرد
grifo (m)	šir	شیر
gota (f)	qatre	قطره
gotear (el grifo)	čakidan	چکیدن
gotear (cañería)	našt kardan	نشت کردن
escape (m) de agua	našt	نشت
charco (m)	čāle	چاله
tubo (m)	lule	لوله
válvula (f)	šir-e falake	شیر فلکه
estar atascado	masdud šodan	مسدود شدن
instrumentos (m pl)	abzār	ابزار
llave (f) inglesa	āčār-e farānse	آچار فرانسه
destornillar (vt)	bāz kardan	باز کردن
atornillar (vt)	pič kardan	پیچ کردن
desatascar (vt)	lule bāz kardan	لوله باز کردن
fontanero (m)	lule keš	لوله کش
sótano (m)	zirzamin	زیرزمین
alcantarillado (m)	fāzelāb	فاضلاب

102. El fuego. El incendio

incendio (m)	ātaš suzi	آتش سوزی
llama (f)	šo'le	شعله
chispa (f)	jaraqqe	جرقه
humo (m)	dud	دود
antorcha (f)	maš'al	مشعل
hoguera (f)	ātaš	آتش
gasolina (f)	benzin	بنزین
queroseno (m)	naft-e sefid	نفت سفید

inflamable (adj)	sutani	سوختنی
explosivo (adj)	mavādd-e monfajere	مواد منفجره
PROHIBIDO FUMAR	sigār kešidan mamnuˈ	سیگار کشیدن ممنوع

seguridad (f)	amniyat	امنیت
peligro (m)	xatar	خطر
peligroso (adj)	xatarnāk	خطرناک

prenderse fuego	ātaš gereftan	آتش گرفتن
explosión (f)	enfejār	انفجار
incendiar (vt)	ātaš zadan	آتش زدن
incendiario (m)	ātaš afruz	آتش افروز
incendio (m) provocado	ātaš zadan-e amdi	آتش زدن عمدی

estar en llamas	šoˈlevar budan	شعله ور بودن
arder (vi)	suxtan	سوختن
incendiarse (vr)	suxtan	سوختن

llamar a los bomberos	ātaš-e nešāni rā xabar kardan	آتش نشانی را خبر کردن
bombero (m)	ātaš nešān	آتش نشان
coche (m) de bomberos	māšin-e ātašnešāni	ماشین آتش نشانی
cuerpo (m) de bomberos	tim-e ātašnešāni	تیم آتش نشانی
escalera (f) telescópica	nardebān-e ātašnešāni	نردبان آتش نشانی

manguera (f)	šelang-e ātaš-nešāni	شلنگ آتش نشانی
extintor (m)	kapsul-e ātašnešāni	کپسول آتش نشانی
casco (m)	kolāh-e imeni	کلاه ایمنی
sirena (f)	āžir-e xatar	آژیر خطر

gritar (vi)	faryād zadan	فریاد زدن
pedir socorro	be komak talabidan	به کمک طلبیدن
socorrista (m)	nejāt-e dahande	نجات دهنده
salvar (vt)	najāt dādan	نجات دادن

llegar (vi)	residan	رسیدن
apagar (~ el incendio)	xāmuš kardan	خاموش کردن
agua (f)	āb	آب
arena (f)	šen	شن

ruinas (f pl)	xarābe	خرابه
colapsarse (vr)	foru rixtan	فرو ریختن
hundirse (vr)	rizeš kardan	ریزش کردن
derrumbarse (vr)	foru rixtan	فرو ریختن

trozo (m) (~ del muro)	qetˈe	قطعه
ceniza (f)	xākestar	خاکستر

morir asfixiado	xafe šodan	خفه شدن
perecer (vi)	košte šodan	کشته شدن

LAS ACTIVIDADES DE LA GENTE

El trabajo. Los negocios. Unidad 1

103. La oficina. El trabajo de oficina

Español	Transcripción	Persa
oficina (f)	daftar	دفتر
despacho (m)	daftar	دفتر
recepción (f)	pazir-aš	پذیرش
secretario (m)	monši	منشی
secretaria (f)	monši	منشی
director (m)	modir	مدیر
manager (m)	modir	مدیر
contable (m)	hesābdār	حسابدار
colaborador (m)	kārmand	کارمند
muebles (m pl)	mobl	مبل
escritorio (m)	miz	میز
silla (f)	sandali dastedār	صندلی دسته دار
cajonera (f)	kešow	کشو
perchero (m) de pie	čub lebāsi	چوب لباسی
ordenador (m)	kāmpiyuter	کامپیوتر
impresora (f)	pirinter	پرینتر
fax (m)	faks	فکس
fotocopiadora (f)	dastgāh-e kopi	دستگاه کپی
papel (m)	kāqaz	کاغذ
papelería (f)	lavāzem-e tahrir	لوازم تحریر
alfombrilla (f) para ratón	māows pad	ماوس پد
hoja (f) de papel	varaq	ورق
carpeta (f)	puše	پوشه
catálogo (m)	kātālog	کاتالوگ
directorio (m) telefónico	rāhnamā	راهنما
documentación (f)	asnād	اسناد
folleto (m)	borušur	بروشور
prospecto (m)	borušur	بروشور
muestra (f)	nemune	نمونه
reunión (f) de formación	āmuzeš	آموزش
reunión (f)	jalase	جلسه
pausa (f) del almuerzo	vaqt-e nāhār	وقت ناهار
hacer una copia	kopi gereftan	کپی گرفتن
hacer copias	kopi gereftan	کپی گرفتن
recibir un fax	faks gereftan	فکس گرفتن
enviar un fax	faks ferestādan	فکس فرستادن

llamar por teléfono	telefon zadan	تلفن زدن
responder (vi, vt)	javāb dādan	جواب دادن
poner en comunicación	vasl šodan	وصل شدن

fijar (~ una reunión)	sāzmān dādan	سازمان دادن
demostrar (vt)	nemāyeš dādan	نمایش دادن
estar ausente	qāyeb budan	غایب بودن
ausencia (f)	qeybat	غببت

104. Los procesos de negocio. Unidad 1

ocupación (f)	šoql	شغل
firma (f)	šerkat	شرکت
compañía (f)	kompāni	کمپانی
corporación (f)	šerkat-e sahami	شرکت سهامی
empresa (f)	šerkat	شرکت
agencia (f)	namāyandegi	نمایندگی

acuerdo (m)	qarārdād	قرارداد
contrato (m)	qarārdād	قرارداد
trato (m), acuerdo (m)	mo'āmele	معامله
pedido (m)	sefāreš	سفارش
condición (f) del contrato	šart	شرط

al por mayor (adv)	omde furuši	عمده فروشی
al por mayor (adj)	omde	عمده
venta (f) al por mayor	omde furuši	عمده فروشی
al por menor (adj)	xorde-foruši	خرده فروشی
venta (f) al por menor	xorde-foruši	خرده فروشی

competidor (m)	raqib	رقیب
competencia (f)	reqābat	رقابت
competir (vi)	reqābat kardan	رقابت کردن

| socio (m) | šarik | شریک |
| sociedad (f) | mošārek-at | مشارکت |

crisis (f)	bohrān	بحران
bancarrota (f)	varšekastegi	ورشکستگی
ir a la bancarrota	varšekast šodan	ورشکست شدن
dificultad (f)	saxti	سختی
problema (m)	moškel	مشکل
catástrofe (f)	fāje'e	فاجعه

economía (f)	eqtesād	اقتصاد
económico (adj)	eqtesādi	اقتصادی
recesión (f) económica	rokud-e eqtesādi	رکود اقتصادی

| meta (f) | hadaf | هدف |
| objetivo (m) | hadaf | هدف |

comerciar (vi)	tejārat kardan	تجارت کردن
red (f) (~ comercial)	šabake-ye towzi'	شبکۀ توزیع
existencias (f pl)	fehrest anbār	فهرست انبار

surtido (m)	majmu'e	مجموعه
líder (m)	rahbar	رهبر
grande (empresa ~)	bozorg	بزرگ
monopolio (m)	enhesār	انحصار

teoría (f)	nazariye	نظریه
práctica (f)	amal	عمل
experiencia (f)	tajrobe	تجربه
tendencia (f)	gerāyeš	گرایش
desarrollo (m)	pišraft	پیشرفت

105. Los procesos de negocio. Unidad 2

rentabilidad (f)	sud	سود
rentable (adj)	sudāvar	سودآور

delegación (f)	hey'at-e namāyandegān	هیئت نمایندگان
salario (m)	hoquq	حقوق
corregir (un error)	eslāh kardan	اصلاح کردن
viaje (m) de negocios	ma'muriyat	مأموریت
comisión (f)	komisiyon	کمیسیون

controlar (vt)	kontorol kardan	کنترل کردن
conferencia (f)	konferāns	کنفرانس
licencia (f)	parvāne	پروانه
fiable (socio ~)	motmaen	مطمئن

iniciativa (f)	ebtekār	ابتکار
norma (f)	me'yār	معیار
circunstancia (f)	vaz'iyat	وضعیت
deber (m)	vazife	وظیفه

empresa (f)	šerkat	شرکت
organización (f) (proceso)	sāzmāndehi	سازماندهی
organizado (adj)	sāzmān yāfte	سازمان یافته
anulación (f)	laqv	لغو
anular (vt)	laqv kardan	لغو کردن
informe (m)	gozāreš	گزارش

patente (m)	govāhi-ye sabt-e exterā'	گواهی ثبت اختراع
patentar (vt)	govāhi exterā' gereftan	گواهی اختراع گرفتن
planear (vt)	barnāmerizi kardan	برنامه ریزی کردن

premio (m)	pādāš	پاداش
profesional (adj)	herfe i	حرفه ای
procedimiento (m)	tašrifāt	تشریفات

examinar (vt)	barresi kardan	بررسی کردن
cálculo (m)	mohāsebe	محاسبه
reputación (f)	e'tebār	اعتبار
riesgo (m)	risk	ریسک

dirigir (administrar)	edāre kardan	اداره کردن
información (f)	ettelā'āt	اطلاعات

| propiedad (f) | dārāyi | دارایی |
| unión (f) | ettehādiye | اتحادیه |

seguro (m) de vida	bime-ye omr	بیمهٔ عمر
asegurar (vt)	bime kardan	بیمه کردن
seguro (m)	bime	بیمه

subasta (f)	harāj	حراج
notificar (informar)	xabar dādan	خبر دادن
gestión (f)	edāre	اداره
servicio (m)	xedmat	خدمت

foro (m)	ham andiši	هم اندیشی
funcionar (vi)	amal kardan	عمل کردن
etapa (f)	marhale	مرحله
jurídico (servicios ~s)	hoquqi	حقوقی
jurista (m)	hoquq dān	حقوق دان

106. La producción. Los trabajos

planta (f)	kārxāne	کارخانه
fábrica (f)	kārxāne	کارخانه
taller (m)	kārgāh	کارگاه
planta (f) de producción	towlidi	تولیدی

industria (f)	san'at	صنعت
industrial (adj)	san'ati	صنعتی
industria (f) pesada	sanāye-'e sangin	صنایع سنگین
industria (f) ligera	sanāye-'e sabok	صنایع سبک

producción (f)	towlidāt	تولیدات
producir (vt)	towlid kardan	تولید کردن
materias (f pl) primas	mavādd-e xām	مواد خام

jefe (m) de brigada	sarkāregar	سرکارگر
brigada (f)	daste-ye kāregaran	دسته کارگران
obrero (m)	kārgar	کارگر

día (m) de trabajo	ruz-e kāri	روز کاری
descanso (m)	esterāhat	استراحت
reunión (f)	jalase	جلسه
discutir (vt)	bahs kardan	بحث کردن

plan (m)	barnāme	برنامه
cumplir el plan	barnāme rā ejrā kardan	برنامه را اجرا کردن
tasa (f) de producción	nerx-e tolid	نرخ تولید
calidad (f)	keyfiyat	کیفیت
control (m)	kontorol	کنترل
control (m) de calidad	kontorol-e keyfi	کنترل کیفی

seguridad (f) de trabajo	amniyat-e kār	امنیت کار
disciplina (f)	enzebāt	انضباط
infracción (f)	naqz	نقض
violar (las reglas)	naqz kardan	نقض کردن

huelga (f)	e'tesāb	اعتصاب
huelguista (m)	e'tesāb konande	اعتصاب کننده
estar en huelga	e'tesāb kardan	اعتصاب کردن
sindicato (m)	ettehādiye-ye kārgari	اتحادیهٔ کارگری
inventar (máquina, etc.)	exterā' kardan	اختراع کردن
invención (f)	exterā'	اختراع
investigación (f)	tahqiq	تحقیق
mejorar (vt)	behtar kardan	بهتر کردن
tecnología (f)	fanāvari	فناوری
dibujo (m) técnico	rasm-e fani	رسم فنی
cargamento (m)	bār	بار
cargador (m)	bārbar	باربر
cargar (camión, etc.)	bār kardan	بار کردن
carga (f) (proceso)	bārgiri	بارگیری
descargar (vt)	bārgiri	بارگیری
descarga (f)	bārandāz-i	باراندازی
transporte (m)	haml-o naql	حمل و نقل
compañía (f) de transporte	šerkat-e haml-o naql	شرکت حمل و نقل
transportar (vt)	haml kardan	حمل کردن
vagón (m)	vāgon-e bari	واگن باری
cisterna (f)	maxzan	مخزن
camión (m)	kāmiyon	کامیون
máquina (f) herramienta	dastgāh	دستگاه
mecanismo (m)	mekānism	مکانیسم
desperdicios (m pl)	zāye'āt-e san'ati	ضایعات صنعتی
empaquetado (m)	baste band-i	بسته بندی
empaquetar (vt)	baste bandi kardan	بسته بندی کردن

107. El contrato. El acuerdo

contrato (m)	qarārdād	قرارداد
acuerdo (m)	tavāfoq-e nāme	توافق نامه
anexo (m)	zamime	ضمیمه
firmar un contrato	qarārdād bastan	قرارداد بستن
firma (f) (nombre)	emzā'	امضاء
firmar (vt)	emzā kardan	امضا کردن
sello (m)	mehr	مهر
objeto (m) del acuerdo	mowzu-'e qarārdād	موضوع قرارداد
cláusula (f)	mādde	ماده
partes (f pl)	tarafeyn	طرفین
domicilio (m) legal	ādres-e hoquqi	آدرس حقوقی
violar el contrato	naqz kardan-e qarārdād	نقض کردن قرارداد
obligación (f)	ta'ahhod	تعهد
responsabilidad (f)	mas'uliyat	مسئولیت
fuerza mayor (f)	šarāyet-e ezterāri	شرایط اضطراری

disputa (f)	xaläf	خلاف
penalidades (f pl)	eqdämät-e tanbihi	اقدامات تنبیهی

108. Importación y exportación

importación (f)	väredät	واردات
importador (m)	väred konande	وارد کننده
importar (vt)	väred kardan	وارد کردن
de importación (adj)	väredäti	وارداتی
exportación (f)	säderät	صادرات
exportador (m)	säder konande	صادر کننده
exportar (vt)	säder kardan	صادر کردن
de exportación (adj)	säderäti	صادراتی
mercancía (f)	kälä	کالا
lote (m) de mercancías	mahmule	محموله
peso (m)	vazn	وزن
volumen (m)	hajm	حجم
metro (m) cúbico	metr moka'ab	متر مکعب
productor (m)	towlid konande	تولید کننده
compañía (f) de transporte	šerkat-e haml-o naql	شرکت حمل و نقل
contenedor (m)	käntiner	کانتینر
frontera (f)	marz	مرز
aduana (f)	gomrok	گمرک
derechos (m pl) arancelarios	avärez-e gomroki	عوارض گمرکی
aduanero (m)	ma'mur-e gomrok	مأمور گمرک
contrabandismo (m)	qäčäq	قاچاق
contrabando (m)	ajnäs-e qäčäq	اجناس قاچاق

109. Las finanzas

acción (f)	sahäm	سهام
bono (m), obligación (f)	owräq-e bahädär	اوراق بهادار
letra (f) de cambio	safte	سفته
bolsa (f)	burs	بورس
cotización (f) de valores	nerx-e sahäm	نرخ سهام
abaratarse (vr)	arzän šodan	ارزان شدن
encarecerse (vr)	gerän šodan	گران شدن
interés (m) mayoritario	manäfe-'e kontoroli	منافع کنترلی
inversiones (f pl)	sarmäye gozäri	سرمایه گذاری
invertir (vi, vt)	sarmäye gozäri kardan	سرمایه گذاری کردن
porcentaje (m)	darsad	درصد
interés (m)	sud	سود
beneficio (m)	sud	سود
beneficioso (adj)	sudävar	سودآور

impuesto (m)	māliyāt	مالیات
divisa (f)	arz	ارز
nacional (adj)	melli	ملی
cambio (m)	tabādol	تبادل

| contable (m) | hesābdār | حسابدار |
| contaduría (f) | hesābdāri | حسابداری |

bancarrota (f)	varšekastegi	ورشکستگی
quiebra (f)	šekast	شکست
ruina (f)	varšekastegi	ورشکستگی
arruinarse (vr)	varšekast šodan	ورشکست شدن
inflación (f)	tavarrom	تورم
devaluación (f)	taqlil-e arzeš-e pul	تقلیل ارزش پول

capital (m)	sarmāye	سرمایه
ingresos (m pl)	darāmad	درآمد
volumen (m) de negocio	gardeš mo'āmelāt	گردش معاملات
recursos (m pl)	manābe'	منابع
recursos (m pl) monetarios	manābe-'e puli	منابع پولی

| gastos (m pl) accesorios | maxārej-e kolli | مخارج کلی |
| reducir (vt) | kam kardan | کم کردن |

110. La mercadotecnia

mercadotecnia (f)	bāzāryābi	بازاریابی
mercado (m)	bāzār	بازار
segmento (m) del mercado	baxše bāzār	بخش بازار

| producto (m) | mahsul | محصول |
| mercancía (f) | kālā | کالا |

| marca (f) | barand | برند |
| marca (f) comercial | nešān tejāri | نشان تجاری |

| logotipo (m) | logo | لوگو |
| logo (m) | logo | لوگو |

| demanda (f) | taqāzā | تقاضا |
| oferta (f) | arze | عرضه |

| necesidad (f) | ehtiyāj | احتیاج |
| consumidor (m) | masraf-e konande | مصرف کننده |

| análisis (m) | tahlil | تحلیل |
| analizar (vt) | tahlil kardan | تحلیل کردن |

| posicionamiento (m) | mowze' giri | موضع گیری |
| posicionar (vt) | mowze' giri kardan | موضع گیری کردن |

precio (m)	qeymat	قیمت
política (f) de precios	siyāsat-e qeymat-e gozār-i	سیاست قیمت گذاری
formación (f) de precios	qeymat gozāri	قیمت گذاری

111. La publicidad

publicidad (f)	āgahi	آگهی
publicitar (vt)	tabliq kardan	تبلیغ کردن
presupuesto (m)	budje	بودجه
anuncio (m) publicitario	āgahi	آگهی
publicidad (f) televisiva	tabliqāt-e televiziyoni	تبلیغات تلویزیونی
publicidad (f) radiofónica	tabliqāt-e rādiyoyi	تبلیغات رادیویی
publicidad (f) exterior	āgahi-ye biruni	آگهی بیرونی
medios (m pl) de comunicación de masas	resāne-hay-e jam'i	رسانه های جمعی
periódico (m)	našriye-ye dowrei	نشریة دوره ای
imagen (f)	temsāl	تمثال
consigna (f)	šo'ār	شعار
divisa (f)	šo'ār	شعار
campaña (f)	kampeyn	کمپین
campaña (f) publicitaria	kampeyn-e tabliqāti	کمپین تبلیغاتی
auditorio (m) objetivo	goruh-e hadaf	گروه هدف
tarjeta (f) de visita	kārt-e vizit	کارت ویزیت
prospecto (m)	borušur	بروشور
folleto (m)	borušur	بروشور
panfleto (m)	ketābče	کتابچه
boletín (m)	xabarnāme	خبرنامه
letrero (m) (~ luminoso)	tāblo	تابلو
pancarta (f)	poster	پوستر
valla (f) publicitaria	bilbord	بیلبورد

112. La banca

banco (m)	bānk	بانک
sucursal (f)	šo'be	شعبه
consultor (m)	mošāver	مشاور
gerente (m)	modir	مدیر
cuenta (f)	hesāb-e bānki	حساب بانکی
numero (m) de la cuenta	šomāre-ye hesāb	شمارۀ حساب
cuenta (f) corriente	hesāb-e jāri	حساب جاری
cuenta (f) de ahorros	hesāb-e pasandāz	حساب پس انداز
abrir una cuenta	hesāb-e bāz kardan	حساب باز کردن
cerrar la cuenta	hesāb rā bastan	حساب را بستن
ingresar en la cuenta	be hesāb rixtan	به حساب ریختن
sacar de la cuenta	az hesāb bardāštan	از حساب برداشتن
depósito (m)	seporde	سپرده
hacer un depósito	seporde gozāštan	سپرده گذاشتن

| giro (m) bancario | enteqāl | انتقال |
| hacer un giro | enteqāl dādan | انتقال دادن |

| suma (f) | jam'-e kol | جمع کل |
| ¿Cuánto? | čeqadr? | چقدر؟ |

| firma (f) (nombre) | emzā' | امضاء |
| firmar (vt) | emzā kardan | امضا کردن |

tarjeta (f) de crédito	kārt-e e'tebāri	کارت اعتباری
código (m)	kod	کد
número (m) de tarjeta de crédito	šomāre-ye kārt-e e'tebāri	شماره کارت اعتباری
cajero (m) automático	xodpardāz	خودپرداز

cheque (m)	ček	چک
sacar un cheque	ček neveštan	چک نوشتن
talonario (m)	daste-ye ček	دسته چک

crédito (m)	e'tebār	اعتبار
pedir el crédito	darxāst-e vam kardan	درخواست وام کردن
obtener un crédito	vām gereftan	وام گرفتن
conceder un crédito	vām dādan	وام دادن
garantía (f)	zemānat	ضمانت

113. El teléfono. Las conversaciones telefónicas

teléfono (m)	telefon	تلفن
teléfono (m) móvil	telefon-e hamrāh	تلفن همراه
contestador (m)	monši-ye telefoni	منشی تلفنی

| llamar, telefonear | telefon zadan | تلفن زدن |
| llamada (f) | tamās-e telefoni | تماس تلفنی |

marcar un número	šomāre gereftan	شماره گرفتن
¿Sí?, ¿Dígame?	alo!	الو!
preguntar (vt)	porsidan	پرسیدن
responder (vi, vt)	javāb dādan	جواب دادن

oír (vt)	šenidan	شنیدن
bien (adv)	xub	خوب
mal (adv)	bad	بد
ruidos (m pl)	sedā	صدا

auricular (m)	guši	گوشی
descolgar (el teléfono)	guši rā bar dāštan	گوشی را برداشتن
colgar el auricular	guši rā gozāštan	گوشی را گذاشتن

ocupado (adj)	mašqul	مشغول
sonar (teléfono)	zang zadan	زنگ زدن
guía (f) de teléfonos	daftar-e telefon	دفتر تلفن

| local (adj) | mahalli | محلی |
| llamada (f) local | telefon-e dāxeli | تلفن داخلی |

de larga distancia	beyn-e šahri	بین شهری
llamada (f) de larga distancia	telefon-e beyn-e šahri	تلفن بین شهری
internacional (adj)	beynolmelali	بین المللی
llamada (f) internacional	telefon-e beynolmelali	تلفن بین المللی

114. El teléfono celular

teléfono (m) móvil	telefon-e hamrāh	تلفن همراه
pantalla (f)	namāyešgar	نمایشگر
botón (m)	dokme	دکمه
tarjeta SIM (f)	sim-e kārt	سیم کارت

pila (f)	bātri	باطری
descargarse (vr)	tamām šodan bātri	تمام شدن باتری
cargador (m)	šāržer	شارژ

menú (m)	meno	منو
preferencias (f pl)	tanzimāt	تنظیمات
melodía (f)	āhang	آهنگ
seleccionar (vt)	entexāb kardan	انتخاب کردن

calculadora (f)	māšin-e hesāb	ماشین حساب
contestador (m)	monši-ye telefoni	منشی تلفنی
despertador (m)	sā'at-e zang dār	ساعت زنگ دار
contactos (m pl)	daftar-e telefon	دفتر تلفن

| mensaje (m) de texto | payāmak | پیامک |
| abonado (m) | moštarek | مشترک |

115. Los artículos de escritorio. La papelería

| bolígrafo (m) | xodkār | خودکار |
| pluma (f) estilográfica | xodnevis | خودنویس |

lápiz (m)	medād	مداد
marcador (m)	māžik	ماژیک
rotulador (m)	māžik	ماژیک

| bloc (m) de notas | daftar-e yāddāšt | دفتر یادداشت |
| agenda (f) | daftar-e yāddāšt | دفتر یادداشت |

regla (f)	xat keš	خط کش
calculadora (f)	māšin-e hesāb	ماشین حساب
goma (f) de borrar	pāk kon	پاک کن

| chincheta (f) | punez | پونز |
| clip (m) | gire | گیره |

cola (f), pegamento (m)	časb	چسب
grapadora (f)	mangane-ye zan	منگنه زن
perforador (m)	pānč	پانچ
sacapuntas (m)	madād-e tarāš	مداد تراش

116. Diversos tipos de documentación

informe (m)	gozāreš	گزارش
acuerdo (m)	tavāfoq-e nāme	توافق نامه
formulario (m) de solicitud	form-e darxāst	فرم درخواست
auténtico (adj)	asli	اصلی
tarjeta (f) de identificación	kārt-e šenāsāyi	کارت شناسایی
tarjeta (f) de visita	kārt-e vizit	کارت ویزیت
certificado (m)	govāhi	گواهی
cheque (m) bancario	ček	چک
cuenta (f) (restaurante)	surat hesāb	صورت حساب
constitución (f)	qānun-e asāsi	قانون اساسی
contrato (m)	qarārdād	قرارداد
copia (f)	nosxe	نسخه
ejemplar (m)	nosxe	نسخه
declaración (f) de aduana	ežhār-nāme	اظهارنامه
documento (m)	sanad	سند
permiso (m) de conducir	govāhi-nāme-ye rānandegi	گواهینامهٔ رانندگی
anexo (m)	zamime	ضمیمه
cuestionario (m)	porsešnāme	پرسشنامه
carnet (m) de identidad	kārt-e šenāsāyi	کارت شناسایی
solicitud (f) de información	esteʿlām	استعلام
tarjeta (f) de invitación	daʿvatnāme	دعوتنامه
factura (f)	surat hesāb	صورت حساب
ley (f)	qānun	قانون
carta (f)	nāme	نامه
hoja (f) membretada	sarnāme	سرنامه
lista (f) (de nombres, etc.)	fehrest	فهرست
manuscrito (m)	dast nevis	دست نویس
boletín (m)	xabarnāme	خبرنامه
nota (f) (mensaje)	yāddāšt	یادداشت
pase (m) (permiso)	javāz	جواز
pasaporte (m)	gozarnāme	گذرنامه
permiso (m)	mojavvez	مجوز
curriculum vitae (m)	rezume	رزومه
pagaré (m)	resid	رسید
recibo (m)	resid	رسید
ticket (m) de compra	resid	رسید
informe (m)	gozāreš	گزارش
presentar (identificación)	erāʾe kardan	ارائه کردن
firmar (vt)	emzā kardan	امضا کردن
firma (f) (nombre)	emzāʾ	امضاء
sello (m)	mehr	مهر
texto (m)	matn	متن
billete (m)	belit	بلیط
tachar (vt)	xat zadan	خط زدن
rellenar (vt)	por kardan	پر کردن

| guía (f) de embarque | bārnāme | بارنامه |
| testamento (m) | vasiyat-nāme | وصیتنامه |

117. Tipos de negocios

agencia (f) de empleo	āžāns-e kāryābi	آژانس کاریابی
agencia (f) de información	xabar-gozari	خبرگزاری
agencia (f) de publicidad	āžāns-e tabliqāti	آژانس تبلیغاتی
agencia (f) de seguridad	āžāns-e amniyati	آژانس امنیتی

almacén (m)	anbār	انبار
antigüedad (f)	atiqe	عتیقه
asesoría (f) jurídica	xadamāt-e hoquqi	خدمات حقوقی
servicios (m pl) de auditoría	xadamāt-e momayyezi	خدمات ممیزی

bar (m)	bār	بار
bebidas (f pl) alcohólicas	mašrubāt-e alkoli	مشروبات الکلی
bolsa (f) de comercio	burs	بورس

casino (m)	kāzino	کازینو
centro (m) de negocios	markaz-e tejāri	مرکز تجاری
fábrica (f) de cerveza	ābe jow-sāzi	آب جوسازی
cine (m) (iremos al ~)	sinamā	سینما
climatizadores (m pl)	tahviye-ye matbu'	تهویه مطبوع
club (m) nocturno	kābāre	کاباره

comercio (m)	tejārat	تجارت
productos alimenticios	mavādd-e qazāyi	مواد غذایی
compañía (f) aérea	šerkat-e havāpeymāyi	شرکت هواپیمایی
construcción (f)	sāxtemān	ساختمان
contabilidad (f)	xadamāt-e hesābdāri	خدمات حسابداری

| deporte (m) | varzeš | ورزش |
| diseño (m) | tarrāhi | طراحی |

editorial (f)	entešārāt	انتشارات
escuela (f) de negocios	moassese-ye bāzargāni	موسسه بازرگانی
estomatología (f)	dandān-e pezeški	دندان پزشکی

farmacia (f)	dāruxāne	داروخانه
industria (f) farmacéutica	dārusāzi	داروسازی
funeraria (f)	xadamat-e kafno dafn	خدمات کفن ودفن
galería (f) de arte	gāleri-ye honari	گالری هنری
helado (m)	bastani	بستنی
hotel (m)	hotel	هتل

industria (f)	san'at	صنعت
industria (f) ligera	sanāye-'e sabok	صنایع سبک
inmueble (m)	amvāl-e qeyr-e manqul	اموال غیر منقول
internet (m), red (f)	internet	اینترنت
inversiones (f pl)	sarmāye gozāri	سرمایه گذاری
joyería (f)	javāherāt	جواهرات
joyero (m)	javāheri	جواهری
lavandería (f)	xošk-šuyi	خشکشویی

librería (f)	ketāb-foruši	کتاب فروشی
medicina (f)	pezeški	پزشکی
muebles (m pl)	mobl	مبل
museo (m)	muze	موزه
negocio (m) bancario	bānk-dāri	بانکداری

periódico (m)	ruznāme	روزنامه
petróleo (m)	naft	نفت
piscina (f)	estaxr	استخر
poligrafía (f)	sahhāfi	صحافی
publicidad (f)	āgahi	آگهی

radio (f)	rādiyo	رادیو
recojo (m) de basura	jam āvari-ye zobāle	جمع آوری زباله
restaurante (m)	resturān	رستوران
revista (f)	majalle	مجله
ropa (f)	lebās	لباس

salón (m) de belleza	sālon-e zibāyi	سالن زیبایی
seguro (m)	bime	بیمه
servicio (m) de entrega	xadamāt-e post	خدمات پست
servicios (m pl) financieros	xadamāt-e māli	خدمات مالی
supermercado (m)	supermārket	سوپرمارکت

taller (m)	xayyāti	خیاطی
teatro (m)	teātr	تئاتر
televisión (f)	televiziyon	تلویزیون
tienda (f)	maqāze	مغازه
tintorería (f)	xošk-šuyi	خشکشویی
servicios de transporte	haml-o naql	حمل و نقل
turismo (m)	turism	توریسم

venta (f) por catálogo	foruš-e sefāreš-e posti	فروش سفارش پستی
veterinario (m)	dāmpezešk	دامپزشک
consultoría (f)	mošavere	مشاوره

El trabajo. Los negocios. Unidad 2

118. La exhibición. La feria comercial

exposición, feria (f)	namāyešgāh	نمایشگاه
feria (f) comercial	namāyešgāh-e tejāri	نمایشگاه تجاری
participación (f)	šerkat	شرکت
participar (vi)	šerekat kardan	شرکت کردن
participante (m)	šerekat konande	شرکت کننده
director (m)	ra'is	رئیس
dirección (f)	daftar-e modiriyat	دفتر مدیریت
organizador (m)	sāzmān dahande	سازمان دهنده
organizar (vt)	sāzmān dādan	سازمان دادن
solicitud (f) de participación	darxāst-e šerkat	درخواست شرکت
rellenar (vt)	por kardan	پر کردن
detalles (m pl)	joz'iyāt	جزئیات
información (f)	ettelā'āt	اطلاعات
precio (m)	arzeš	ارزش
incluso	šāmel	شامل
incluir (vt)	šāmel šodan	شامل شدن
pagar (vi, vt)	pardāxtan	پرداختن
cuota (f) de registro	haqq-e sabt	حق ثبت
entrada (f)	vorud	ورود
pabellón (m)	qorfe	غرفه
registrar (vt)	sabt kardan	ثبت کردن
tarjeta (f) de identificación	kārt-e šenāsāyi	کارت شناسایی
stand (m) de feria	qorfe	غرفه
reservar (vt)	rezerv kardan	رزرو کردن
vitrina (f)	vitrin	ویترین
lámpara (f)	nurafkan	نورافکن
diseño (m)	tarh	طرح
poner (colocar)	qarār dādan	قرار دادن
situarse (vr)	qarār gereftan	قرار گرفتن
distribuidor (m)	towzi' konande	توزیع کننده
proveedor (m)	arze konande	عرضه کننده
suministrar (vt)	arze kardan	عرضه کردن
país (m)	kešvar	کشور
extranjero (adj)	xāreji	خارجی
producto (m)	mahsul	محصول
asociación (f)	anjoman	انجمن
sala (f) de conferencias	tālār-e konferāns	تالار کنفرانس

| congreso (m) | kongere | کنگره |
| concurso (m) | mosābeqe | مسابقه |

visitante (m)	bāzdid konande	بازدید کننده
visitar (vt)	bāzdid kardan	بازدید کردن
cliente (m)	moštari	مشتری

119. Medios de comunicación de masas

periódico (m)	ruznāme	روزنامه
revista (f)	majalle	مجله
prensa (f)	matbuāt	مطبوعات
radio (f)	rādiyo	رادیو
estación (f) de radio	istgāh-e rādiyoyi	ایستگاه رادیویی
televisión (f)	televiziyon	تلویزیون

presentador (m)	mojri	مجری
presentador (m) de noticias	guyande-ye axbār	گوینده اخبار
comentarista (m)	mofasser	مفسر

periodista (m)	ruznāme negār	روزنامه نگار
corresponsal (m)	xabarnegār	خبرنگار
corresponsal (m) fotográfico	akkās-e matbuāti	عکاس مطبوعاتی
reportero (m)	gozārešgar	گزارشگر

| redactor (m) | virāstār | ویراستار |
| redactor jefe (m) | sardabir | سردبیر |

suscribirse (vr)	moštarak šodan	مشترک شدن
suscripción (f)	ešterāk	اشتراک
suscriptor (m)	moštarek	مشترک
leer (vi, vt)	xāndan	خواندن
lector (m)	xānande	خواننده

tirada (f)	tirāž	تیراژ
mensual (adj)	māhāne	ماهانه
semanal (adj)	haftegi	هفتگی
número (m)	šomāre	شماره
nuevo (~ número)	tāze	تازه

titular (m)	sar xat-e xabar	سرخط خبر
noticia (f)	maqāle-ye kutāh	مقاله کوتاه
columna (f)	sotun	ستون
artículo (m)	maqāle	مقاله
página (f)	safhe	صفحه

reportaje (m)	gozāreš	گزارش
evento (m)	vāqe'e	واقعه
sensación (f)	hayajān	هیجان
escándalo (m)	janjāl	جنجال
escandaloso (adj)	janjāl āvar	جنجال آور
gran (~ escándalo)	bozorg	بزرگ
emisión (f)	barnāme	برنامه
entrevista (f)	mosāhebe	مصاحبه

| transmisión (f) en vivo | paxš-e mostaqim | پخش مستقیم |
| canal (m) | kānāl | کانال |

120. La agricultura

agricultura (f)	kešāvarzi	کشاورزی
campesino (m)	dehqān	دهقان
campesina (f)	dehqān	دهقان
granjero (m)	kešāvarz	کشاورز

| tractor (m) | terāktor | تراکتور |
| cosechadora (f) | kombāyn | کمباین |

arado (m)	gāvāhan	گاوآهن
arar (vi, vt)	šoxm zadan	شخم زدن
labrado (m)	zamin āmāde kešt	زمین آماده کشت
surco (m)	šiyār	شیار

sembrar (vi, vt)	kāštan	کاشتن
sembradora (f)	bazrpāš	بذرپاش
siembra (f)	košt	کشت

| guadaña (f) | dās | داس |
| segar (vi, vt) | dero kardan | درو کردن |

| pala (f) | bil | بیل |
| layar (vt) | kandan | کندن |

azada (f)	kaj bil	کج بیل
sachar, escardar	vajin kardan	وجین کردن
mala hierba (f)	alaf-e harz	علف هرز

regadera (f)	āb pāš	آب پاش
regar (plantas)	āb dādan	آب دادن
riego (m)	ābyāri	آبیاری

| horquilla (f) | čangak | چنگک |
| rastrillo (m) | šen keš | شن کش |

fertilizante (m)	kud	کود
abonar (vt)	kud dādan	کود دادن
estiércol (m)	kud-e heyvāni	کود حیوانی

campo (m)	sahrā	صحرا
prado (m)	čaman	چمن
huerta (f)	jāliz	جالیز
jardín (m)	bāq	باغ

pacer (vt)	čerāndan	چراندن
pastor (m)	čupān	چوپان
pastadero (m)	čerā-gāh	چراگاه

| ganadería (f) | dāmparvari | دامپروری |
| cría (f) de ovejas | gusfand dāri | گوسفند داری |

plantación (f)	mazrae	مزرعه
hilera (f) (~ de cebollas)	radif	ردیف
invernadero (m)	golxāne	گلخانه
sequía (f)	xošksāli	خشکسالی
seco, árido (adj)	xošk	خشک
grano (m)	dāne	دانه
cereales (m pl)	qallāt	غلات
recolectar (vt)	mahsul-e jam' kardan	محصول جمع کردن
molinero (m)	āsiyābān	آسیابان
molino (m)	āsiyāb	آسیاب
moler (vt)	qalle kubidan	غله کوبیدن
harina (f)	ārd	آرد
paja (f)	kāh	کاه

121. La construcción. El proceso de construcción

obra (f)	mahal-e sāxt-o sāz	محل ساخت و ساز
construir (vt)	sāxtan	ساختن
albañil (m)	kārgar-e sāxtemāni	کارگر ساختمانی
proyecto (m)	porože	پروژه
arquitecto (m)	me'mār	معمار
obrero (m)	kārgar	کارگر
cimientos (m pl)	šālude	شالوده
techo (m)	bām	بام
pila (f) de cimentación	pāye	پایه
muro (m)	divār	دیوار
armadura (f)	milgerd	میلگرد
andamio (m)	dārbast	داربست
hormigón (m)	boton	بتن
granito (m)	sang-e gerānit	سنگ گرانیت
piedra (f)	sang	سنگ
ladrillo (m)	ājor	آجر
arena (f)	šen	شن
cemento (m)	simān	سیمان
estuco (m)	gač kāri	گچ کاری
estucar (vt)	gačkār-i kardan	گچکاری کردن
pintura (f)	rang	رنگ
pintar (las paredes)	rang kardan	رنگ کردن
barril (m)	boške	بشکه
grúa (f)	jarsaqil	جرثقیل
levantar (vt)	boland kardan	بلند کردن
bajar (vt)	pāin āvardan	پائین آوردن
bulldózer (m)	buldozer	بولدوزر
excavadora (f)	dastgāh-e haffāri	دستگاه حفاری

cuchara (f)	bil	بیل
cavar (vt)	kandan	کندن
casco (m)	kolāh-e imeni	کلاه ایمنی

122. La ciencia. La investigación. Los científicos

ciencia (f)	elm	علم
científico (adj)	elmi	علمی
científico (m)	dānešmand	دانشمند
teoría (f)	nazariye	نظریه

axioma (m)	qā'ede-ye kolli	قاعده کلی
análisis (m)	tahlil	تحلیل
analizar (vt)	tahlil kardan	تحلیل کردن
argumento (m)	dalil	دلیل
sustancia (f) (materia)	mādde	ماده

hipótesis (f)	farziye	فرضیه
dilema (m)	dorāhi	دوراهی
tesis (f) de grado	pāyān nāme	پایان نامه
dogma (m)	aqide	عقیده

doctrina (f)	doktorin	دکترین
investigación (f)	tahqiq	تحقیق
investigar (vt)	tahghigh kardan	تحقیق کردن
prueba (f)	āzmāyeš	آزمایش
laboratorio (m)	āzmāyešgāh	آزمایشگاه

método (m)	raveš	روش
molécula (f)	molekul	مولکول
seguimiento (m)	nozzār-at	نظارت
descubrimiento (m)	kašf	کشف

postulado (m)	engāre	انگاره
principio (m)	asl	اصل
pronóstico (m)	piš bini	پیش بینی
pronosticar (vt)	pišbini kardan	پیش بینی کردن

síntesis (f)	santez	سنتز
tendencia (f)	gerāyeš	گرایش
teorema (m)	qaziye	قضیه

enseñanzas (f pl)	āmuzeš	آموزش
hecho (m)	haqiqat	حقیقت

expedición (f)	safar	سفر
experimento (m)	āzmāyeš	آزمایش

académico (m)	ozv-e ākādemi	عضو آکادمی
bachiller (m)	lisāns	لیسانس
doctorado (m)	pezešk	پزشک
docente (m)	dānešyār	دانشیار
Master (m) (~ en Letras)	foqe lisāns	فوق لیسانس
profesor (m)	porofosor	پروفسور

Las profesiones y los oficios

123. La búsqueda de trabajo. El despido

trabajo (m)	kār	كار
empleados (pl)	kārmandān	كارمندان
personal (m)	kādr	كادر
carrera (f)	šoql	شغل
perspectiva (f)	durnamā	دورنما
maestría (f)	mahārat	مهارت
selección (f)	entexāb	انتخاب
agencia (f) de empleo	āžāns-e kāryābi	آژانس كاريابى
curriculum vitae (m)	rezume	رزومه
entrevista (f)	mosāhabe-ye kari	مصاحبه كارى
vacancia (f)	post-e xāli	پست خالى
salario (m)	hoquq	حقوق
salario (m) fijo	darāmad-e s ābet	درآمد ثابت
remuneración (f)	pardāxt	پرداخت
puesto (m) (trabajo)	šoql	شغل
deber (m)	vazife	وظيفه
gama (f) de deberes	šarh-e vazāyef	شرح وظايف
ocupado (adj)	mašqul	مشغول
despedir (vt)	exrāj kardan	اخراج كردن
despido (m)	exrāj	اخراج
desempleo (m)	bikāri	بيكارى
desempleado (m)	bikār	بيكار
jubilación (f)	mostamerri	مستمرى
jubilarse	bāznešaste šodan	بازنشسته شدن

124. Los negociantes

director (m)	modir	مدير
gerente (m)	modir	مدير
jefe (m)	ra'is	رئيس
superior (m)	māfowq	مافوق
superiores (m pl)	roasā	رؤسا
presidente (m)	ra'is jomhur	رئيس جمهور
presidente (m) (de compañía)	ra'is	رئيس
adjunto (m)	mo'āven	معاون
asistente (m)	mo'āven	معاون

| secretario, -a (m, f) | monši | منشی |
| secretario (m) particular | dastyār-e šaxsi | دستیار شخصی |

hombre (m) de negocios	bāzargān	بازرگان
emprendedor (m)	kārāfarin	کارآفرین
fundador (m)	moasses	مؤسس
fundar (vt)	ta'sis kardan	تأسیس کردن

institutor (m)	hamkār	همکار
socio (m)	šarik	شریک
accionista (m)	sahāmdār	سهامدار

millonario (m)	milyuner	میلیونر
multimillonario (m)	milyārder	میلیاردر
propietario (m)	sāheb	صاحب
terrateniente (m)	zamin-dār	زمین دار

cliente (m)	xaridār	خریدار
cliente (m) habitual	xaridār-e dāemi	خریدار دائمی
comprador (m)	xaridār	خریدار
visitante (m)	bāzdid konande	بازدید کننده

profesional (m)	herfe i	حرفه ای
experto (m)	kāršenās	کارشناس
especialista (m)	motexasses	متخصص

| banquero (m) | kārmand-e bānk | کارمند بانک |
| broker (m) | dallāl-e kārgozār | دلال کارگزار |

cajero (m)	sanduqdār	صندوقدار
contable (m)	hesābdār	حسابدار
guardia (m) de seguridad	negahbān	نگهبان

inversionista (m)	sarmāye gozār	سرمایه گذار
deudor (m)	bedehkār	بدهکار
acreedor (m)	talabkār	طلبکار
prestatario (m)	vām girande	وام گیرنده

| importador (m) | vāred konande | وارد کننده |
| exportador (m) | sāder konande | صادر کننده |

productor (m)	towlid konande	تولید کننده
distribuidor (m)	towzi' konande	توزیع کننده
intermediario (m)	vāsete	واسطه

asesor (m) (~ fiscal)	mošāver	مشاور
representante (m)	namāyande	نماینده
agente (m)	namāyande	نماینده
agente (m) de seguros	namāyande-ye bime	نماینده بیمه

125. Los trabajos de servicio

| cocinero (m) | āšpaz | آشپز |
| jefe (m) de cocina | sarāšpaz | سرآشپز |

panadero (m)	nānvā	نانوا
barman (m)	motesaddi-ye bār	متصدی بار
camarero (m)	pišxedmat	پیشخدمت
camarera (f)	pišxedmat	پیشخدمت

abogado (m)	vakil	وکیل
jurista (m)	hoquq dān	حقوق دان
notario (m)	daftardār	دفتردار

electricista (m)	barq-e kār	برق کار
fontanero (m)	lule keš	لوله کش
carpintero (m)	najjār	نجار

masajista (m)	māsāž dahande	ماساژ دهنده
masajista (f)	māsāž dahande	ماساژ دهنده
médico (m)	pezešk	پزشک

taxista (m)	rānande-ye tāksi	راننده تاکسی
chofer (m)	rānande	راننده
repartidor (m)	peyk	پیک

camarera (f)	mostaxdem	مستخدم
guardia (m) de seguridad	negahbān	نگهبان
azafata (f)	mehmāndār-e havāpeymā	مهماندار هواپیما

profesor (m) (~ de baile, etc.)	mo'allem	معلم
bibliotecario (m)	ketābdār	کتابدار
traductor (m)	motarjem	مترجم
intérprete (m)	motarjem-e šafāhi	مترجم شفاهی
guía (m)	rāhnamā-ye tur	راهنمای تور

peluquero (m)	ārāyešgar	آرایشگر
cartero (m)	nāme resān	نامه رسان
vendedor (m)	forušande	فروشنده

jardinero (m)	bāqbān	باغبان
servidor (m)	nowkar	نوکر
criada (f)	xedmatkār	خدمتکار
mujer (f) de la limpieza	zan-e nezāfatči	زن نظافتچی

126. La profesión militar y los rangos

soldado (m) raso	sarbāz	سرباز
sargento (m)	goruhbān	گروهبان
teniente (m)	sotvān	ستوان
capitán (m)	kāpitān	کاپیتان

mayor (m)	sargord	سرگرد
coronel (m)	sarhang	سرهنگ
general (m)	ženerāl	ژنرال
mariscal (m)	māršāl	مارشال
almirante (m)	daryāsālār	دریاسالار
militar (m)	nezāmi	نظامی
soldado (m)	sarbāz	سرباز

oficial (m)	afsar	افسر
comandante (m)	farmāndeh	فرمانده

guardafronteras (m)	marzbān	مرزبان
radio-operador (m)	bisim či	بیسیم چی
explorador (m)	ettelā'āti	اطلاعاتی
zapador (m)	mohandes estehkāmāt	مهندس استحکامات
tirador (m)	tirandāz	تیرانداز
navegador (m)	nāvbar	ناوبر

127. Los oficiales. Los sacerdotes

rey (m)	šāh	شاه
reina (f)	maleke	ملکه

príncipe (m)	šāhzāde	شاهزاده
princesa (f)	pranses	پرنسس

zar (m)	tezār	تزار
zarina (f)	maleke	ملکه

presidente (m)	ra'is jomhur	رئیس جمهور
ministro (m)	vazir	وزیر
primer ministro (m)	noxost vazir	نخست وزیر
senador (m)	senātor	سناتور

diplomático (m)	diplomāt	دیپلمات
cónsul (m)	konsul	کنسول
embajador (m)	safir	سفیر
consejero (m)	mošāver	مشاور

funcionario (m)	kārmand	کارمند
prefecto (m)	baxšdār	بخشدار
alcalde (m)	šahrdār	شهردار

juez (m)	qāzi	قاضی
fiscal (m)	dādsetān	دادستان

misionero (m)	misiyoner	میسیونر
monje (m)	rāheb	راهب
abad (m)	rāheb-e bozorg	راهب بزرگ
rabino (m)	xāxām	خاخام

visir (m)	vazir	وزیر
sha (m)	šāh	شاه
jeque (m)	šeyx	شیخ

128. Las profesiones agrícolas

apicultor (m)	zanburdār	زنبوردار
pastor (m)	čupān	چوپان
agrónomo (m)	motexasses-e kešāvarzi	متخصص کشاورزی

ganadero (m)	dāmparvar	دامپرور
veterinario (m)	dāmpezešk	دامپزشک

granjero (m)	kešāvarz	کشاورز
vinicultor (m)	šarāb sāz	شراب ساز
zoólogo (m)	jānevar-šenās	جانور شناس
vaquero (m)	gāvčerān	گاوچران

129. Las profesiones artísticas

actor (m)	bāzigar	بازیگر
actriz (f)	bāzigar	بازیگر

cantante (m)	xānande	خواننده
cantante (f)	xānande	خواننده

bailarín (m)	raqqās	رقاص
bailarina (f)	raqqāse	رقاصه

artista (m)	honarpiše	هنرپیشه
artista (f)	honarpiše	هنرپیشه

músico (m)	muzisiyan	موزیسین
pianista (m)	piyānist	پیانیست
guitarrista (m)	gitārist	گیتاریست

director (m) de orquesta	rahbar-e orkestr	رهبر ارکستر
compositor (m)	āhangsāz	آهنگساز
empresario (m)	modir-e operā	مدیر اپرا

director (m) de cine	kārgardān	کارگردان
productor (m)	tahiye konande	تهیه کننده
guionista (m)	senārist	سناریست
crítico (m)	montaqed	منتقد

escritor (m)	nevisande	نویسنده
poeta (m)	šā'er	شاعر
escultor (m)	mojassame sāz	مجسمه ساز
pintor (m)	naqqāš	نقاش

malabarista (m)	tardast	تردست
payaso (m)	dalqak	دلقک
acróbata (m)	ākrobāt	آکروبات
ilusionista (m)	šo'bade bāz	شعبده باز

130. Profesiones diversas

médico (m)	pezešk	پزشک
enfermera (f)	parastār	پرستار
psiquiatra (m)	ravānpezešk	روانپزشک
dentista (m)	dandān pezešk	دندان پزشک
cirujano (m)	jarrāh	جراح

astronauta (m)	fazānavard	فضانورد
astrónomo (m)	setāre-šenās	ستاره شناس
piloto (m)	xalabān	خلبان
conductor (m) (chófer)	rānande	راننده
maquinista (m)	rānande	راننده
mecánico (m)	mekānik	مکانیک
minero (m)	ma'danči	معدنچی
obrero (m)	kārgar	کارگر
cerrajero (m)	qofl sāz	قفل ساز
carpintero (m)	najjār	نجار
tornero (m)	tarrāš kār	تراش کار
albañil (m)	kārgar-e sāxtemāni	کارگر ساختمانی
soldador (m)	juš kār	جوش کار
profesor (m) (título)	porofosor	پروفسور
arquitecto (m)	me'mār	معمار
historiador (m)	movarrex	مورخ
científico (m)	dānešmand	دانشمند
físico (m)	fizikdān	فیزیکدان
químico (m)	šimi dān	شیمی دان
arqueólogo (m)	bāstān-šenās	باستان شناس
geólogo (m)	zamin-šenās	زمین شناس
investigador (m)	pažuhešgar	پژوهشگر
niñera (f)	parastār bače	پرستار بچه
pedagogo (m)	āmuzgār	آموزگار
redactor (m)	virāstār	ویراستار
redactor jefe (m)	sardabir	سردبیر
corresponsal (m)	xabarnegār	خبرنگار
mecanógrafa (f)	māšin nevis	ماشین نویس
diseñador (m)	tarāh	طراح
especialista (m) en ordenadores	kāršenās kāmpiyuter	کارشناس کامپیوتر
programador (m)	barnāme-ye nevis	برنامه نویس
ingeniero (m)	mohandes	مهندس
marino (m)	malavān	ملوان
marinero (m)	malavān	ملوان
socorrista (m)	nejāt-e dahande	نجات دهنده
bombero (m)	ātaš nešān	آتش نشان
policía (m)	polis	پلیس
vigilante (m) nocturno	mohāfez	محافظ
detective (m)	kārāgāh	کارآگاه
aduanero (m)	ma'mur-e gomrok	مامور گمرک
guardaespaldas (m)	mohāfez-e šaxsi	محافظ شخصی
guardia (m) de prisiones	negahbān zendān	نگهبان زندان
inspector (m)	bāzres	بازرس
deportista (m)	varzeškār	ورزشکار
entrenador (m)	morabbi	مربی

carnicero (m)	qassāb	قصاب
zapatero (m)	kaffāš	کفاش
comerciante (m)	bāzargān	بازرگان
cargador (m)	bārbar	باربر
diseñador (m) de modas	tarrāh-e lebas	طراح لباس
modelo (f)	model-e zan	مدل زن

131. Los trabajos. El estatus social

escolar (m)	dāneš-āmuz	دانش آموز
estudiante (m)	dānešju	دانشجو
filósofo (m)	filsuf	فیلسوف
economista (m)	eqtesāddān	اقتصاددان
inventor (m)	moxtare'	مخترع
desempleado (m)	bikār	بیکار
jubilado (m)	bāznešaste	بازنشسته
espía (m)	jāsus	جاسوس
prisionero (m)	zendāni	زندانی
huelguista (m)	e'tesāb konande	اعتصاب کننده
burócrata (m)	ma'mur-e edāri	مأمور اداری
viajero (m)	mosāfer	مسافر
homosexual (m)	hamjens-e bāz	همجنس باز
hacker (m)	haker	هکر
hippie (m)	hipi	هیپی
bandido (m)	rāhzan	راهزن
sicario (m)	ādamkoš	آدمکش
drogadicto (m)	mo'tād	معتاد
narcotraficante (m)	forušande-ye mavādd-e moxadder	فروشندهٔ مواد مخدر
prostituta (f)	fāheše	فاحشه
chulo (m), proxeneta (m)	jākeš	جاکش
brujo (m)	jādugar	جادوگر
bruja (f)	jādugar	جادوگر
pirata (m)	dozd-e daryāyi	دزد دریایی
esclavo (m)	borde	برده
samurai (m)	sāmurāyi	سامورایی
salvaje (m)	vahši	وحشی

Los deportes

deportista (m)	varzeškār	ورزشکار
tipo (m) de deporte	anvā-e varzeš	انواع ورزش
baloncesto (m)	basketbāl	بسکتبال
baloncestista (m)	basketbālist	بسکتبالیست
béisbol (m)	beysbāl	بیسبال
beisbolista (m)	beysbālist	بیسبالیست
fútbol (m)	futbāl	فوتبال
futbolista (m)	futbālist	فوتبالیست
portero (m)	darvāze bān	دروازه بان
hockey (m)	hāki	هاکی
jugador (m) de hockey	hāki-ye bāz	هاکی باز
voleibol (m)	vālibāl	والیبال
voleibolista (m)	vālibālist	والیبالیست
boxeo (m)	boks	بوکس
boxeador (m)	boksor	بوکسور
lucha (f)	kešti	کشتی
luchador (m)	košti gir	کشتی گیر
kárate (m)	kārāte	کاراته
karateka (m)	kārāte-e bāz	کاراته باز
judo (m)	jodo	جودو
judoka (m)	jodo bāz	جودو باز
tenis (m)	tenis	تنیس
tenista (m)	tenis bāz	تنیس باز
natación (f)	šenā	شنا
nadador (m)	šenāgar	شناگر
esgrima (f)	šamširbāzi	شمشیربازی
esgrimidor (m)	šamširbāz	شمشیرباز
ajedrez (m)	šatranj	شطرنج
ajedrecista (m)	šatranj bāz	شطرنج باز
alpinismo (m)	kuhnavardi	کوهنوردی
alpinista (m)	kuhnavard	کوهنورد
carrera (f)	do	دو

corredor (m)	davande	دونده
atletismo (m)	varzeš	ورزش
atleta (m)	varzeškār	ورزشکار

| deporte (m) hípico | asb savāri | اسب سواری |
| jinete (m) | savārkār | سوارکار |

patinaje (m) artístico	raqs ruy yax	رقص روی یخ
patinador (m)	eskeyt bāz	اسکیت باز
patinadora (f)	eskeyt bāz	اسکیت باز

| levantamiento (m) de pesas | vazne bardār-i | وزنه برداری |
| levantador (m) de pesas | vazne bardār | وزنه بردار |

| carreras (f pl) de coches | mosābeqe-ye otomobilrāni | مسابقۀ اتومبیلرانی |
| piloto (m) de carreras | otomobilrān | اتومبیلران |

| ciclismo (m) | dočarxe savāri | دوچرخه سواری |
| ciclista (m) | dočarxe savār | دوچرخه سوار |

salto (m) de longitud	pareš-e tul	پرش طول
salto (m) con pértiga	pareš bā neyze	پرش با نیزه
saltador (m)	pareš konande	پرش کننده

133. Tipos de deportes. Miscelánea

fútbol (m) americano	futbāl-e āmrikāyi	فوتبال آمریکایی
bádminton (m)	badminton	بدمینتون
biatlón (m)	biatlon	بیاتلون
billar (m)	bilyārd	بیلیارد

bobsleigh (m)	surtme	سورتمه
culturismo (m)	badansāzi	بدنسازی
waterpolo (m)	vāterpolo	واترپولو
balonmano (m)	handbāl	هندبال
golf (m)	golf	گلف

remo (m)	qāyeq rāni	قایق رانی
buceo (m)	dāyving	دایوینگ
esquí (m) de fondo	eski-ye sahrānavardi	اسکی صحرانوردی
tenis (m) de mesa	ping pong	پینگ پونگ

vela (f)	qāyeq-rāni bādbani	قایق رانی بادبانی
rally (m)	rāli	رالی
rugby (m)	rāgbi	راگبی
snowboarding (m)	snowbord	اسنوبورد
tiro (m) con arco	tirandāzi bā kamān	تیراندازی با کمان

134. El gimnasio

| barra (f) de pesas | hālter | هالتر |
| pesas (f pl) | dambel | دمبل |

aparato (m) de ejercicios	mãšin-e tamrin	ماشین تمرین
bicicleta (f) estática	dočarxe-ye tamrin	دوچرخه تمرین
cinta (f) de correr	pist-e do	پیست دو

barra (f) fija	bãrfiks	بارفیکس
barras (f pl) paralelas	pãrãlel	پارالل
potro (m)	xarak	خرک
colchoneta (f)	tošak	تشک

comba (f)	tanãb	طناب
aeróbica (f)	ãirobik	ایروبیک
yoga (m)	yugã	یوگا

135. El hóckey

hockey (m)	hãki	هاکی
jugador (m) de hockey	hãki-ye bãz	هاکی باز
jugar al hockey	hãkey bãzi kardan	هاکی بازی کردن
hielo (m)	yax	یخ

disco (m)	mohre	مهره
palo (m) de hockey	čub-e hãki	چوب هاکی
patines (m pl)	eskeyt ruy yax	اسکیت روی یخ

muro (m)	taxte	تخته
tiro (m)	šut	شوت

portero (m)	darvãze bãn	دروازه بان
gol (m)	gol	گل
marcar un gol	gol zadan	گل زدن

periodo (m)	dowre	دوره
segundo periodo (m)	dowre-ye dovvom	دورۀ دوم
banquillo (m) de reserva	nimkat-e zaxire	نیمکت ذخیره

136. El fútbol

fútbol (m)	futbãl	فوتبال
futbolista (m)	futbãlist	فوتبالیست
jugar al fútbol	futbãl bãzi kardan	فوتبال بازی کردن

liga (f) superior	lig-e bartar	لیگ برتر
club (m) de fútbol	bãšgãh-e futbãl	باشگاه فوتبال
entrenador (m)	morabbi	مربی
propietario (m)	sãheb	صاحب

equipo (m)	tim	تیم
capitán (m) del equipo	kãpitãn-e tim	کاپیتان تیم
jugador (m)	bãzikon	بازیکن
reserva (m)	bãzikon-e zaxire	بازیکن ذخیره
delantero (m)	forvãrd	فوروارد
delantero (m) centro	forvãrd vasat	فوروارد وسط

goleador (m)	golzan	گلزن
defensa (m)	defā'	دفاع
medio (m)	hāfbak	هافبک
match (m)	mosābeqe	مسابقه
encontrarse (vr)	molāqāt kardan	ملاقات کردن
final (f)	fināl	فینال
semifinal (f)	nime nahāyi	نیمه نهایی
campeonato (m)	mosābeqe-ye qahremāni	مسابقه قهرمانی
tiempo (m)	nime	نیمه
primer tiempo (m)	nime-ye avval	نیمه اول
descanso (m)	hāf tāym	هاف تایم
puerta (f)	darvāze	دروازه
portero (m)	darvāze bān	دروازه بان
poste (m)	tir-e darvāze	تیر دروازه
larguero (m)	tir-e ofoqi	تیر افقی
red (f)	tur	تور
recibir un gol	gol xordan	گل خوردن
balón (m)	tup	توپ
pase (m)	pās	پاس
tiro (m)	zarbe	ضربه
lanzar un tiro	zarbe zadan	ضربه زدن
tiro (m) de castigo	zarbe-ye xatā	ضربۀ خطا
saque (m) de esquina	korner	کرنر
ataque (m)	hamle	حمله
contraataque (m)	zedd-e hamle	ضد حمله
combinación (f)	mānovr	مانور
árbitro (m)	dāvar	داور
silbar (vi)	sut zadan	سوت زدن
silbato (m)	sut	سوت
infracción (f)	xatā	خطا
cometer una infracción	xatā kardan	خطا کردن
expulsar del campo	az zamin exrāj kardan	از زمین اخراج کردن
tarjeta (f) amarilla	kārt-e zard	کارت زرد
tarjeta (f) roja	kārt-e qermez	کارت قرمز
descalificación (f)	rad-e salāhiyat	رد صلاحیت
descalificar (vt)	rad-e salāhiyat kardan	رد صلاحیت کردن
penalti (m)	penālti	پنالتی
barrera (f)	divār-e defā'i	دیوار دفاعی
meter un gol	gol zadan	گل زدن
gol (m)	gol	گل
marcar un gol	gol zadan	گل زدن
reemplazo (m)	ta'viz	تعویض
reemplazar (vt)	ta'viz kardan	تعویض کردن
reglas (f pl)	qavā'ed	قواعد
táctica (f)	tāktik	تاکتیک

estadio (m)	varzešgāh	ورزشگاه
gradería (f)	teribun	تریبون
hincha (m)	tarafdār	طرفدار
gritar (vi)	faryād zadan	فریاد زدن

| tablero (m) | skorbord | اسکوربورد |
| tanteo (m) | emtiyāz | امتیاز |

derrota (f)	šekast	شکست
perder (vi)	bāxtan	باختن
empate (m)	mosāvi	مساوی
empatar (vi)	bāzi rā mosāvi kardan	بازی رامساوی کردن

victoria (f)	piruzi	پیروزی
ganar (vi)	piruz šodan	پیروز شدن
campeón (m)	qahremān	قهرمان
mejor (adj)	behtarin	بهترین
felicitar (vt)	tabrik goftan	تبریک گفتن

comentarista (m)	mofasser	مفسر
comentar (vt)	tafsir kardan	تفسیر کردن
transmisión (f)	paxš	پخش

137. El esquí

esquís (m pl)	eski	اسکی
esquiar (vi)	eski kardan	اسکی کردن
estación (f) de esquí	pist-e eski	پیست اسکی
telesquí (m)	telesk-i	تلسکی

bastones (m pl)	čub-e eski	چوب اسکی
cuesta (f)	šib	شیب
eslalon (m)	eslālom	اسلالوم

138. El tenis. El golf

golf (m)	golf	گلف
club (m) de golf	bāšgāh-e golf	باشگاه گلف
jugador (m) de golf	bāzikon-e golf	بازیکن گلف

hoyo (m)	gowdāl	گودال
palo (m)	čub-e golf	چوب گلف
carro (m) de golf	čarx-e hāmele golf	چرخ حامل گلف

| tenis (m) | tenis | تنیس |
| cancha (f) de tenis | zamin-e tenis | زمین تنیس |

saque (m)	servis	سرویس
sacar (servir)	servis zadan	سرویس زدن
raqueta (f)	rāket	راکت
red (f)	tur	تور
pelota (f)	tup	توپ

139. El ajedrez

ajedrez (m)	šatranj	شطرنج
piezas (f pl)	mohrehā-ye šatranj	مهره های شطرنج
ajedrecista (m)	šatranj bāz	شطرنج باز
tablero (m) de ajedrez	taxte-ye šatranj	تختهٔ شطرنج
pieza (f)	mohre-ye šatranj	مهره شطرنج
blancas (f pl)	sefid	سفید
negras (f pl)	siyāh	سیاه
peón (m)	piyāde	پیاده
alfil (m)	fil	فیل
caballo (m)	asb	اسب
torre (f)	rox	رخ
reina (f)	vazir	وزیر
rey (m)	šāh	شاه
jugada (f)	harekat	حرکت
jugar (mover una pieza)	harekat kardan	حرکت کردن
sacrificar (vt)	qorbāni kardan	قربانی کردن
enroque (m)	mohreye qal'e	مهرهٔ قلعه
jaque (m)	kiš	کیش
mate (m)	māt	مات
torneo (m) de ajedrez	mosābeqe-ye šatranj	مسابقهٔ شطرنج
gran maestro (m)	ostād-e bozorg	استاد بزرگ
combinación (f)	tarkib	ترکیب
partida (f)	dor-e bazi	دوربازی
damas (f pl)	bāzi-ye čekerz	بازی چکرز

140. El boxeo

boxeo (m)	boks	بوکس
combate (m) (~ de boxeo)	mobāreze	مبارزه
pelea (f) de boxeo	mosābeqe-ye boks	مسابقه بوکس
asalto (m)	rānd	راند
cuadrilátero (m)	ring	رینگ
campana (f)	nāqus	ناقوس
golpe (m)	zarbe	ضربه
knockdown (m)	nāk dān	ناک داون
nocaut (m)	nāk owt	ناک اوت
noquear (vt)	nākowt kardan	ناک اوت کردن
guante (m) de boxeo	dastkeš-e boks	دستکش بوکس
árbitro (m)	dāvar	داور
peso (m) ligero	vazn-e sabok	وزن سبک
peso (m) medio	vazn-e motevasset	وزن متوسط
peso (m) pesado	vazn-e sangin	وزن سنگین

141. Los deportes. Miscelánea

Juegos (m pl) Olímpicos	bāzihā-ye olampik	بازی‌های المپیک
vencedor (m)	barande	برنده
vencer (vi)	piruz šodan	پیروز شدن
ganar (vi)	piruz šodan	پیروز شدن
líder (m)	rahbar	رهبر
liderar (vt)	lider budan	لیدر بودن
primer puesto (m)	rotbe-ye avval	رتبه اول
segundo puesto (m)	rotbe-ye dovvom	رتبه دوم
tercer puesto (m)	rotbe-ye sevvom	رتبه سوم
medalla (f)	medāl	مدال
trofeo (m)	kāp	کاپ
copa (f) (trofeo)	jām	جام
premio (m)	jāyeze	جایزه
premio (m) principal	jāyeze-ye asli	جایزۀ اصلی
record (m)	rekord	رکورد
establecer un record	rekord gozāštan	رکورد گذاشتن
final (m)	fināl	فینال
de final (adj)	pāyāni	پایانی
campeón (m)	qahremān	قهرمان
campeonato (m)	mosābeqe-ye qahremāni	مسابقه قهرمانی
estadio (m)	varzešgāh	ورزشگاه
gradería (f)	teribun	تریبون
hincha (m)	tarafdār	طرفدار
adversario (m)	raqib	رقیب
arrancadero (m)	šoru'	شروع
línea (f) de meta	entehā	انتها
derrota (f)	šekast	شکست
perder (vi)	bāxtan	باختن
árbitro (m)	dāvar	داور
jurado (m)	hey'at-e dāvarān	هیئت داوران
cuenta (f)	emtiyāz	امتیاز
empate (m)	mosāvi	مساوی
empatar (vi)	bāzi rā mosāvi kardan	بازی رامساوی کردن
punto (m)	emtiyāz	امتیاز
resultado (m)	natije	نتیجه
tiempo (m)	dowre	دوره
descanso (m)	hāf tāym	هاف تایم
droga (f), doping (m)	doping	دوپینگ
penalizar (vt)	jarime kardan	جریمه کردن
descalificar (vt)	rad-e salāhiyat kardan	رد صلاحیت کردن
aparato (m)	asbāb	اسباب

jabalina (f)	neyze	نیزه
peso (m) (lanzamiento de ~)	vazne	وزنه
bola (f) (billar, etc.)	tup	توپ

objetivo (m)	hadaf	هدف
blanco (m)	nešangah	نشانگاه
tirar (vi)	tirandāzi kardan	تیراندازی کردن
preciso (~ disparo)	dorost	درست

entrenador (m)	morabbi	مربی
entrenar (vt)	tamrin dādan	تمرین دادن
entrenarse (vr)	tamrin kardan	تمرین کردن
entrenamiento (m)	tamrin	تمرین

gimnasio (m)	sālon-e varzeš	سالن ورزش
ejercicio (m)	tamrin	تمرین
calentamiento (m)	garm kardan	گرم کردن

La educación

escuela (f)	madrese	مدرسه
director (m) de escuela	modir-e madrese	مدیر مدرسه
alumno (m)	dāneš-āmuz	دانش آموز
alumna (f)	dāneš-āmuz	دانش آموز
escolar (m)	dāneš-āmuz	دانش آموز
escolar (f)	dāneš-āmuz	دانش آموز
enseñar (vt)	āmuxtan	آموختن
aprender (ingles, etc.)	yād gereftan	یاد گرفتن
aprender de memoria	az hefz kardan	از حفظ کردن
aprender (a leer, etc.)	yād gereftan	یاد گرفتن
estar en la escuela	tahsil kardan	تحصیل کردن
ir a la escuela	madrese raftan	مدرسه رفتن
alfabeto (m)	alefbā	الفبا
materia (f)	mabhas	مبحث
aula (f)	kelās	کلاس
lección (f)	dars	درس
recreo (m)	zang-e tafrih	زنگ تفریح
campana (f)	zang	زنگ
pupitre (m)	miz-e tahrir	میز تحریر
pizarra (f)	taxte-ye siyāh	تخته سیاه
nota (f)	nomre	نمره
buena nota (f)	nomre-ye xub	نمرهٔ خوب
mala nota (f)	nomre-ye bad	نمرهٔ بد
poner una nota	nomre gozāštan	نمره گذاشتن
falta (f)	eštebāh	اشتباه
hacer faltas	eštebāh kardan	اشتباه کردن
corregir (un error)	eslāh kardan	اصلاح کردن
chuleta (f)	taqallob	تقلب
deberes (m pl) de casa	taklif manzel	تکلیف منزل
ejercicio (m)	tamrin	تمرین
estar presente	hozur dāštan	حضور داشتن
estar ausente	qāyeb budan	غایب بودن
faltar a las clases	az madrese qāyeb budan	ازمدرسه غایب بودن
castigar (vt)	tanbih kardan	تنبیه کردن
castigo (m)	tanbih	تنبیه
conducta (f)	raftār	رفتار

libreta (f) de notas	gozāreš-e ruzāne	گزارش روزانه
lápiz (m)	medād	مداد
goma (f) de borrar	pāk kon	پاک کن
tiza (f)	gač	گچ
cartuchera (f)	qalamdān	قلمدان

mochila (f)	kif madrese	کیف مدرسه
bolígrafo (m)	xodkār	خودکار
cuaderno (m)	daftar	دفتر
manual (m)	ketāb-e darsi	کتاب درسی
compás (m)	pargār	پرگار

| trazar (vi, vt) | rasm kardan | رسم کردن |
| dibujo (m) técnico | rasm-e fani | رسم فنی |

poema (m), poesía (f)	še'r	شعر
de memoria (adv)	az hefz	از حفظ
aprender de memoria	az hefz kardan	از حفظ کردن

vacaciones (f pl)	ta'tilāt	تعطیلات
estar de vacaciones	dar ta'tilāt budan	در تعطیلات بودن
pasar las vacaciones	ta'tilāt rā gozarāndan	تعطیلات را گذراندن

prueba (f) escrita	emtehān	امتحان
composición (f)	enšā'	انشاء
dictado (m)	dikte	دیکته
examen (m)	emtehān	امتحان
hacer un examen	emtehān dādan	امتحان دادن
experimento (m)	āzmāyeš	آزمایش

143. Los institutos. La Universidad

academia (f)	farhangestān	فرهنگستان
universidad (f)	dānešgāh	دانشگاه
facultad (f)	dāneškade	دانشکده

estudiante (m)	dānešju	دانشجو
estudiante (f)	dānešju	دانشجو
profesor (m)	ostād	استاد

| aula (f) | kelās | کلاس |
| graduado (m) | fāreqottahsil | فارغ التحصیل |

| diploma (m) | diplom | دیپلم |
| tesis (f) de grado | pāyān nāme | پایان نامه |

| estudio (m) | tahqiqe elmi | تحقیق علمی |
| laboratorio (m) | āzmāyešgāh | آزمایشگاه |

| clase (f) | soxanrāni | سخنرانی |
| compañero (m) de curso | ha mdowre i | هم دوره ای |

| beca (f) | burse tahsili | بورس تحصیلی |
| grado (m) académico | daraje-ye elmi | درجهٔ علمی |

144. Las ciencias. Las disciplinas

matemáticas (f pl)	riyāziyāt	ریاضیات
álgebra (f)	jabr	جبر
geometría (f)	hendese	هندسه
astronomía (f)	setāre-šenāsi	ستاره شناسی
biología (f)	zist-šenāsi	زیست شناسی
geografía (f)	joqrāfiyā	جغرافیا
geología (f)	zamin-šenāsi	زمین شناسی
historia (f)	tārix	تاریخ
medicina (f)	pezeški	پزشکی
pedagogía (f)	olume tarbiyati	علوم تربیتی
derecho (m)	hoquq	حقوق
física (f)	fizik	فیزیک
química (f)	šimi	شیمی
filosofía (f)	falsafe	فلسفه
psicología (f)	ravānšenāsi	روانشناسی

145. Los sistemas de escritura. La ortografía

gramática (f)	gerāmer	گرامر
vocabulario (m)	vājegān	واژگان
fonética (f)	sadā-šenāsi	صداشناسی
sustantivo (m)	esm	اسم
adjetivo (m)	sefat	صفت
verbo (m)	fe'l	فعل
adverbio (m)	qeyd	قید
pronombre (m)	zamir	ضمیر
interjección (f)	harf-e nedā	حرف ندا
preposición (f)	harf-e ezāfe	حرف اضافه
raíz (f), radical (m)	riše-ye kalame	ریشه کلمه
desinencia (f)	pasvand	پسوند
prefijo (m)	pišvand	پیشوند
sílaba (f)	hejā	هجا
sufijo (m)	pasvand	پسوند
acento (m)	fešar-e hejā	فشار هجا
apóstrofo (m)	āpostrof	آپوستروف
punto (m)	noqte	نقطه
coma (m)	virgul	ویرگول
punto y coma (m)	noqte virgul	نقطه ویرگول
dos puntos (m pl)	donoqte	دونقطه
puntos (m pl) suspensivos	čand noqte	چند نقطه
signo (m) de interrogación	alāmat-e soāl	علامت سؤال
signo (m) de admiración	alāmat-e taajjob	علامت تعجب

comillas (f pl)	giyume	گیومه
entre comillas	dar giyume	در گیومه
paréntesis (m)	parãntez	پرانتز
entre paréntesis	dar parãntez	در پرانتز

guión (m)	xatt-e vãsel	خط واصل
raya (f)	xatt-e tire	خط تیره
blanco (m)	fãsele	فاصله

| letra (f) | harf | حرف |
| letra (f) mayúscula | harf-e bozorg | حرف بزرگ |

| vocal (f) | sedãdãr | صدادار |
| consonante (m) | sãmet | صامت |

oración (f)	jomle	جمله
sujeto (m)	nahãd	نهاد
predicado (m)	gozãre	گزاره

línea (f)	satr	سطر
en una nueva línea	sar-e satr	سر سطر
párrafo (m)	band	بند

palabra (f)	kalame	کلمه
combinación (f) de palabras	ebãrat	عبارت
expresión (f)	bayãn	بیان
sinónimo (m)	moterãdef	مترادف
antónimo (m)	motezãd	متضاد

regla (f)	qã'ede	قاعده
excepción (f)	estesnã	استثنا
correcto (adj)	sahih	صحیح

conjugación (f)	sarf	صرف
declinación (f)	sarf-e kalemãt	صرف کلمات
caso (m)	hãlat	حالت
pregunta (f)	soãl	سؤال
subrayar (vt)	xatt kešidan	خط کشیدن
línea (f) de puntos	noqte čin	نقطه چین

146. Los idiomas extranjeros

lengua (f)	zabãn	زبان
extranjero (adj)	xãreji	خارجی
lengua (f) extranjera	zabãn-e xãreji	زبان خارجی
estudiar (vt)	dars xãndan	درس خواندن
aprender (ingles, etc.)	yãd gereftan	یاد گرفتن

leer (vi, vt)	xãndan	خواندن
hablar (vi, vt)	harf zadan	حرف زدن
comprender (vt)	fahmidan	فهمیدن
escribir (vt)	neveštan	نوشتن
rápidamente (adv)	sari᷄	سریع
lentamente (adv)	ãheste	آهسته

con fluidez (adv)	ravān	روان
reglas (f pl)	qavā'ed	قواعد
gramática (f)	gerāmer	گرامر
vocabulario (m)	vājegān	واژگان
fonética (f)	āvā-šenāsi	آواشناسی

manual (m)	ketāb-e darsi	کتاب درسی
diccionario (m)	farhang-e loqat	فرهنگ لغت
manual (m) autodidáctico	xod-āmuz	خودآموز
guía (f) de conversación	ketāb-e mokāleme	کتاب مکالمه

casete (m)	kāst	کاست
videocasete (f)	kāst-e video	کاست ویدئو
disco compacto, CD (m)	si-di	سیدی
DVD (m)	dey vey dey	دی وی دی

alfabeto (m)	alefbā	الفبا
deletrear (vt)	heji kardan	هجی کردن
pronunciación (f)	talaffoz	تلفظ

acento (m)	lahje	لهجه
con acento	bā lahje	با لهجه
sin acento	bi lahje	بی لهجه

| palabra (f) | kalame | کلمه |
| significado (m) | ma'ni | معنی |

cursos (m pl)	dowre	دوره
inscribirse (vr)	nām-nevisi kardan	نام نویسی کردن
profesor (m) (~ de inglés)	ostād	استاد

traducción (f) (proceso)	tarjome	ترجمه
traducción (f) (texto)	tarjome	ترجمه
traductor (m)	motarjem	مترجم
intérprete (m)	motarjem-e šafāhi	مترجم شفاهی

| políglota (m) | čand zabāni | چند زبانی |
| memoria (f) | hāfeze | حافظه |

147. Los personajes de los cuentos de hadas

Papá Noel (m)	bābā noel	بابا نوئل
Cenicienta (f)	sinderelā	سیندرلا
sirena (f)	pari-ye daryāyi	پری دریایی
Neptuno (m)	nepton	نپتون

mago (m)	sāher	ساحر
maga (f)	sāher	ساحر
mágico (adj)	jāduyi	جادویی
varita (f) mágica	asā-ye sehrāmiz	عصای سحرآمیز

cuento (m) de hadas	afsāne	افسانه
milagro (m)	mo'jeze	معجزه
enano (m)	kutule	کوتوله

129

transformarse en …	tabdil šodan	تبدیل شدن
espíritu (m) (fantasma)	šabah	شبح
fantasma (m)	šabah	شبح
monstruo (m)	qul	غول
dragón (m)	eždehā	اژدها
gigante (m)	qul	غول

148. Los signos de zodiaco

Aries (m)	borj-e haml	برج حمل
Tauro (m)	borj-e sowr	برج ثور
Géminis (m pl)	borj-e jowzā	برج جوزا
Cáncer (m)	saratān	سرطان
Leo (m)	šir	شیر
Virgo (m)	borj-e sonbole	برج سنبله

Libra (f)	borj-e mizān	برج میزان
Escorpio (m)	borj-e aqrab	برج عقرب
Sagitario (m)	borj-e qows	برج قوس
Capricornio (m)	borj-e jeddi	برج جدی
Acuario (m)	borj-e dalow	برج دلو
Piscis (m pl)	borj-e hut	برج حوت

carácter (m)	šaxsiyat	شخصیت
rasgos (m pl) de carácter	xosusiyāt-e axlāqi	خصوصیات اخلاقی
conducta (f)	raftār	رفتار
decir la buenaventura	fāl gereftan	فال گرفتن
adivinadora (f)	fālgir	فالگیر
horóscopo (m)	tāle' bini	طالع بینی

El arte

teatro (m)	teãtr	تئاتر
ópera (f)	operã	اپرا
opereta (f)	operã-ye kučak	اپرای کوچک
ballet (m)	bãle	باله
cartelera (f)	eʻlãn-e namãyeš	اعلان نمایش
compañía (f) de teatro	heyʻat honarpišegãn	هیئت هنرپیشگان
gira (f) artística	safar	سفر
hacer una gira artística	dar tur budan	در تور بودن
ensayar (vi, vt)	tamrin kardan	تمرین کردن
ensayo (m)	tamrin	تمرین
repertorio (m)	roperator	رپراتور
representación (f)	namãyeš	نمایش
espectáculo (m)	namãyeš	نمایش
pieza (f) de teatro	namãyeš nãme	نمایش نامه
billet (m)	belit	بلیط
taquilla (f)	belit-foruši	بلیت فروشی
vestíbulo (m)	lãbi	لابی
guardarropa (f)	komod-e lebãs	کمد لباس
ficha (f) de guardarropa	žeton	ژتون
gemelos (m pl)	durbin	دوربین
acomodador (m)	rãhnamã	راهنما
patio (m) de butacas	sandali-ye orkestr	صندلی ارکستر
balconcillo (m)	bãlkon	بالکن
entresuelo (m)	bãlkon-e avval	بالکن اول
palco (m)	jãygãh-e vižhe	جایگاه ویژه
fila (f)	radif	ردیف
asiento (m)	jã	جا
público (m)	hozzãr	حضار
espectador (m)	tamãšãči	تماشاچی
aplaudir (vi, vt)	kaf zadan	کف زدن
aplausos (m pl)	tašviq	تشویق
ovación (f)	šãdi-va soror	شادی و سرور
escenario (m)	sahne	صحنه
telón (m)	parde	پرده
decoración (f)	sahne	صحنه
bastidores (m pl)	pošt-e sahne	پشت صحنه
escena (f)	sahne	صحنه
acto (m)	parde	پرده
entreacto (m)	ãnterãkt	آنتراکت

150. El cine

actor (m)	bāzigar	بازیگر
actriz (f)	bāzigar	بازیگر
cine (m) (industria)	sinamā	سینما
película (f)	film	فیلم
episodio (m)	qesmat	قسمت
película (f) policíaca	film-e polisi	فیلم پلیسی
película (f) de acción	film-e akšen	فیلم اکشن
película (f) de aventura	film-e mājarāyi	فیلم ماجرایی
película (f) de ciencia ficción	film-e elmi-ye taxayyoli	فیلم علمی تخیلی
película (f) de horror	film-e tarsnāk	فیلم ترسناک
película (f) cómica	komedi	کمدی
melodrama (m)	meloderām	ملودرام
drama (m)	derām	درام
película (f) de ficción	film-e honari	فیلم هنری
documental (m)	film-e mostanad	فیلم مستند
dibujos (m pl) animados	kārton	کارتون
cine (m) mudo	film-e sāmet	فیلم صامت
papel (m)	naqš	نقش
papel (m) principal	naqš-e asli	نقش اصلی
interpretar (vt)	bāzi kardan	بازی کردن
estrella (f) de cine	setāre-ye sinamā	ستارۀ سینما
conocido (adj)	mašhur	مشهور
famoso (adj)	mašhur	مشهور
popular (adj)	saršenās	سرشناس
guión (m) de cine	senāriyo	سناریو
guionista (m)	senārist	سناریست
director (m) de cine	kārgardān	کارگردان
productor (m)	tahiye konande	تهیه کننده
asistente (m)	dastyār	دستیار
operador (m) de cámara	filmbardār	فیلمبردار
doble (m) de riesgo	badalkār	بدلکار
doble (m)	dublur	دوبلور
filmar una película	film gereftan	فیلم گرفتن
audición (f)	test	تست
rodaje (m)	film bardār-i	فیلم برداری
equipo (m) de rodaje	goruh film bar dār-i	گروه فیلم برداری
plató (m) de rodaje	mahal film bar dār-i	محل فیلم برداری
cámara (f)	durbin	دوربین
cine (m) (iremos al ~)	sinamā	سینما
pantalla (f)	parde	پرده
mostrar la película	film-e nešān dādan	فیلم نشان دادن
pista (f) sonora	musiqi-ye matn	موسیقی متن
efectos (m pl) especiales	jelvehā-ye vižhe	جلوه های ویژه

subtítulos (m pl)	zirnevis	زیرنویس
créditos (m pl)	titrāj	تیتراژ
traducción (f)	tarjome	ترجمه

151. La pintura

arte (m)	honar	هنر
bellas artes (f pl)	honarhā-ye zibā	هنرهای زیبا
galería (f) de arte	gāleri-ye honari	گالری هنری
exposición (f) de arte	namāyešgāh-e honari	نمایشگاه هنری

pintura (f) (tipo de arte)	naqqāši	نقاشی
gráfica (f)	honar-e gerāfik	هنر گرافیک
abstraccionismo (m)	honar-e ābestre	هنر آبستره
impresionismo (m)	ampersiyonism	امپرسیونیسم

pintura (f) (cuadro)	tasvir	تصویر
dibujo (m)	naqqāši	نقاشی
pancarta (f)	poster	پوستر

ilustración (f)	tasvir	تصویر
miniatura (f)	minyātor	مینیاتور
copia (f)	nosxe	نسخه
reproducción (f)	taksir	تکثیر

mosaico (m)	muzāik	موزائیک
vitral (m)	naqqāši ruy šiše	نقاشی روی شیشه
fresco (m)	naqqāši ruy gač	نقاشی روی گچ
grabado (m)	gerāvur	گراور

busto (m)	mojassame-ye nimtane	مجسمة نیم تنه
escultura (f)	mojassame sāz-i	مجسمه سازی
estatua (f)	mojassame	مجسمه
yeso (m)	gač	گچ
en yeso (adj)	gači	گچی

retrato (m)	temsāl	تمثال
autorretrato (m)	tasvir-e naqqāš	تصویر نقاش
paisaje (m)	manzare	منظره
naturaleza (f) muerta	tabi'at-e bijān	طبیعت بیجان
caricatura (f)	kārikātor	کاریکاتور
boceto (m)	tarh-e moqaddamāti	طرح مقدماتی

pintura (f) (material)	rang	رنگ
acuarela (f)	āb-o rang	آب ورنگ
óleo (m)	rowqan	روغن
lápiz (m)	medād	مداد
tinta (f) china	morakkab	مرکب
carboncillo (m)	zoqāl	زغال

dibujar (vi, vt)	naqqāši kardan	نقاشی کردن
pintar (vi, vt)	naqqāši kardan	نقاشی کردن
posar (vi)	žest gereftan	ژست گرفتن
modelo (m)	model-e naqqāši	مدل نقاشی

modelo (f)	model-e naqqāši	مدل نقاشی
pintor (m)	naqqāš	نقاش
obra (f) de arte	asar-e honari	اثر هنری
obra (f) maestra	šāhkār	شاهکار
estudio (m) (de un artista)	kārgāh	کارگاه
lienzo (m)	bum-e naqāši	بوم نقاشی
caballete (m)	sepāye-ye naqqāši	سه پایۀ نقاشی
paleta (f)	taxte-ye rang	تختۀ رنگ
marco (m)	qāb	قاب
restauración (f)	maremmat	مرمت
restaurar (vt)	marammat kardan	مرمت کردن

152. La literatura y la poesía

literatura (f)	adabiyāt	ادبیات
autor (m) (escritor)	moallef	مؤلف
seudónimo (m)	taxallos	تخلص
libro (m)	ketāb	کتاب
tomo (m)	jeld	جلد
tabla (f) de contenidos	fehrest	فهرست
página (f)	safhe	صفحه
héroe (m) principal	qahremān-e asli	قهرمان اصلی
autógrafo (m)	dast-e xat	دست خط
relato (m) corto	hekāyat	حکایت
cuento (m)	dāstān	داستان
novela (f)	ramān	رمان
obra (f) literaria	ta'lif	تألیف
fábula (f)	afsāne	افسانه
novela (f) policíaca	dastane jenai	داستان جنایی
verso (m)	še'r	شعر
poesía (f)	še'r	شعر
poema (m)	še'r	شعر
poeta (m)	šā'er	شاعر
bellas letras (f pl)	dāstān	داستان
ciencia ficción (f)	elmi-ye taxayyoli	علمی تخیلی
aventuras (f pl)	sargozašt	سرگذشت
literatura (f) didáctica	adabiyāt-e āmuzeši	ادبیات آموزشی
literatura (f) infantil	adabiyāt-e kudak	ادبیات کودک

153. El circo

circo (m)	sirak	سیرک
circo (m) ambulante	sirak-e sayār	سیرک سیار
programa (m)	barnāme	برنامه
representación (f)	namāyeš	نمایش
número (m)	parde	پرده

arena (f)	sahne-ye sirak	صحنه سیرک
pantomima (f)	pāntomim	پانتومیم
payaso (m)	dalqak	دلقک

acróbata (m)	ākrobāt	آکروبات
acrobacia (f)	band-e bāzi	بند بازی
gimnasta (m)	žimināstik kār	ژیمناستیک کار
gimnasia (f) acrobática	žimināstik	ژیمناستیک
salto (m)	salto	سالتو

forzudo (m)	qavi heykal	قوی هیکل
domador (m)	rām konande	رام کننده
caballista (m)	savārkār	سوارکار
asistente (m)	dastyār	دستیار

truco (m)	širin kāri	شبرین کاری
truco (m) de magia	šoʻbade bāzi	شعبده بازی
ilusionista (m)	šoʻbade bāz	شعبده باز

malabarista (m)	tardast	تردست
malabarear (vt)	tardasti kardan	تردستی کردن
amaestrador (m)	morabbi-ye heyvānāt	مربی حیوانات
amaestramiento (m)	taʻlim heyvānāt	تعلیم حیوانات
amaestrar (vt)	tarbiyat kardan	تربیت کردن

154. La música. La música popular

música (f)	musiqi	موسیقی
músico (m)	muzisiyan	موزیسین
instrumento (m) musical	abzār-e musiqi	ابزار موسیقی
tocar ...	navāxtan	نواختن

guitarra (f)	gitār	گیتار
violín (m)	viyolon	ویولون
violonchelo (m)	viyolonsel	ویولون سل
contrabajo (m)	konterbās	کونترباس
arpa (f)	čang	چنگ

piano (m)	piyāno	پیانو
piano (m) de cola	piyāno-e bozorg	پیانوی بزرگ
órgano (m)	arg	ارگ

instrumentos (m pl) de viento	sāzhā-ye bādi	سازهای بادی
oboe (m)	abva	ابوا
saxofón (m)	saksofon	ساکسوفون
clarinete (m)	qare ney	قره نی
flauta (f)	folut	فلوت
trompeta (f)	šeypur	شیپور

acordeón (m)	ākordeon	آکوردئون
tambor (m)	tabl	طبل

dúo (m)	daste-ye do nafare	دسته دو نفره
trío (m)	daste-ye se nafar-i	دستهٔ سه نفری

cuarteto (m)	daste-ye čāhārnafari	دستهٔ چهارنفری
coro (m)	kar	کر
orquesta (f)	orkesr	ارکستر

música (f) pop	musiqi-ye pāp	موسیقی پاپ
música (f) rock	musiqi-ye rāk	موسیقی راک
grupo (m) de rock	goruh-e rāk	گروه راک
jazz (m)	jāz	جاز

| ídolo (m) | mahbub | محبوب |
| admirador (m) | havādār | هوادار |

concierto (m)	konsert	کنسرت
sinfonía (f)	samfoni	سمفونی
composición (f)	tasnif	تصنیف
escribir (vt)	tasnif kardan	تصنیف کردن

canto (m)	āvāz	آواز
canción (f)	tarāne	ترانه
melodía (f)	āhang	آهنگ
ritmo (m)	ritm	ریتم
blues (m)	musiqi-ye boluz	موسیقی بلوز

notas (f pl)	daftar-e not	دفتر نت
batuta (f)	čub-e rahbari	چوب رهبری
arco (m)	ārše	آرشه
cuerda (f)	sim	سیم
estuche (m)	qalāf	غلاف

El descanso. El entretenimiento. El viaje

155. Las vacaciones. El viaje

turismo (m)	gardešgari	گردشگری
turista (m)	turist	توریست
viaje (m)	mosāferat	مسافرت
aventura (f)	mājarā	ماجرا
viaje (m) (p.ej. ~ en coche)	safar	سفر
vacaciones (f pl)	moraxxasi	مرخصی
estar de vacaciones	dar moraxassi budan	در مرخصی بودن
descanso (m)	esterāhat	استراحت
tren (m)	qatār	قطار
en tren	bā qatār	با قطار
avión (m)	havāpeymā	هواپیما
en avión	bā havāpeymā	با هواپیما
en coche	bā otomobil	با اتومبیل
en barco	dar kešti	با کشتی
equipaje (m)	bār	بار
maleta (f)	čamedān	چمدان
carrito (m) de equipaje	čarx-e hamle bar	چرخ حمل بار
pasaporte (m)	gozarnāme	گذرنامه
visado (m)	ravādid	روادید
billete (m)	belit	بلیط
billete (m) de avión	belit-e havāpeymā	بلیط هواپیما
guía (f) (libro)	ketāb-e rāhnamā	کتاب راهنما
mapa (m)	naqše	نقشه
área (f) (~ rural)	mahal	محل
lugar (m)	jā	جا
exotismo (m)	qarāyeb	غرایب
exótico (adj)	qarib	غریب
asombroso (adj)	heyrat angiz	حیرت انگیز
grupo (m)	goruh	گروه
excursión (f)	gardeš	گردش
guía (m) (persona)	rāhnamā-ye tur	راهنمای تور

156. El hotel

hotel (m)	hotel	هتل
motel (m)	motel	متل
de tres estrellas	se setāre	سه ستاره

| de cinco estrellas | panj setāre | پنج ستاره |
| hospedarse (vr) | māndan | ماندن |

habitación (f)	otāq	اتاق
habitación (f) individual	otāq-e yeknafare	اتاق یک نفره
habitación (f) doble	otāq-e do nafare	اتاق دو نفره
reservar una habitación	otāq rezerv kardan	اتاق رزرو کردن

| media pensión (f) | nim pānsiyon | نیم پانسیون |
| pensión (f) completa | pānsiyon | پانسیون |

con baño	bā vān	با وان
con ducha	bā duš	با دوش
televisión (f) satélite	televiziyon-e māhvārei	تلویزیون ماهواره ای
climatizador (m)	tahviye-ye matbu'	تهویه مطبوع
toalla (f)	howle	حوله
llave (f)	kelid	کلید

administrador (m)	edāre-ye konande	اداره کننده
camarera (f)	mostaxdem	مستخدم
maletero (m)	bārbar	باربر
portero (m)	darbān	دربان

restaurante (m)	resturān	رستوران
bar (m)	bār	بار
desayuno (m)	sobhāne	صبحانه
cena (f)	šām	شام
buffet (m) libre	bufe	بوفه

| vestíbulo (m) | lābi | لابی |
| ascensor (m) | āsānsor | آسانسور |

| NO MOLESTAR | mozāhem našavid | مزاحم نشوید |
| PROHIBIDO FUMAR | sigār kešidan mamnu' | سیگار کشیدن ممنوع |

157. Los libros. La lectura

libro (m)	ketāb	کتاب
autor (m)	moallef	مؤلف
escritor (m)	nevisande	نویسنده
escribir (~ un libro)	neveštan	نوشتن

lector (m)	xānande	خواننده
leer (vi, vt)	xāndan	خواندن
lectura (f)	motāle'e	مطالعه

| en silencio | be ārāmi | به آرامی |
| en voz alta | boland | بلند |

editar (vt)	montašer kardan	منتشر کردن
edición (f) (~ de libros)	entešār	انتشار
editor (m)	nāšer	ناشر
editorial (f)	entešārāt	انتشارات
salir (libro)	montašer šodan	منتشر شدن

| salida (f) (de un libro) | našr | نشر |
| tirada (f) | tirāž | تیراژ |

| librería (f) | ketāb-foruši | کتاب فروشی |
| biblioteca (f) | ketābxāne | کتابخانه |

cuento (m)	dāstān	داستان
relato (m) corto	hekāyat	حکایت
novela (f)	ramān	رمان
novela (f) policíaca	dastane jenai	داستان جنایی

memorias (f pl)	xāterāt	خاطرات
leyenda (f)	afsāne	افسانه
mito (m)	osture	اسطوره

versos (m pl)	še'r	شعر
autobiografía (f)	zendegināme	زندگینامه
obras (f pl) escogidas	āsār-e montaxab	آثار منتخب
ciencia ficción (f)	elmi-ye taxayyoli	علمی تخیلی

título (m)	onvān	عنوان
introducción (f)	moqaddame	مقدمه
portada (f)	safhe-ye onvān	صفحه عنوان

capítulo (m)	fasl	فصل
extracto (m)	gozide	گزیده
episodio (m)	qesmat	قسمت

sujeto (m)	suže	سوژه
contenido (m)	mazmun	مضمون
tabla (f) de contenidos	fehrest	فهرست
héroe (m) principal	qahremān-e asli	قهرمان اصلی

tomo (m)	jeld	جلد
cubierta (f)	jeld	جلد
encuadernado (m)	sahhāfi	صحافی
marcador (m) de libro	čub-e alef	چوب الف

página (f)	safhe	صفحه
hojear (vt)	varaq zadan	ورق زدن
márgenes (m pl)	hāšiye	حاشیه
anotación (f)	hāšiye nevisi	حاشیه نویسی
nota (f) a pie de página	pāvaraqi	پاورقی

texto (m)	matn	متن
fuente (f)	font	فونت
errata (f)	qalat čāpi	غلط چاپی

traducción (f)	tarjome	ترجمه
traducir (vt)	tarjome kardan	ترجمه کردن
original (m)	nosxe-ye asli	نسخۀ اصلی

famoso (adj)	mašhur	مشهور
desconocido (adj)	nāšenāxte	ناشناخته
interesante (adj)	jāleb	جالب
best-seller (m)	por foruš	پر فروش

diccionario (m)	farhang-e loqat	فرهنگ لغت
manual (m)	ketāb-e darsi	کتاب درسی
enciclopedia (f)	dāyeratolma'āref	دایره المعارف

158. La caza. La pesca

caza (f)	šekār	شکار
cazar (vi, vt)	šekār kardan	شکار کردن
cazador (m)	šekārči	شکارچی

tirar (vi)	tirandāzi kardan	تیراندازی کردن
fusil (m)	tofang	تفنگ
cartucho (m)	fešang	فشنگ
perdigón (m)	sāčme	ساچمه

cepo (m)	tale	تله
trampa (f)	dām	دام
caer en el cepo	dar tale oftādan	در تله افتادن
poner un cepo	tale gozāštan	تله گذاشتن

cazador (m) furtivo	šekārči-ye qeyr-e qānuni	شکارچی غیر قانونی
caza (f) menor	šekār	شکار
perro (m) de caza	sag-e šekāri	سگ شکاری
safari (m)	safar-e ekтešāfi āfriqā	سفر اکتشافی آفریقا
animal (m) disecado	heyvān-e model	حیوان مدل

pescador (m)	māhigir	ماهیگیر
pesca (f)	māhigiri	ماهیگیری
pescar (vi)	māhi gereftan	ماهی گرفتن

caña (f) de pescar	čub māhi gir-i	چوب ماهی گیری
sedal (m)	nax-e māhigiri	نخ ماهیگیری
anzuelo (m)	qollāb	قلاب

| flotador (m) | šenāvar | شناور |
| cebo (m) | to'me | طعمه |

| lanzar el anzuelo | qollāb andāxtan | قلاب انداختن |
| picar (vt) | gāz gereftan | گاز گرفتن |

| pesca (f) (lo pescado) | seyd | صید |
| agujero (m) en el hielo | surāx dar yax | سوراخ در یخ |

red (f)	tur	تور
barca (f)	qāyeq	قایق
pescar con la red	bā tur-e māhi gereftan	با تورماهی گرفتن
tirar la red	tur andāxtan	تور انداختن

| sacar la red | tur rā birun āvardan | تور را بیرون آوردن |
| caer en la red | be tur oftādan | به تور افتادن |

ballenero (m) (persona)	seyād-e nahang	صیاد نهنگ
ballenero (m) (barco)	kešti-ye seyd-e nahang	کشتی صید نهنگ
arpón (m)	neyze	نیزه

159. Los juegos. El billar

billar (m)	bilyārd	بیلیارد
sala (f) de billar	otāq-e bilyārd	اتاق بیلیارد
bola (f) de billar	tup	توپ
entronerar la bola	tup vāred-e pākat kardan	توپ وارد پاکت کردن
taco (m)	čub-e bilyārd	چوب بیلیارد
tronera (f)	pākat	پاکت

160. Los juegos. Las cartas

carta (f)	varaq	ورق
cartas (f pl)	varaq	ورق
baraja (f)	daste-ye varaq	دستهٔ ورق
triunfo (m)	xāl-e hokm	خال حکم
cuadrados (m pl)	xešt	خشت
picas (f pl)	peyk	پیک
corazones (m pl)	del	دل
tréboles (m pl)	xāj	خاج
as (m)	tak xāl	تک خال
rey (m)	šāh	شاه
dama (f)	bi bi	بی بی
sota (f)	sarbāz	سرباز
dar, distribuir (repartidor)	varaq dādan	ورق دادن
barajar (vt) (mezclar las cartas)	bar zadan	بر زدن
jugada (f) (turno)	harekat	حرکت
punto (m)	xāl	خال
fullero (m)	moteqalleb	متقلب

161. El casino. La ruleta

casino (m)	kāzino	کازینو
ruleta (f)	rolet	رولت
puesta (f)	šart bandi	شرط بندی
apostar (vt)	šart bandi kardan	شرط بندی کردن
rojo (m)	sorx	سرخ
negro (m)	siyāh	سیاه
apostar al rojo	ru-ye sorx-e šart-bandi kardan	روی سرخ شرط بندی کردن
apostar al negro	ru-ye siyāh-e šart-bandi kardan	روی سیاه شرط بندی کردن
crupier (m, f)	mas'ul-e bāzi	مسئول بازی
girar la ruleta	gardāndan-e čarx	گرداندن چرخ
reglas (f pl) de juego	qavā'ede bāzi	قواعد بازی

ficha (f)	žeton	ژتون
ganar (vi, vt)	piruz šodan	پیروز شدن
ganancia (f)	bord	برد

perder (vi)	bāxtan	باختن
pérdida (f)	bāxt	باخت

jugador (m)	bāzikon	بازیکن
black jack (m)	balak jak	بلک جک
juego (m) de dados	tās bāzi	تاس بازی
dados (m pl)	tās	تاس
tragaperras (f)	māšin asal-at	ماشین اسلات

162. El descanso. Los juegos. Miscelánea

pasear (vi)	gardeš kardan	گردش کردن
paseo (m) (caminata)	gardeš	گردش
paseo (m) (en coche)	siyāhat	سیاحت
aventura (f)	mājarā	ماجرا
picnic (m)	pik nik	پیک نیک

juego (m)	bāzi	بازی
jugador (m)	bāzikon	بازیکن
partido (m)	dor-e bazi	دور بازی

coleccionista (m)	kolleksiyoner	کلکسیونر
coleccionar (vt)	jam'-e āvari kardan	جمع آوری کردن
colección (f)	koleksiyon	کلکسیون

crucigrama (m)	kalamāt-e moteqāte'	کلمات متقاطع
hipódromo (m)	meydān-e asb-e davāni	میدان اسب دوانی
discoteca (f)	disko	دیسکو

sauna (f)	sonā	سونا
lotería (f)	baxt-e āzmāyi	بخت آزمایی

marcha (f)	rāh peymāyi	راه پیمایی
campo (m)	ordugāh	اردوگاه
campista (m)	kamp nešin	کمپ نشین
tienda (f) de campaña	čādor	چادر
brújula (f)	qotb namā	قطب نما

ver (la televisión)	tamāšā kardan	تماشا کردن
telespectador (m)	tamāšāči	تماشاچی
programa (m) de televisión	barnāme-ye televiziyoni	برنامه تلویزیونی

163. La fotografía

cámara (f) fotográfica	durbin-e akkāsi	دوربین عکاسی
fotografía (f) (una foto)	aks	عکس
fotógrafo (m)	akkās	عکاس
estudio (m) fotográfico	ātolye-ye akkāsi	آتلیۀ عکاسی

álbum (m) de fotos	ālbom-e aks	آلبوم عکس
objetivo (m)	lenz-e durbin	لنز دوربین
teleobjetivo (m)	lenz-e tale-ye foto	لنز تله فوتو
filtro (m)	filter	فیلتر
lente (m)	lenz	لنز
óptica (f)	optik	اپتیک
diafragma (m)	diyāfrāgm	دیافراگم
tiempo (m) de exposición	sor'at-e bāz šodan-e lenz	سرعت بازشدن لنز
visor (m)	namā yāb	نما یاب
cámara (f) digital	durbin-e dijitāl	دوربین دیجیتال
trípode (m)	se pāye	سه پایه
flash (m)	feleš	فلش
fotografiar (vt)	akkāsi kardan	عکاسی کردن
hacer fotos	aks gereftan	عکس گرفتن
fotografiarse (vr)	aks gereftan	عکس گرفتن
foco (m)	noqte-ye kānuni	نقطه کانونی
enfocar (vt)	motemarkez kardan	متمرکز کردن
nítido (adj)	vāzeh	واضح
nitidez (f)	vozuh	وضوح
contraste (m)	konterāst	کنتراست
de alto contraste (adj)	konterāst	کنتراست
foto (f)	aks	عکس
negativo (m)	film-e negātiv	فیلم نگاتیو
película (f) fotográfica	film	فیلم
fotograma (m)	čārcub	چارچوب
imprimir (vt)	čāp kardan	چاپ کردن

164. La playa. La natación

playa (f)	pelāž	پلاژ
arena (f)	šen	شن
desierto (playa ~a)	xāli	خالی
bronceado (m)	hammām-e āftāb	حمام آفتاب
broncearse (vr)	hammām-e āftāb gereftan	حمام آفتاب گرفتن
bronceado (adj)	boronze	برنزه
protector (m) solar	kerem-e zedd-e āftāb	کرم ضد آفتاب
bikini (m)	māyo-ye do tekke	مایوی دو تکه
traje (m) de baño	māyo	مایو
bañador (m)	māyo	مایو
piscina (f)	estaxr	استخر
nadar (vi)	šenā kardan	شنا کردن
ducha (f)	duš	دوش
cambiarse (vr)	lebās avaz kardan	لباس عوض کردن
toalla (f)	howle	حوله
barca (f)	qāyeq	قایق

lancha (f) motora	qāyeq-e motori	قایق موتوری
esquís (m pl) acuáticos	eski-ye ruy-ye āb	اسکی روی آب
bicicleta (f) acuática	qāyeq-e pedāli	قایق پدالی
surf (m)	mowj savāri	موج سواری
surfista (m)	mowj savār	موج سوار

equipo (m) de buceo	eskowba	اسکوبا
aletas (f pl)	bālehā-ye qavvāsi	باله های غواصی
máscara (f) de buceo	māsk	ماسک
buceador (m)	qavvās	غواص
bucear (vi)	širje raftan	شیرجه رفتن
bajo el agua (adv)	zir-e ābi	زیر آبی

sombrilla (f)	čatr	چتر
tumbona (f)	sandali-ye rāhati	صندلی راحتی
gafas (f pl) de sol	eynak āftābi	عینک آفتابی
colchoneta (f) inflable	tošak-e ābi	تشک آبی

jugar (divertirse)	bāzi kardan	بازی کردن
bañarse (vr)	ābtani kardan	آبتنی کردن

pelota (f) de playa	tup	توپ
inflar (vt)	bād kardan	باد کردن
inflable (colchoneta ~)	bādi	بادی

ola (f)	mowj	موج
boya (f)	šenāvar	شناور
ahogarse (vr)	qarq šodan	غرق شدن

salvar (vt)	najāt dādan	نجات دادن
chaleco (m) salvavidas	jeliqe-ye nejāt	جلیقۀ نجات
observar (vt)	mošāhede kardan	مشاهده کردن
socorrista (m)	nejāt-e dahande	نجات دهنده

EL EQUIPO TÉCNICO. EL TRANSPORTE

El equipo técnico

165. El computador

ordenador (m)	kāmpiyuter	کامپیوتر
ordenador (m) portátil	lap tāp	لپ تاپ
encender (vt)	rowšan kardan	روشن کردن
apagar (vt)	xāmuš kardan	خاموش کردن
teclado (m)	sahfe kelid	صفحه کلید
tecla (f)	kelid	کلید
ratón (m)	māows	ماوس
alfombrilla (f) para ratón	māows pad	ماوس پد
botón (m)	dokme	دکمه
cursor (m)	makān namā	مکان نما
monitor (m)	monitor	مونیتور
pantalla (f)	safhe	صفحه
disco (m) duro	hārd disk	هارد دیسک
volumen (m) de disco duro	hajm-e hard	حجم هارد
memoria (f)	hāfeze	حافظه
memoria (f) operativa	hāfeze-ye ram	حافظه رم
archivo, fichero (m)	parvande	پرونده
carpeta (f)	puše	پوشه
abrir (vt)	bāz kardan	باز کردن
cerrar (vt)	bastan	بستن
guardar (un archivo)	zaxire kardan	ذخیره کردن
borrar (vt)	hazf kardan	حذف کردن
copiar (vt)	kopi kardan	کپی کردن
ordenar (vt) (~ de A a Z, etc.)	tabaqe bandi kardan	طبقه بندی کردن
transferir (vt)	kopi kardan	کپی کردن
programa (m)	barnāme	برنامه
software (m)	narm afzār	نرم افزار
programador (m)	barnāme-ye nevis	برنامه نویس
programar (vt)	barnāme-nevisi kardan	برنامه نویسی کردن
hacker (m)	haker	هکر
contraseña (f)	kalame-ye obur	کلمه عبور
virus (m)	virus	ویروس
detectar (vt)	peydā kardan	پیدا کردن
octeto, byte (m)	bāyt	بایت

megaocteto (m)	megābāyt	مگابایت
datos (m pl)	dāde-hā	داده ها
base (f) de datos	pāygāh dāde-hā	پایگاه داده ها

cable (m)	kābl	کابل
desconectar (vt)	jodā kardan	جدا کردن
conectar (vt)	vasl kardan	وصل کردن

166. El internet. El correo electrónico

internet (m), red (f)	internet	اینترنت
navegador (m)	morurgar	مرورگر
buscador (m)	motor-e jostoju	موتور جستجو
proveedor (m)	erāe-ye dehande	ارائه دهنده

webmaster (m)	tarrāh-e vebsāyt	طراح وب سایت
sitio (m) web	veb-sāyt	وب سایت
página (f) web	safhe-ye veb	صفحه وب

| dirección (f) | nešāni | نشانی |
| libro (m) de direcciones | daftarče-ye nešāni | دفترچه نشانی |

buzón (m)	sanduq-e post	صندوق پست
correo (m)	post	پست
lleno (adj)	por	پر

mensaje (m)	payām	پیام
correo (m) entrante	payāmhā-ye vorudi	پیامهای ورودی
correo (m) saliente	payāmhā-ye xoruji	پیامهای خروجی

expedidor (m)	ferestande	فرستنده
enviar (vt)	ferestādan	فرستادن
envío (m)	ersāl	ارسال

| destinatario (m) | girande | گیرنده |
| recibir (vt) | gereftan | گرفتن |

| correspondencia (f) | mokātebe | مکاتبه |
| escribirse con … | mokātebe kardan | مکاتبه کردن |

archivo, fichero (m)	parvande	پرونده
descargar (vt)	dānlod kardan	دانلود کردن
crear (vt)	ijād kardan	ایجاد کردن
borrar (vt)	hazf kardan	حذف کردن
borrado (adj)	hazf šode	حذف شده

conexión (f) (ADSL, etc.)	ertebāt	ارتباط
velocidad (f)	sor'at	سرعت
módem (m)	modem	مودم
acceso (m)	dastyābi	دستیابی
puerto (m)	dargāh	درگاه

| conexión (f) (establecer la ~) | ertebāt | ارتباط |
| conectarse a … | vasl šodan | وصل شدن |

| seleccionar (vt) | entexāb kardan | انتخاب کردن |
| buscar (vt) | jostoju kardan | جستجو کردن |

167. La electricidad

electricidad (f)	barq	برق
eléctrico (adj)	barqi	برقی
central (f) eléctrica	nirugāh	نیروگاه
energía (f)	enerži	انرژی
energía (f) eléctrica	niru-ye barq	نیروی برق

bombilla (f)	lāmp	لامپ
linterna (f)	čerāq-e dasti	چراغ دستی
farola (f)	čerāq-e barq	چراغ برق

luz (f)	nur	نور
encender (vt)	rowšan kardan	روشن کردن
apagar (vt)	xāmuš kardan	خاموش کردن
apagar la luz	čerāq rā xāmuš kardan	چراغ را خاموش کردن

quemarse (vr)	suxtan	سوختن
circuito (m) corto	ettesāli	اتصالی
ruptura (f)	sim qat' šode	سیم قطع شده
contacto (m)	tamās	تماس

interruptor (m)	kelid	کلید
enchufe (m)	periz	پریز
clavija (f)	došāxe	دوشاخه
alargador (m)	sim-e sayār	سیم سیار

fusible (m)	fiyuz	فیوز
cable, hilo (m)	sim	سیم
instalación (f) eléctrica	sim keši	سیم کشی

amperio (m)	āmper	آمپر
amperaje (m)	šeddat-e jaryān	شدت جریان
voltio (m)	volt	ولت
voltaje (m)	voltāž	ولتاژ

| aparato (m) eléctrico | vasile-ye barqi | وسیله برقی |
| indicador (m) | šāxes | شاخص |

electricista (m)	barq-e kār	برق کار
soldar (vt)	lahim kardan	لحیم کردن
soldador (m)	hoviye	هویه
corriente (f)	jaryān-e barq	جریان برق

168. Las herramientas

instrumento (m)	abzār	ابزار
instrumentos (m pl)	abzār	ابزار
maquinaria (f)	tajhizāt	تجهیزات

martillo (m)	čakoš	چکش
destornillador (m)	pič gušti	پیچ گوشتی
hacha (f)	tabar	تبر
sierra (f)	arre	اره
serrar (vt)	arre kardan	اره کردن
cepillo (m)	rande	رنده
cepillar (vt)	rande kardan	رنده کردن
soldador (m)	hoviye	هویه
soldar (vt)	lahim kardan	لحیم کردن
lima (f)	sowhān	سوهان
tenazas (f pl)	gāzanbor	گازانبر
alicates (m pl)	anbordast	انبردست
escoplo (m)	eskene	اسکنه
broca (f)	sar-matte	سرمته
taladro (m)	matte barqi	مته برقی
taladrar (vi, vt)	surāx kardan	سوراخ کردن
cuchillo (m)	kārd	کارد
navaja (f)	čāqu-ye jibi	چاقوی جیبی
filo (m)	tiqe	تیغه
agudo (adj)	tiz	تیز
embotado (adj)	konad	کند
embotarse (vr)	konad šodan	کند شدن
afilar (vt)	tiz kardan	تیز کردن
perno (m)	pič	پیچ
tuerca (f)	mohre	مهره
filete (m)	šiyār	شیار
tornillo (m)	pič	پیچ
clavo (m)	mix	میخ
cabeza (f) del clavo	sar-e mix	سر میخ
regla (f)	xat keš	خط کش
cinta (f) métrica	metr	متر
nivel (m) de burbuja	tarāz	تراز
lupa (f)	zarre bin	ذره بین
aparato (m) de medida	abzār-e andāzegir-i	ابزاراندازه گیری
medir (vt)	andāze gereftan	اندازه گرفتن
escala (f) (~ métrica)	safhe-ye modarraj	صفحهٔ مدرج
lectura (f)	dastgāh-e xaneš	دستگاه خوانش
compresor (m)	komperesor	کمپرسور
microscopio (m)	mikroskop	میکروسکوپ
bomba (f) (~ de agua)	pomp	پمپ
robot (m)	robāt	روبات
láser (m)	leyzer	لیزر
llave (f) de tuerca	āčār	آچار
cinta (f) adhesiva	navār-e časb	نوار چسب

cola (f), pegamento (m)	časb	چسب
papel (m) de lija	kāqaz-e sonbāde	کاغذ سنباده
resorte (m)	fanar	فنر
imán (m)	āhan-e robā	آهن ربا
guantes (m pl)	dastkeš	دستکش
cuerda (f)	tanāb	طناب
cordón (m)	band	بند
hilo (m) (~ eléctrico)	sim	سیم
cable (m)	kābl	کابل
almádana (f)	potk	پتک
barra (f)	deylam	دیلم
escalera (f) portátil	nardebān	نردبان
escalera (f) de tijera	nardebān-e sabok	نردبان سبک
atornillar (vt)	pič kardan	پیچ کردن
destornillar (vt)	bāz kardan	باز کردن
apretar (vt)	fešordan	فشردن
pegar (vt)	časbāndan	چسباندن
cortar (vt)	boridan	بریدن
fallo (m)	xarābi	خرابی
reparación (f)	ta'mir	تعمیر
reparar (vt)	ta'mir kardan	تعمیر کردن
regular, ajustar (vt)	tanzim kardan	تنظیم کردن
verificar (vt)	barresi kardan	بررسی کردن
control (m)	barresi	بررسی
lectura (f) (~ del contador)	dastgāh-e xaneš	دستگاه خوانش
fiable (máquina)	motmaen	مطمئن
complicado (adj)	pičide	پیچیده
oxidarse (vr)	zang zadan	زنگ زدن
oxidado (adj)	zang zade	زنگ زده
óxido (m)	zang	زنگ

El transporte

avión (m)	havāpeymā	هواپیما
billete (m) de avión	belit-e havāpeymā	بلیط هواپیما
compañía (f) aérea	šerkat-e havāpeymāyi	شرکت هواپیمایی
aeropuerto (m)	forudgāh	فرودگاه
supersónico (adj)	māvarā sowt	ماوراء صوت
comandante (m)	kāpitān	کاپیتان
tripulación (f)	xadame	خدمه
piloto (m)	xalabān	خلبان
azafata (f)	mehmāndār-e havāpeymā	مهماندار هواپیما
navegador (m)	nāvbar	ناویر
alas (f pl)	bāl-hā	بال ها
cola (f)	dam	دم
cabina (f)	kābin	کابین
motor (m)	motor	موتور
tren (m) de aterrizaje	šāssi	شاسی
turbina (f)	turbin	توربین
hélice (f)	parvāne	پروانه
caja (f) negra	ja'be-ye siyāh	جعبه سیاه
timón (m)	farmān	فرمان
combustible (m)	suxt	سوخت
instructivo (m) de seguridad	dasturol'amal	دستورالعمل
respirador (m) de oxígeno	māsk-e oksižen	ماسک اکسیژن
uniforme (m)	oniform	اونیفورم
chaleco (m) salvavidas	jeliqe-ye nejāt	جلیقة نجات
paracaídas (m)	čatr-e nejāt	چترنجات
despegue (m)	parvāz	پرواز
despegar (vi)	parvāz kardan	پرواز کردن
pista (f) de despegue	bānd-e forudgāh	باند فرودگاه
visibilidad (f)	meydān did	میدان دید
vuelo (m)	parvāz	پرواز
altura (f)	ertefā'	ارتفاع
pozo (m) de aire	čāle-ye havāyi	چاله هوایی
asiento (m)	jā	جا
auriculares (m pl)	guši	گوشی
mesita (f) plegable	sini-ye tāšow	سینی تاشو
ventana (f)	panjere	پنجره
pasillo (m)	rāhrow	راهرو

170. El tren

tren (m)	qatār	قطار
tren (m) de cercanías	qatār-e barqi	قطار برقی
tren (m) rápido	qatār-e sari'osseyr	قطارسریع السیر
locomotora (f) diésel	lokomotiv-e dizel	لوکوموتیو دیزل
tren (m) de vapor	lokomotiv-e boxar	لوکوموتیو بخار
coche (m)	vāgon	واگن
coche (m) restaurante	vāgon-e resturān	واگن رستوران
rieles (m pl)	reyl-hā	ریل ها
ferrocarril (m)	rāh āhan	راه آهن
traviesa (f)	reyl-e band	ریل بند
plataforma (f)	sakku-ye rāh-āhan	سکوی راه آهن
vía (f)	masir	مسیر
semáforo (m)	nešanar	نشانبر
estación (f)	istgāh	ایستگاه
maquinista (m)	rānande	راننده
maletero (m)	bārbar	باربر
mozo (m) del vagón	rāhnamā-ye qatār	راهنمای قطار
pasajero (m)	mosāfer	مسافر
revisor (m)	kontorol či	کنترل چی
corredor (m)	rāhrow	راهرو
freno (m) de urgencia	tormoz-e ezterāri	ترمز اضطراری
compartimiento (m)	kupe	کوپه
litera (f)	taxt-e kupe	تخت کوپه
litera (f) de arriba	taxt-e bālā	تخت بالا
litera (f) de abajo	taxt-e pāyin	تخت پایین
ropa (f) de cama	raxt-e xāb	رخت خواب
billete (m)	belit	بلیط
horario (m)	barnāme	برنامه
pantalla (f) de información	barnāme-ye zamāni	برنامه زمانی
partir (vi)	tark kardan	ترک کردن
partida (f) (del tren)	harekat	حرکت
llegar (tren)	residan	رسیدن
llegada (f)	vorud	ورود
llegar en tren	bā qatār āmadan	با قطار آمدن
tomar el tren	savār-e qatār šodan	سوار قطار شدن
bajar del tren	az qatār piyāde šodan	از قطار پیاده شدن
descarrilamiento (m)	sānehe	سانحه
descarrilarse (vr)	az xat xārej šodan	از خط خارج شدن
tren (m) de vapor	lokomotiv-e boxar	لوکوموتیو بخار
fogonero (m)	ātaškār	آتشکار
hogar (m)	ātašdān	آتشدان
carbón (m)	zoqāl sang	زغال سنگ

151

171. El barco

barco, buque (m)	kešti	کشتی
navío (m)	kešti	کشتی
buque (m) de vapor	kešti-ye boxāri	کشتی بخاری
motonave (f)	qāyeq-e rudxāne	قایق رودخانه
trasatlántico (m)	kešti-ye tafrihi	کشتی تفریحی
crucero (m)	razm nāv	رزم ناو
yate (m)	qāyeq-e tafrihi	قایق تفریحی
remolcador (m)	yadak keš	یدک کش
barcaza (f)	kešti-ye bārkeše yadaki	کشتی بارکش یدکی
ferry (m)	kešti-ye farābar	کشتی فرابر
velero (m)	kešti-ye bādbāni	کشتی بادبانی
bergantín (m)	košti dozdān daryā-yi	کشتی دزدان دریایی
rompehielos (m)	kešti-ye yaxšekan	کشتی یخ شکن
submarino (m)	zirdaryāyi	زیردریایی
bote (m) de remo	qāyeq	قایق
bote (m)	qāyeq-e tafrihi	قایق تفریحی
bote (m) salvavidas	qāyeq-e nejāt	قایق نجات
lancha (f) motora	qāyeq-e motori	قایق موتوری
capitán (m)	kāpitān	کاپیتان
marinero (m)	malavān	ملوان
marino (m)	malavān	ملوان
tripulación (f)	xadame	خدمه
contramaestre (m)	sar malavān	سر ملوان
grumete (m)	šāgerd-e malavān	شاگرد ملوان
cocinero (m) de abordo	āšpaz-e kešti	آشپز کشتی
médico (m) del buque	pezešk-e kešti	پزشک کشتی
cubierta (f)	arše-ye kešti	عرشهٔ کشتی
mástil (m)	dakal	دکل
vela (f)	bādbān	بادبان
bodega (f)	anbār	انبار
proa (f)	sine-ye kešti	سینه کشتی
popa (f)	aqab kešti	عقب کشتی
remo (m)	pāru	پارو
hélice (f)	parvāne	پروانه
camarote (m)	otāq-e kešti	اتاق کشتی
sala (f) de oficiales	otāq-e afsarān	اتاق افسران
sala (f) de máquinas	motor xāne	موتور خانه
puente (m) de mando	pol-e farmāndehi	پل فرماندهی
sala (f) de radio	kābin-e bism	کابین بی سیم
onda (f)	mowj	موج
cuaderno (m) de bitácora	roxdād nāme	رخداد نامه
anteojo (m)	teleskop	تلسکوپ
campana (f)	nāqus	ناقوس

bandera (f)	parčam	پرچم
cabo (m) (maroma)	tanāb	طناب
nudo (m)	gereh	گره

| pasamano (m) | narde | نرده |
| pasarela (f) | pol | پل |

ancla (f)	langar	لنگر
levar ancla	langar kešidan	لنگر کشیدن
echar ancla	langar andāxtan	لنگر انداختن
cadena (f) del ancla	zanjir-e langar	زنجیر لنگر

puerto (m)	bandar	بندر
embarcadero (m)	eskele	اسکله
amarrar (vt)	pahlu gereftan	پهلو گرفتن
desamarrar (vt)	tark kardan	ترک کردن

viaje (m)	mosāferat	مسافرت
crucero (m) (viaje)	safar-e daryāyi	سفر دریایی
derrota (f) (rumbo)	masir	مسیر
itinerario (m)	masir	مسیر

canal (m) navegable	kešti-ye ru	کشتی رو
bajío (m)	mahall-e kam omq	محل کم عمق
encallar (vi)	be gel nešastan	به گل نشستن

tempestad (f)	tufān	طوفان
señal (f)	alāmat	علامت
hundirse (vr)	qarq šodan	غرق شدن
¡Hombre al agua!	kas-i dar hāl-e qarq šodan-ast!	کسی در حال غرق شدن است!

| SOS | sos | SOS |
| aro (m) salvavidas | kamarband-e nejāt | کمربند نجات |

172. El aeropuerto

aeropuerto (m)	forudgāh	فرودگاه
avión (m)	havāpeymā	هواپیما
compañía (f) aérea	šerkat-e havāpeymāyi	شرکت هواپیمایی
controlador (m) aéreo	ma'mur-e kontorol-e terāfik-e havāyi	مأمور کنترل ترافیک هوایی

despegue (m)	azimat	عزیمت
llegada (f)	vorud	ورود
llegar (en avión)	residan	رسیدن

| hora (f) de salida | zamān-e parvāz | زمان پرواز |
| hora (f) de llegada | zamān-e vorud | زمان ورود |

| retrasarse (vr) | ta'xir kardan | تأخیر کردن |
| retraso (m) de vuelo | ta'xir-e parvāz | تأخیر پرواز |

| pantalla (f) de información | tāblo-ye ettelā'āt | تابلوی اطلاعات |
| información (f) | ettelā'āt | اطلاعات |

| anunciar (vt) | e'lām kardan | اعلام کردن |
| vuelo (m) | parvāz | پرواز |

| aduana (f) | gomrok | گمرک |
| aduanero (m) | ma'mur-e gomrok | مأمور گمرک |

declaración (f) de aduana	ežhār-nāme	اظهارنامه
rellenar (vt)	por kardan	پر کردن
rellenar la declaración	ezhār-nāme rā por kardan	اظهارنامه را پر کردن
control (m) de pasaportes	kontorol-e gozarnāme	کنترل گذرنامه

equipaje (m)	bār	بار
equipaje (m) de mano	bār-e dasti	بار دستی
carrito (m) de equipaje	čarx-e hamle bar	چرخ حمل بار

aterrizaje (m)	forud	فرود
pista (f) de aterrizaje	bānd-e forudgāh	باند فرودگاه
aterrizar (vi)	nešastan	نشستن
escaleras (f pl) (de avión)	pellekān	پلکان

facturación (f) (check-in)	ček in	چک این
mostrador (m) de facturación	bāje-ye kontorol	باجه کنترل
hacer el check-in	čekin kardan	چکاین کردن
tarjeta (f) de embarque	kārt-e parvāz	کارت پرواز
puerta (f) de embarque	gi-yat xoruj	گیت خروج

tránsito (m)	terānzit	ترانزیت
esperar (aguardar)	montazer budan	منتظر بودن
zona (f) de preembarque	tālār-e entezār	تالار انتظار
despedir (vt)	badraqe kardan	بدرقه کردن
despedirse (vr)	xodāhāfezi kardan	خداحافظی کردن

173. La bicicleta. La motocicleta

bicicleta (f)	dočarxe	دوچرخه
scooter (m)	eskuter	اسکوتر
motocicleta (f)	motorsiklet	موتورسیکلت

ir en bicicleta	bā dočarxe raftan	با دوچرخه رفتن
manillar (m)	farmān-e dočarxe	فرمان دوچرخه
pedal (m)	pedāl	پدال
frenos (m pl)	tormoz	ترمز
sillín (m)	zin	زین

| bomba (f) | pomp | پمپ |
| portaequipajes (m) | tarakband | ترکبند |

| faro (m) | čerāq-e jelo | چراغ جلو |
| casco (m) | kolāh-e imeni | کلاه ایمنی |

rueda (f)	čarx	چرخ
guardabarros (m)	golgir	گلگیر
llanta (f)	towqe	طوقه
rayo (m)	parre	پره

Los coches

174. El coche

coche (m)	otomobil	اتومبيل
coche (m) deportivo	otomobil-e varzeši	اتومبيل ورزشى
limusina (f)	limozin	ليموزين
todoterreno (m)	jip	جيپ
cabriolé (m)	kābriyole	كابريوليه
microbús (m)	mini bus	مينى بوس
ambulancia (f)	āmbolāns	آمبولانس
quitanieves (m)	māšin-e barfrub	ماشين برف روب
camión (m)	kāmiyon	كاميون
camión (m) cisterna	tānker	تانكر
camioneta (f)	kāmiyon	كاميون
cabeza (f) tractora	tereyler	تريلر
remolque (m)	yadak	يدك
confortable (adj)	rāhat	راحت
de ocasión (adj)	dast-e dovvom	دست دوم

175. El coche. El taller

capó (m)	kāput	كاپوت
guardabarros (m)	golgir	گلگير
techo (m)	saqf	سقف
parabrisas (m)	šiše-ye jelo	شيشه جلو
espejo (m) retrovisor	āyene-ye did-e aqab	آينه ديد عقب
limpiador (m)	pak konande	پاك كننده
limpiaparabrisas (m)	barf pāk kon	برف پاك كن
ventana (f) lateral	šiše-ye baqal	شيشهٔ بغل
elevalunas (m)	šiše bālābar	شيشه بالابر
antena (f)	ānten	آنتن
techo (m) solar	sanrof	سانروف
parachoques (m)	separ	سپر
maletero (m)	sanduq-e aqab	صندوق عقب
baca (f) (portaequipajes)	bārband	باربند
puerta (f)	darb	درب
tirador (m) de puerta	dastgire-ye dar	دستگيرهٔ در
cerradura (f)	qofl	قفل
matrícula (f)	pelāk	پلاك
silenciador (m)	xafe kon	خفه كن

tanque (m) de gasolina	bāk-e benzin	باک بنزین
tubo (m) de escape	lule-ye egzoz	لولهٔ اگزوز
acelerador (m)	gāz	گاز
pedal (m)	pedāl	پدال
pedal (m) de acelerador	pedāl-e gāz	پدال گاز
freno (m)	tormoz	ترمز
pedal (m) de freno	pedāl-e tormoz	پدال ترمز
frenar (vi)	tormoz kardan	ترمز کردن
freno (m) de mano	tormoz-e dasti	ترمز دستی
embrague (m)	kelāč	کلاچ
pedal (m) de embrague	pedāl-e kelāč	پدال کلاچ
disco (m) de embrague	disk-e kelāč	دیسک کلاچ
amortiguador (m)	komak-e fanar	کمک فنر
rueda (f)	čarx	چرخ
rueda (f) de repuesto	zāpās	زاپاس
tapacubo (m)	qālpāq	قالپاق
ruedas (f pl) motrices	čarxhā-ye moharrek	چرخ های محرک
de tracción delantera	mehvarhā-ye jelo	محورهای جلو
de tracción trasera	mehvarhā-ye aqab	محورهای عقب
de tracción integral	tamām-e čarx	تمام چرخ
caja (f) de cambios	ja'be-ye dande	جعبهٔ دنده
automático (adj)	otumātik	اتوماتیک
mecánico (adj)	mekāniki	مکانیکی
palanca (f) de cambios	ahrom-e ja'be dande	اهرم جعبه دنده
faro (m) delantero	čerāq-e jelo	چراغ جلو
faros (m pl)	čerāq-hā	چراغ ها
luz (f) de cruce	nur-e pāin	نور پائین
luz (f) de carretera	nur-e bālā	نور بالا
luz (f) de freno	čerāq-e tormoz	چراغ ترمز
luz (f) de posición	čerāqhā-ye pārk	چراغ های پارک
luces (f pl) de emergencia	čerāqha-ye xatar	چراغ های خطر
luces (f pl) antiniebla	čerāqhā-ye meh-e šekan	چراغ های مه شکن
intermitente (m)	čerāq-e rāhnamā	چراغ راهنما
luz (f) de marcha atrás	čerāq-e dande-ye aqab	چراغ دنده عقب

176. El coche. El compartimiento de pasajeros

habitáculo (m)	dāxel-e xodrow	داخل خودرو
de cuero (adj)	čarmi	چرمی
de felpa (adj)	maxmali	مخملی
tapizado (m)	tuduzi	تودوزی
instrumento (m)	abzār	ابزار
salpicadero (m)	safhe-ye dāšbord	صفحه داشبورد
velocímetro (m)	sor'at sanj	سرعت سنج

aguja (f)	aqrabe	عقربه
cuentakilómetros (m)	kilumetr-e šomār	کیلومتر شمار
indicador (m)	nešāngar	نشانگر
nivel (m)	sath	سطح
testigo (m) (~ luminoso)	lāmp	لامپ

volante (m)	farmān	فرمان
bocina (f)	buq	بوق
botón (m)	dokme	دکمه
interruptor (m)	kelid	کلید

asiento (m)	sandali	صندلی
respaldo (m)	pošti-ye sandali	پشتی صندلی
reposacabezas (m)	zir-e seri	زیر سری
cinturón (m) de seguridad	kamarband-e imeni	کمربند ایمنی
abrocharse el cinturón	kamarband rā bastan	کمربند را بستن
reglaje (m)	tanzim	تنظیم

| bolsa (f) de aire (airbag) | kise-ye havā | کیسه هوا |
| climatizador (m) | tahviye-ye matbu' | تهویه مطبوع |

radio (m)	rādiyo	رادیو
reproductor (m) de CD	paxš konande-ye si di	پخش کننده سی دی
encender (vt)	rowšan kardan	روشن کردن
antena (f)	ānten	آنتن
guantera (f)	dāšbord	داشبورد
cenicero (m)	zir-sigāri	زیرسیگاری

177. El coche. El motor

motor (m)	motor	موتور
diésel (adj)	dizel	دیزل
a gasolina (adj)	benzin	بنزین

volumen (m) del motor	hajm-e motor	حجم موتور
potencia (f)	niru	نیرو
caballo (m) de fuerza	asb-e boxār	اسب بخار
pistón (m)	pistun	پیستون
cilindro (m)	silandr	سیلندر
válvula (f)	supāp	سوپاپ

inyector (m)	anžektor	انژکتور
generador (m)	ženerātor	ژنراتور
carburador (m)	kārborātor	کاربراتور
aceite (m) de motor	rowqan-e motor	روغن موتور

radiador (m)	rādiyātor	رادیاتور
liquido (m) refrigerante	māye-'e sard konande	مایع سرد کننده
ventilador (m)	fan-e xonak konande	فن خنک کننده

estárter (m)	estārt	استارت
encendido (m)	ehterāq	احتراق
bujía (f)	šam'-e motor	شمع موتور
fusible (m)	fiyuz	فیوز

batería (f)	bātri-ye māšin	باتری ماشین
terminal (m)	pāyāne	پایانه
terminal (m) positivo	mosbat	مثبت
terminal (m) negativo	manfi	منفی

filtro (m) de aire	filter-e havā	فیلتر هوا
filtro (m) de aceite	filter-e rowqan	فیلتر روغن
filtro (m) de combustible	filter-e suxt	فیلتر سوخت

178. El coche. Accidente de tráfico. La reparación

accidente (m)	tasādof	تصادف
accidente (m) de tráfico	tasādof	تصادف
chocar contra ...	barxord kardan	برخورد کردن
tener un accidente	tasādof kardan	تصادف کردن
daño (m)	āsib	آسیب
intacto (adj)	sālem	سالم

pana (f)	xarābi	خرابی
averiarse (vr)	xarāb šodan	خراب شدن
remolque (m) (cuerda)	sim-e boksel	سیم بکسل

pinchazo (m)	pančar	پنچر
desinflarse (vr)	pančar šodan	پنچر شدن
inflar (vt)	bād kardan	باد کردن
presión (f)	fešār	فشار
verificar (vt)	barresi kardan	بررسی کردن

reparación (f)	ta'mir	تعمیر
taller (m)	ta'mirgāh-e xodro	تعمیرگاه خودرو
parte (f) de repuesto	qet'e-ye yadaki	قطعه یدکی
parte (f)	qet'e	قطعه

perno (m)	pič	پیچ
tornillo (m)	pič	پیچ
tuerca (f)	mohre	مهره
arandela (f)	vāšer	واشر
rodamiento (m)	yātāqān	یاتاقان

tubo (m)	lule	لوله
junta (f)	vāšer	واشر
cable, hilo (m)	sim	سیم

gato (m)	jak	جک
llave (f) de tuerca	āčār	آچار
martillo (m)	čakoš	چکش
bomba (f)	pomp	پمپ
destornillador (m)	pič gušti	پیچ گوشتی

| extintor (m) | kapsul-e ātašnešāni | کپسول آتش نشانی |
| triángulo (m) de avería | alāmat-e ehtiyāt | علامت احتیاط |

| pararse, calarse (vr) | xāmuš šodan | خاموش شدن |
| parada (f) (del motor) | tavaqqof | توقف |

estar averiado	xarāb budan	خراب بودن
recalentarse (vr)	juš āvardan	جوش آوردن
estar atascado	masdud šodan	مسدود شدن
congelarse (vr)	yax bastan	یخ بستن
reventar (vi)	tarakidan	ترکیدن

presión (f)	fešār	فشار
nivel (m)	sath	سطح
flojo (correa ~a)	za'if	ضعیف

abolladura (f)	foruraftegi	فرورفتگی
ruido (m) (en el motor)	sedā	صدا
grieta (f)	tarak	ترک
rozadura (f)	xarāš	خراش

179. El coche. El camino

camino (m)	rāh	راه
autovía (f)	bozorgrāh	بزرگراه
carretera (f)	āzād-e rāh	آزاد راه
dirección (f)	samt	سمت
distancia (f)	masāfat	مسافت

puente (m)	pol	پل
aparcamiento (m)	pārking	پارکینگ
plaza (f)	meydān	میدان
intercambiador (m)	dowr bargardān	دوربرگردان
túnel (m)	tunel	تونل

gasolinera (f)	pomp-e benzin	پمپ بنزین
aparcamiento (m)	pārking	پارکینگ
surtidor (m)	pomp-e benzin	پمپ بنزین
taller (m)	ta'mirgāh-e xodro	تعمیرگاه خودرو
cargar gasolina	benzin zadan	بنزین زدن
combustible (m)	suxt	سوخت
bidón (m) de gasolina	dabbe	دبه

asfalto (m)	āsfālt	آسفالت
señalización (f) vial	alāmat-e gozari	علامت گذاری
bordillo (m)	labe-ye jadval	لبه جدول
barrera (f) de seguridad	narde	نرده
cuneta (f)	juy	جوی
borde (m) de la carretera	kenār rāh	کنار راه
farola (f)	tir-e barq	تیر برق

conducir (vi, vt)	rāndan	راندن
girar (~ a la izquierda)	pičidan	پیچیدن
girar en U	dowr zadan	دور زدن
marcha (f) atrás	dande aqab	دنده عقب

tocar la bocina	buq zadan	بوق زدن
bocinazo (m)	buq	بوق
atascarse (vr)	gir kardan	گیر کردن
patinar (vi)	sor xordan	سر خوردن

parar (el motor)	xãmuš kardan	خاموش کردن
velocidad (f)	sor'at	سرعت
exceder la velocidad	az sor'at-e mojãz gozãštan	ازسرعت مجاز گذشتن
multar (vt)	jarime kardan	جریمه کردن
semáforo (m)	čerãq-e rãhnamã	چراغ راهنما
permiso (m) de conducir	govãhi-nãme-ye rãnandegi	گواهینامۀ رانندگی
paso (m) a nivel	taqãto'	تقاطع
cruce (m)	čahãrrãh	چهارراه
paso (m) de peatones	xatt-e ãber-e piyãde	خط عابرپیاده
zona (f) de peatones	mantaqe-ye ãber-e piyãde	منطقۀ عابر پیاده

180. Las señales de tráfico

reglas (f pl) de tránsito	ãyinnãme-ye rãhnamãyi va rãnandegi	آیین نامۀ راهنمایی ورانندگی
señal (m) de tráfico	alãem-e rãhnamãyi-yo rãnandegi	علائم راهنمایی ورانندگی
adelantamiento (m)	sebqat	سبقت
curva (f)	pič	پیچ
vuelta (f) en U	dowr	دور
rotonda (f)	harekat dar meydãn	حرکت درمیدان
Prohibido el paso	vorud-e mamnu'	ورود ممنوع
Circulación prohibida	obur-e vasãyel-e naqliye mamnu'	عبور وسایل نقلیه ممنوع
Prohibido adelantar	sebqat mamnu'	سبقت ممنوع
Prohibido aparcar	pãrk-e mamnu'	پارک ممنوع
Prohibido parar	tavaqqof mamnu'	توقف ممنوع
curva (f) peligrosa	pič-e xatarnãk	پیچ خطرناک
bajada con fuerte pendiente	sarãšibi-ye tond	سراشیبی تند
sentido (m) único	masir-e yektarafe	مسیر یک طرفه
paso (m) de peatones	xatt-e ãber-e piyãde	خط عابرپیاده
pavimento (m) deslizante	jãdde-ye laqzande	جاده لغزنده
ceda el paso	re'ãyat-e haq-e taqaddom	رعایت حق تقدم

LA GENTE. ACONTECIMIENTOS DE LA VIDA

181. Los días festivos. Los eventos

fiesta (f)	jašn	جشن
fiesta (f) nacional	eyd-e melli	عید ملی
día (m) de fiesta	ruz-e jašn	روز جشن
celebrar (vt)	jašn gereftan	جشن گرفتن
evento (m)	vāqeʻe	واقعه
medida (f)	ruydād	رویداد
banquete (m)	ziyāfat	ضیافت
recepción (f)	ziyāfat	ضیافت
festín (m)	jašn	جشن
aniversario (m)	sālgard	سالگرد
jubileo (m)	sālgard	سالگرد
Año (m) Nuevo	sāl-e now	سال نو
¡Feliz Año Nuevo!	sāl-e now mobārak	سال نو مبارک
Papá Noel (m)	bābā noel	بابا نوئل
Navidad (f)	kerismas	کریسمس
¡Feliz Navidad!	kerismas mobārak!	کریسمس مبارک!
árbol (m) de Navidad	kāj kerismas	کاج کریسمس
fuegos (m pl) artificiales	ātaš-e bāzi	آتش بازی
boda (f)	arusi	عروسی
novio (m)	dāmād	داماد
novia (f)	arus	عروس
invitar (vt)	daʻvat kardan	دعوت کردن
tarjeta (f) de invitación	daʻvatnāme	دعوتنامه
invitado (m)	mehmān	مهمان
visitar (vt) (a los amigos)	be mehmāni raftan	به مهمانی رفتن
recibir a los invitados	az mehmānān esteqbāl kardan	از مهمانان استقبال کردن
regalo (m)	hedye	هدیه
regalar (vt)	hadye dādan	هدیه دادن
recibir regalos	hediye gereftan	هدیه گرفتن
ramo (m) de flores	daste-ye gol	دسته گل
felicitación (f)	tabrik	تبریک
felicitar (vt)	tabrik goftan	تبریک گفتن
tarjeta (f) de felicitación	kārt-e tabrik	کارت تبریک
enviar una tarjeta	kārt-e tabrik ferestādan	کارت تبریک فرستادن
recibir una tarjeta	kārt-e tabrik gereftan	کارت تبریک گرفتن

brindis (m)	be salāmati-ye kas-i nušidan	به سلامتی کسی نوشیدن
ofrecer (~ una copa)	pazirāyi kardan	پذیرایی کردن
champaña (f)	šāmpāyn	شامپاین
divertirse (vr)	šādi kardan	شادی کردن
diversión (f)	šādi	شادی
alegría (f) (emoción)	maserrat	مسرت
baile (m)	raqs	رقص
bailar (vi, vt)	raqsidan	رقصیدن
vals (m)	raqs-e vāls	رقص والس
tango (m)	raqs tāngo	رقص تانگو

182. Los funerales. El entierro

cementerio (m)	qabrestān	قبرستان
tumba (f)	qabr	قبر
cruz (f)	salib	صلیب
lápida (f)	sang-e qabr	سنگ قبر
verja (f)	hesār	حصار
capilla (f)	kelisā-ye kučak	کلیسای کوچک
muerte (f)	marg	مرگ
morir (vi)	mordan	مردن
difunto (m)	marhum	مرحوم
luto (m)	azā	عزا
enterrar (vt)	dafn kardan	دفن کردن
funeraria (f)	xadamat-e kafno dafn	خدمات کفن ودفن
entierro (m)	tašyi-'e jenāze	تشییع جنازه
corona (f) funeraria	tāj-e gol	تاج گل
ataúd (m)	tābut	تابوت
coche (m) fúnebre	na'š keš	نعش کش
mortaja (f)	kafan	کفن
cortejo (m) fúnebre	tašyi-'e jenāze	تشییع جنازه
urna (f) funeraria	zarf-e xākestar-e morde	ظرف خاکستر مرده
crematorio (m)	morde suz xāne	مرده سوز خانه
necrología (f)	āgahi-ye tarhim	آگهی ترحیم
llorar (vi)	gerye kardan	گریه کردن
sollozar (vi)	zār zār gerye kardan	زار زارگریه کردن

183. La guerra. Los soldados

sección (f)	daste	دسته
compañía (f)	goruhān	گروهان
regimiento (m)	hang	هنگ
ejército (m)	arteš	ارتش
división (f)	laškar	لشکر

destacamento (m)	daste	دسته
hueste (f)	laškar	لشکر
soldado (m)	sarbāz	سرباز
oficial (m)	afsar	افسر
soldado (m) raso	sarbāz	سرباز
sargento (m)	goruhbān	گروهبان
teniente (m)	sotvān	ستوان
capitán (m)	kāpitān	کاپیتان
mayor (m)	sargord	سرگرد
coronel (m)	sarhang	سرهنگ
general (m)	ženerāl	ژنرال
marino (m)	malavān	ملوان
capitán (m)	kāpitān	کاپیتان
contramaestre (m)	sar malavān	سر ملوان
artillero (m)	tupči	توپچی
paracaidista (m)	sarbāz-e čatrbāz	سرباز چترباز
piloto (m)	xalabān	خلبان
navegador (m)	nāvbar	ناوبر
mecánico (m)	mekānik	مکانیک
zapador (m)	mohandes estehkāmāt	مهندس استحکامات
paracaidista (m)	čatr bāz	چترباز
explorador (m)	ettelāʿāti	اطلاعاتی
francotirador (m)	tak tir andāz	تک تیر انداز
patrulla (f)	gašt	گشت
patrullar (vi, vt)	gašt zadan	گشت زدن
centinela (m)	negahbān	نگهبان
guerrero (m)	jangju	جنگجو
patriota (m)	mihan parast	میهن پرست
héroe (m)	qahremān	قهرمان
heroína (f)	qahremān-e zan	قهرمان زن
traidor (m)	xāen	خائن
traicionar (vt)	xiyānat kardan	خیانت کردن
desertor (m)	farāri	فراری
desertar (vi)	farāri budan	فراری بودن
mercenario (m)	mozdur	مزدور
recluta (m)	sarbāz-e jadid	سرباز جدید
voluntario (m)	dāvtalab	داوطلب
muerto (m)	morde	مرده
herido (m)	zaxmi	زخمی
prisionero (m)	asir	اسیر

184. La guerra. El ámbito militar. Unidad 1

guerra (f)	jang	جنگ
estar en guerra	jangidan	جنگیدن

guerra (f) civil	jang-e dāxeli	جنگ داخلی
pérfidamente (adv)	xāenāne	خائنانه
declaración (f) de guerra	e'lān-e jang	اعلان جنگ
declarar (~ la guerra)	e'lān kardan	اعلان کردن
agresión (f)	tajāvoz	تجاوز
atacar (~ a un país)	hamle kardan	حمله کردن

invadir (vt)	tajāvoz kardan	تجاوز کردن
invasor (m)	tajāvozgar	تجاوزگر
conquistador (m)	fāteh	فاتح

defensa (f)	defā'	دفاع
defender (vt)	defā' kardan	دفاع کردن
defenderse (vr)	az xod defā' kardan	از خود دفاع کردن

enemigo (m)	došman	دشمن
adversario (m)	moxālef	مخالف
enemigo (adj)	došman	دشمن

estrategia (f)	rāhbord	راهبرد
táctica (f)	tāktik	تاکتیک

orden (f)	farmān	فرمان
comando (m)	dastur	دستور
ordenar (vt)	farmān dādan	فرمان دادن
misión (f)	ma'muriyat	مأموریت
secreto (adj)	mahramāne	محرمانه

batalla (f)	jang	جنگ
combate (m)	nabard	نبرد

ataque (m)	hamle	حمله
asalto (m)	yureš	یورش
tomar por asalto	yureš bordan	یورش بردن
asedio (m), sitio (m)	mohāsere	محاصره

ofensiva (f)	hamle	حمله
tomar la ofensiva	hamle kardan	حمله کردن

retirada (f)	aqab nešini	عقب نشینی
retirarse (vr)	aqab nešini kardan	عقب نشینی کردن

envolvimiento (m)	mohāsere	محاصره
cercar (vt)	mohāsere kardan	محاصره کردن

bombardeo (m)	bombārān-e havāyi	بمباران هوایی
lanzar una bomba	bomb āndaxtan	بمب انداختن
bombear (vt)	bombārān kardan	بمباران کردن
explosión (f)	enfejār	انفجار

tiro (m), disparo (m)	tirandāzi	تیراندازی
disparar (vi)	tirandāzi kardan	تیراندازی کردن
tiro (m) (de artillería)	tirandāzi	تیراندازی

apuntar a ...	nešāne raftan	نشانه رفتن
encarar (apuntar)	šellik kardan	شلیک کردن

alcanzar (el objetivo)	residan	رسیدن
hundir (vt)	qarq šodan	غرق شدن
brecha (f) (~ en el casco)	surāx	سوراخ
hundirse (vr)	qarq šodan	غرق شدن

frente (m)	jebhe	جبهه
evacuación (f)	taxliye	تخلیه
evacuar (vt)	taxliye kardan	تخلیه کردن

trinchera (f)	sangar	سنگر
alambre (m) de púas	sim-e xārdār	سیم خاردار
barrera (f) (~ antitanque)	hesār	حصار
torre (f) de vigilancia	borj	برج

hospital (m)	bimārestān-e nezāmi	بیمارستان نظامی
herir (vt)	majruh kardan	مجروح کردن
herida (f)	zaxm	زخم
herido (m)	zaxmi	زخمی
recibir una herida	zaxmi šodan	زخمی شدن
grave (herida)	zaxm-e saxt	زخم سخت

185. La guerra. El ámbito militar. Unidad 2

cautiverio (m)	esārat	اسارت
capturar (vt)	be esārat gereftan	به اسارت گرفتن
estar en cautiverio	dar esārat budan	در اسارت بودن
caer prisionero	be esārat oftādan	به اسارت افتادن

campo (m) de concentración	ordugāh-e kār-e ejbāri	اردوگاه کار اجباری
prisionero (m)	asir	اسیر
escapar (de cautiverio)	farār kardan	فرار کردن

traicionar (vt)	xiyānat kardan	خیانت کردن
traidor (m)	xāen	خائن
traición (f)	xiyānat	خیانت

| fusilar (vt) | tirbārān kardan | تیرباران کردن |
| fusilamiento (m) | tirbārān | تیرباران |

equipo (m) (uniforme, etc.)	uniform	یونیفرم
hombrera (f)	daraje-ye sarduši	درجه سردوشی
máscara (f) antigás	māsk-e zedd-e gāz	ماسک ضد گاز

radio transmisor (m)	dastgāh-e bisim	دستگاه بی سیم
cifra (f) (código)	ramz	رمز
conspiración (f)	mahramāne budan	محرمانه بودن
contraseña (f)	ramz	رمز

mina (f) terrestre	min	مین
minar (poner minas)	min gozāštan	مین گذاشتن
campo (m) minado	meydān-e min	میدان مین

| alarma (f) aérea | āžir-e havāyi | آژیر هوایی |
| alarma (f) | āžir | آژیر |

señal (f)	alāmat	علامت
cohete (m) de señales	monavvar	منور
estado (m) mayor	setād	ستاد
reconocimiento (m)	šenāsāyi	شناسایی
situación (f)	vaz'iyat	وضعیت
informe (m)	gozāreš	گزارش
emboscada (f)	kamin	کمین
refuerzo (m)	taqviyat	تقویت
blanco (m)	hadaf giri	هدف گیری
terreno (m) de prueba	meydān-e tir	میدان تیر
maniobras (f pl)	mānovr	مانور
pánico (m)	vahšat	وحشت
devastación (f)	xarābi	خرابی
destrucciones (f pl)	xarābi-hā	خرابی ها
destruir (vt)	xarāb kardan	خراب کردن
sobrevivir (vi, vt)	zende māndan	زنده ماندن
desarmar (vt)	xal'-e selāh kardan	خلع سلاح کردن
manejar (un arma)	be kār bordan	به کار بردن
¡Firmes!	xabardār!	خبردار!
¡Descanso!	āzād!	آزاد!
hazaña (f)	delāvari	دلاوری
juramento (m)	sowgand	سوگند
jurar (vt)	sowgand xordan	سوگند خوردن
condecoración (f)	pādāš	پاداش
condecorar (vt)	medāl dādan	مدال دادن
medalla (f)	medāl	مدال
orden (m) (~ de Merito)	nešān	نشان
victoria (f)	piruzi	پیروزی
derrota (f)	šekast	شکست
armisticio (m)	ātaš bas	آتش بس
bandera (f)	parčam	پرچم
gloria (f)	eftexār	افتخار
desfile (m) militar	reže	رژه
marchar (desfilar)	reže raftan	رژه رفتن

186. Las armas

arma (f)	selāh	سلاح
arma (f) de fuego	aslahe-ye garm	اسلحهٔ گرم
arma (f) blanca	aslahe-ye sard	اسلحهٔ سرد
arma (f) química	taslihāt-e šimiyāyi	تسلیحات شیمیایی
nuclear (adj)	haste i	هسته ای
arma (f) nuclear	taslihāt-e hastei	تسلیحات هسته ای
bomba (f)	bomb	بمب

bomba (f) atómica	bomb-e atomi	بمب اتمی
pistola (f)	kolt	کلت
fusil (m)	tofang	تفنگ
metralleta (f)	mosalsal-e xodkār	مسلسل خودکار
ametralladora (f)	mosalsal	مسلسل
boca (f)	sar-e lule-ye tofang	سر لوله تفنگ
cañón (m) (del arma)	lule-ye tofang	لوله تفنگ
calibre (m)	kālibr	کالیبر
gatillo (m)	māše	ماشه
alza (f)	nešāne ravi	نشانه روی
cargador (m)	xešāb	خشاب
culata (f)	qondāq	قنداق
granada (f) de mano	nārenjak	نارنجک
explosivo (m)	mādde-ye monfajere	مادۀ منفجره
bala (f)	golule	گلوله
cartucho (m)	fešang	فشنگ
carga (f)	mohemmāt	مهمات
pertrechos (m pl)	mohemmāt	مهمات
bombardero (m)	bomb-afkan	بمبافکن
avión (m) de caza	jangande	جنگنده
helicóptero (m)	helikopter	هلیکوپتر
antiaéreo (m)	tup-e zedd-e havāyi	توپ ضد هوایی
tanque (m)	tānk	تانک
cañón (m) (de un tanque)	tup	توپ
artillería (f)	tupxāne	توپخانه
cañón (m) (arma)	tofang	تفنگ
dirigir (un misil, etc.)	šhellik kardan	شلیک کردن
mortero (m)	xompāre andāz	خمپاره انداز
bomba (f) de mortero	xompāre	خمپاره
obús (m)	xompāre	خمپاره
trozo (m) de obús	tarkeš	ترکش
submarino (m)	zirdaryāyi	زیردریایی
torpedo (m)	eždar	اژدر
misil (m)	mušak	موشک
cargar (pistola)	por kardan	پر کردن
tirar (vi)	tirandāzi kardan	تیراندازی کردن
apuntar a ...	nešāne raftan	نشانه رفتن
bayoneta (f)	sarneyze	سرنیزه
espada (f) (duelo a ~)	šamšir	شمشیر
sable (m)	šamšir	شمشیر
lanza (f)	neyze	نیزه
arco (m)	kamān	کمان
flecha (f)	tir	تیر
mosquete (m)	tofang fetile-i	تفنگ فتیلهای
ballesta (f)	kamān zanburak-i	کمان زنبورکی

187. Los pueblos antiguos

primitivo (adj)	avvaliye	اولیه
prehistórico (adj)	piš az tārix	پیش از تاریخ
antiguo (adj)	qadimi	قدیمی
Edad (f) de Piedra	asr-e hajar	عصر حجر
Edad (f) de Bronce	asr-e mafraq	عصر مفرغ
Edad (f) de Hielo	dowre-ye yaxbandān	دورۀ یخبندان
tribu (f)	qabile	قبیله
caníbal (m)	ādam xār	آدم خوار
cazador (m)	šekārči	شکارچی
cazar (vi, vt)	šekār kardan	شکار کردن
mamut (m)	māmut	ماموت
caverna (f)	qār	غار
fuego (m)	ātaš	آتش
hoguera (f)	ātaš	آتش
pintura (f) rupestre	qār negāre	غار نگاره
herramienta (f), útil (m)	abzār-e kār	ابزار کار
lanza (f)	neyze	نیزه
hacha (f) de piedra	tabar-e sangi	تبر سنگی
estar en guerra	jangidan	جنگیدن
domesticar (vt)	rām kardan	رام کردن
ídolo (m)	bot	بت
adorar (vt)	parastidan	پرستیدن
superstición (f)	xorāfe	خرافه
rito (m)	marāsem	مراسم
evolución (f)	takāmol	تکامل
desarrollo (m)	pišraft	پیشرفت
desaparición (f)	enqerāz	انقراض
adaptarse (vr)	sāzgār šodan	سازگار شدن
arqueología (f)	bāstān-šenāsi	باستان شناسی
arqueólogo (m)	bāstān-šenās	باستان شناس
arqueológico (adj)	bāstān-šenāsi	باستان شناسی
sitio (m) de excavación	mahall-e haffārihā	محل حفاری ها
excavaciones (f pl)	haffāri-hā	حفاری ها
hallazgo (m)	yāfteh	یافته
fragmento (m)	qet'e	قطعه

188. La Edad Media

pueblo (m)	mellat	ملت
pueblos (m pl)	mellat-hā	ملت ها
tribu (f)	qabile	قبیله
tribus (f pl)	qabāyel	قبایل
bárbaros (m pl)	barbar-hā	بربر ها

galos (m pl)	gul-hā	گول ها
godos (m pl)	gat-hā	گت ها
eslavos (m pl)	eslāv-hā	اسلاو ها
vikingos (m pl)	vāyking-hā	وایکینگ ها

| romanos (m pl) | rumi-hā | رومی ها |
| romano (adj) | rumi | رومی |

bizantinos (m pl)	bizānsi-hā	بیزانسی ها
Bizancio (m)	bizāns	بیزانس
bizantino (adj)	bizānsi	بیزانسی

emperador (m)	emperātur	امپراطور
jefe (m)	rahbar	رهبر
poderoso (adj)	moqtader	مقتدر
rey (m)	šāh	شاه
gobernador (m)	hākem	حاکم

caballero (m)	šovālie	شوالیه
señor (m) feudal	feodāl	فئودال
feudal (adj)	feodāli	فئودالی
vasallo (m)	ra'yat	رعیت

duque (m)	duk	دوک
conde (m)	kont	کنت
barón (m)	bāron	بارون
obispo (m)	osqof	اسقف

armadura (f)	zereh	زره
escudo (m)	separ	سپر
espada (f) (danza de ~s)	šamšir	شمشیر
visera (f)	labe-ye kolāh	لبه کلاه
cota (f) de malla	jowšan	جوشن

| cruzada (f) | jang-e salibi | جنگ صلیبی |
| cruzado (m) | jangju-ye salibi | جنگجوی صلیبی |

territorio (m)	qalamrow	قلمرو
atacar (~ a un país)	hamle kardan	حمله کردن
conquistar (vt)	fath kardan	فتح کردن
ocupar (invadir)	ešqāl kardan	اشغال کردن

asedio (m), sitio (m)	mohāsere	محاصره
sitiado (adj)	mahsur	محصور
asediar, sitiar (vt)	mohāsere kardan	محاصره کردن

inquisición (f)	taftiš-e aqāyed	تفتیش عقاید
inquisidor (m)	mofatteš	مفتش
tortura (f)	šekanje	شکنجه
cruel (adj)	bi rahm	بی رحم
hereje (m)	molhed	ملحد
herejía (f)	ertedād	ارتداد

navegación (f) marítima	daryānavardi	دریانوردی
pirata (m)	dozd-e daryāyi	دزد دریایی
piratería (f)	dozdi-ye daryāyi	دزدی دریایی

abordaje (m)	hamle ruye arše	حمله روی عرشه
botín (m)	qanimat	غنیمت
tesoros (m pl)	ganj	گنج

descubrimiento (m)	kašf	کشف
descubrir (tierras nuevas)	kašf kardan	کشف کردن
expedición (f)	safar	سفر

mosquetero (m)	tofangdār	تفنگدار
cardenal (m)	kārdināl	کاردینال
heráldica (f)	nešān-šenāsi	نشان شناسی
heráldico (adj)	manquš	منقوش

189. El líder. El jefe. Las autoridades

rey (m)	šāh	شاه
reina (f)	maleke	ملکه
real (adj)	šāhi	شاهی
reino (m)	pādšāhi	پادشاهی

| príncipe (m) | šāhzāde | شاهزاده |
| princesa (f) | pranses | پرنسس |

presidente (m)	ra'is jomhur	رئیس جمهور
vicepresidente (m)	mo'āven-e rais-e jomhur	معاون رئیس جمهور
senador (m)	senātor	سناتور

monarca (m)	pādšāh	پادشاه
gobernador (m)	hākem	حاکم
dictador (m)	diktātor	دیکتاتور
tirano (m)	zālem	ظالم
magnate (m)	najib zāde	نجیب زاده

director (m)	modir	مدیر
jefe (m)	ra'is	رئیس
gerente (m)	modir	مدیر
amo (m)	ra'is	رئیس
dueño (m)	sāheb	صاحب

jefe (m), líder (m)	rahbar	رهبر
jefe (m) (~ de delegación)	ra'is	رئیس
autoridades (f pl)	maqāmāt	مقامات
superiores (m pl)	roasā	رؤسا

gobernador (m)	farmāndār	فرماندار
cónsul (m)	konsul	کنسول
diplomático (m)	diplomāt	دیپلمات
alcalde (m)	šahrdār	شهردار
sheriff (m)	kalāntar	کلانتر

emperador (m)	emperātur	امپراطور
zar (m)	tezār	تزار
faraón (m)	fer'own	فرعون
jan (m), kan (m)	xān	خان

190. La calle. El camino. Las direcciones

camino (m)	rāh	راه
vía (f)	rāh	راه
carretera (f)	āzād-e rāh	آزاد راه
autovía (f)	bozorgrāh	بزرگراه
camino (m) nacional	rāh-e beyn-e eyālati	راه بین ایالتی
camino (m) principal	rāh-e asli	راه اصلی
camino (m) de tierra	jādde-ye xāki	جاده خاکی
sendero (m)	gozargāh	گذرگاه
senda (f)	kure-ye rāh	کوره راه
¿Dónde?	kojā?	کجا؟
¿A dónde?	kojā?	کجا؟
¿De dónde?	az kojā?	از کجا؟
dirección (f)	samt	سمت
mostrar (~ el camino)	nešān dādan	نشان دادن
a la izquierda (girar ~)	be čap	به چپ
a la derecha (girar)	be rāst	به راست
todo recto (adv)	mostaqim be jelo	مستقیم به جلو
atrás (adv)	be aqab	به عقب
curva (f)	pič	پیچ
girar (~ a la izquierda)	pičidan	پیچیدن
girar en U	dowr zadan	دور زدن
divisarse (vr)	qābel-e mošāhede budan	قابل مشاهده بودن
aparecer (vi)	padidār šodan	پدیدار شدن
alto (m)	tavaqqof	توقف
descansar (vi)	esterāhat kardan	استراحت کردن
reposo (m)	esterāhat	استراحت
perderse (vr)	gom šodan	گم شدن
llevar a ... (el camino)	be jā-yi bordan	به جایی بردن
llegar a ...	residan be	رسیدن به
tramo (m) (~ del camino)	emtedād	امتداد
asfalto (m)	āsfālt	آسفالت
bordillo (m)	labe-ye jadval	لبه جدول
cuneta (f)	juy	جوی
pozo (m) de alcantarillado	dariče	دریچه
arcén (m)	kenār rāh	کنار راه
bache (m)	gowdāl	گودال
ir (a pie)	raftan	رفتن
adelantar (vt)	sebqat gereftan	سبقت گرفتن
paso (m)	gām	گام
a pie	piyāde	پیاده

bloquear (vt)	masdud kardan	مسدود کردن
barrera (f) (~ automática)	māne'	مانع
callejón (m) sin salida	bon bast	بن بست

191. Violar la ley. Los criminales. Unidad 1

bandido (m)	rāhzan	راهزن
crimen (m)	jenāyat	جنایت
criminal (m)	jenāyatkār	جنایتکار

ladrón (m)	dozd	دزد
robar (vt)	dozdidan	دزدیدن
robo (m) (actividad)	dozdi	دزدی
robo (m) (hurto)	serqat	سرقت

secuestrar (vt)	ādam robudan	آدم ربودن
secuestro (m)	ādam robāyi	آدم ربایی
secuestrador (m)	ādam robā	آدم ربا

| rescate (m) | bāj | باج |
| exigir un rescate | bāj xāstan | باج خواستن |

robar (vt)	serqat kardan	سرقت کردن
robo (m)	serqat	سرقت
atracador (m)	qāratgar	غارتگر

extorsionar (vt)	axxāzi kardan	اخاذی کردن
extorsionista (m)	axxāz	اخاذ
extorsión (f)	axxāzi	اخاذی

matar, asesinar (vt)	koštan	کشتن
asesinato (m)	qatl	قتل
asesino (m)	qātel	قاتل

tiro (m), disparo (m)	tirandāzi	تیراندازی
disparar (vi)	tirandāzi kardan	تیراندازی کردن
matar (a tiros)	bā tir zadan	با تیر زدن
tirar (vi)	tirandāzi kardan	تیراندازی کردن
tiroteo (m)	tirandāzi	تیراندازی

incidente (m)	vāqe'e	واقعه
pelea (f)	zad-o xord	زد و خورد
¡Socorro!	komak!	کمک!
víctima (f)	qorbāni	قربانی

perjudicar (vt)	xesārat resāndan	خسارت رساندن
daño (m)	xesārat	خسارت
cadáver (m)	jasad	جسد
grave (un delito ~)	vaxim	وخیم

atacar (vt)	hamle kardan	حمله کردن
pegar (golpear)	zadan	زدن
apporear (vt)	kotak zadan	کتک زدن
quitar (robar)	bezur gereftan	به زور گرفتن

acuchillar (vt)	čāqu zadan	چاقو زدن
mutilar (vt)	ma'yub kardan	معیوب کردن
herir (vt)	majruh kardan	مجروح کردن

chantaje (m)	šāntāž	شانتاژ
hacer chantaje	axxāzi kardan	اخاذی کردن
chantajista (m)	axxāz	اخاذ

extorsión (f)	axxāzi	اخاذی
extorsionador (m)	axxāz	اخاذ
gángster (m)	gāngester	گانگستر
mafia (f)	māfiyā	مافیا

carterista (m)	jib bor	جیب بر
ladrón (m) de viviendas	sāreq	سارق
contrabandismo (m)	qāčāq	قاچاق
contrabandista (m)	qāčāqči	قاچاقچی

falsificación (f)	qollābi	قلابی
falsificar (vt)	ja'l kardan	جعل کردن
falso (falsificado)	ja'li	جعلی

192. Violar la ley. Los criminales. Unidad 2

violación (f)	tajāvoz be nāmus	تجاوز به ناموس
violar (vt)	tajāvoz kardan	تجاوز کردن
violador (m)	zenā konande	زنا کننده
maniaco (m)	majnun	مجنون

prostituta (f)	fāheše	فاحشه
prostitución (f)	fāhešegi	فاحشگی
chulo (m), proxeneta (m)	jākeš	جاکش

| drogadicto (m) | mo'tād | معتاد |
| narcotraficante (m) | forušande-ye mavādd-e moxadder | فروشندۀ مواد مخدر |

hacer explotar	monfajer kardan	منفجر کردن
explosión (f)	enfejār	انفجار
incendiar (vt)	ātaš zadan	آتش زدن
incendiario (m)	ātaš afruz	آتش افروز

terrorismo (m)	terorism	تروریسم
terrorista (m)	terorist	تروریست
rehén (m)	gerowgān	گروگان

estafar (vt)	farib dādan	فریب دادن
estafa (f)	farib	فریب
estafador (m)	hoqqe bāz	حقه باز

sobornar (vt)	rešve dādan	رشوه دادن
soborno (m) (delito)	rešve	رشوه
soborno (m) (dinero, etc.)	rešve	رشوه
veneno (m)	zahr	زهر

envenenar (vt)	masmum kardan	مسموم کردن
envenenarse (vr)	masmum šodan	مسموم شدن
suicidio (m)	xod-koši	خودکشی
suicida (m, f)	xod-koši konande	خودکشی کننده
amenazar (vt)	tahdid kardan	تهدید کردن
amenaza (f)	tahdid	تهدید
atentar (vi)	su'-e qasd kardan	سوء قصد کردن
atentado (m)	su'-e qasd	سوء قصد
robar (un coche)	robudan	ربودن
secuestrar (un avión)	havāpeymā robāyi	هواپیما ربایی
venganza (f)	enteqām	انتقام
vengar (vt)	enteqām gereftan	انتقام گرفتن
torturar (vt)	šekanje dādan	شکنجه دادن
tortura (f)	šekanje	شکنجه
atormentar (vt)	aziyat kardan	اذیت کردن
pirata (m)	dozd-e daryāyi	دزد دریایی
gamberro (m)	owbāš	اوباش
armado (adj)	mosallah	مسلح
violencia (f)	xošunat	خشونت
ilegal (adj)	qeyr-e qānuni	غیر قانونی
espionaje (m)	jāsusi	جاسوسی
espiar (vi, vt)	jāsusi kardan	جاسوسی کردن

193. La policía. La ley. Unidad 1

justicia (f)	edālat	عدالت
tribunal (m)	dādgāh	دادگاه
juez (m)	qāzi	قاضی
jurados (m pl)	hey'at-e monsefe	هیئت منصفه
tribunal (m) de jurados	hey'at-e monsefe	هیئت منصفه
juzgar (vt)	mohākeme kardan	محاکمه کردن
abogado (m)	vakil	وکیل
acusado (m)	mottaham	متهم
banquillo (m) de los acusados	jāygāh-e mottaham	جایگاه متهم
inculpación (f)	ettehām	اتهام
inculpado (m)	mottaham	متهم
sentencia (f)	hokm	حکم
sentenciar (vt)	mahkum kardan	محکوم کردن
culpable (m)	moqasser	مقصر
castigar (vt)	mojāzāt kardan	مجازات کردن
castigo (m)	mojāzāt	مجازات
multa (f)	jarime	جریمه

cadena (f) perpetua	habs-e abad	حبس ابد
pena (f) de muerte	e'dām	اعدام
silla (f) eléctrica	sandali-ye barqi	صندلی برقی
horca (f)	čube-ye dār	چوبه دار

ejecutar (vt)	e'dām kardan	اعدام کردن
ejecución (f)	e'dām	اعدام

prisión (f)	zendān	زندان
celda (f)	sellul-e zendān	سلول زندان

escolta (f)	eskort	اسکورت
guardia (m) de prisiones	negahbān zendān	نگهبان زندان
prisionero (m)	zendāni	زندانی

esposas (f pl)	dastband	دستبند
esposar (vt)	dastband zadan	دستبند زدن

escape (m)	farār	فرار
escaparse (vr)	farār kardan	فرار کردن
desaparecer (vi)	nāpadid šodan	ناپدید شدن
liberar (vt)	āzād kardan	آزاد کردن
amnistía (f)	afv-e omumi	عفو عمومی

policía (f) (~ nacional)	polis	پلیس
policía (m)	polis	پلیس
comisaría (f) de policía	kalāntari	کلانتری
porra (f)	bātum	باتوم
megáfono (m)	bolandgu	بلندگو

coche (m) patrulla	māšin-e gašt	ماشین گشت
sirena (f)	āžir-e xatar	آژیر خطر
poner la sirena	āžir rā rowšan kardan	آژیررا روشن کردن
sonido (m) de sirena	sedā-ye āžir	صدای آژیر

escena (f) del delito	mahall-e jenāyat	محل جنایت
testigo (m)	šāhed	شاهد
libertad (f)	āzādi	آزادی
cómplice (m)	hamdast	همدست
escapar de …	maxfi šodan	مخفی شدن
rastro (m)	rad	رد

194. La policía. La ley. Unidad 2

búsqueda (f)	jostoju	جستجو
buscar (~ el criminal)	jostoju kardan	جستجو کردن
sospecha (f)	šok	شک
sospechoso (adj)	maškuk	مشکوک
parar (~ en la calle)	motevaghef kardan	متوقف کردن
retener (vt)	dastgir kardan	دستگیر کردن

causa (f) (~ penal)	parvande	پرونده
investigación (f)	tahqiq	تحقیق
detective (m)	kārāgāh	کارآگاه

investigador (m)	bāzpors	بازپرس
versión (f)	farziye	فرضیه

motivo (m)	angize	انگیزه
interrogatorio (m)	bāzporsi	بازپرسی
interrogar (vt)	bāzporsi kardan	بازپرسی کردن
interrogar (al testigo)	estentāq kardan	استنطاق کردن
control (m) (de vehículos, etc.)	taftiš	تفتیش

redada (f)	mohāsere	محاصره
registro (m) (~ de la casa)	taftiš	تفتیش
persecución (f)	ta'qib	تعقیب
perseguir (vt)	ta'qib kardan	تعقیب کردن
rastrear (~ al criminal)	donbāl kardan	دنبال کردن

arresto (m)	bāzdāšt	بازداشت
arrestar (vt)	bāzdāšt kardan	بازداشت کردن
capturar (vt)	dastgir kardan	دستگیر کردن
captura (f)	dastgiri	دستگیری

documento (m)	sanad	سند
prueba (f)	esbāt	اثبات
probar (vt)	esbāt kardan	اثبات کردن
huella (f) (pisada)	rad-e pā	رد پا
huellas (f pl) digitales	asar-e angošt	اثر انگشت
elemento (m) de prueba	šavāhed	شواهد

coartada (f)	ozr-e qeybat	عذر غیبت
inocente (no culpable)	bi gonāh	بی گناه
injusticia (f)	bi edālati	بی عدالتی
injusto (adj)	qeyr-e ādelāne	غیر عادلانه

criminal (adj)	jenāyi	جنایی
confiscar (vt)	mosādere kardan	مصادره کردن
narcótico (m)	mavādd-e moxadder	مواد مخدر
arma (f)	selāh	سلاح
desarmar (vt)	xal'-e selāh kardan	خلع سلاح کردن
ordenar (vt)	farmān dādan	فرمان دادن
desaparecer (vi)	nāpadid šodan	ناپدید شدن

ley (f)	qānun	قانون
legal (adj)	qānuni	قانونی
ilegal (adj)	qeyr-e qānuni	غیر قانونی

responsabilidad (f)	mas'uliyat	مسئولیت
responsable (adj)	mas'ul	مسئول

LA NATURALEZA

La tierra. Unidad 1

195. El espacio

cosmos (m)	fazā	فضا
espacial, cósmico (adj)	fazāyi	فضایی
espacio (m) cósmico	fazā-ye keyhān	فضای کیهان
mundo (m)	jahān	جهان
universo (m)	giti	گیتی
galaxia (f)	kahkešān	کهکشان
estrella (f)	setāre	ستاره
constelación (f)	surat-e falaki	صورت فلکی
planeta (m)	sayyāre	سیاره
satélite (m)	māhvāre	ماهواره
meteorito (m)	sang-e āsmāni	سنگ آسمانی
cometa (m)	setāre-ye donbāle dār	ستارهٔ دنباله دار
asteroide (m)	šahāb	شهاب
órbita (f)	madār	مدار
girar (vi)	gardidan	گردیدن
atmósfera (f)	jav	جو
Sol (m)	āftāb	آفتاب
sistema (m) solar	manzume-ye šamsi	منظومه شمسی
eclipse (m) de Sol	kosuf	کسوف
Tierra (f)	zamin	زمین
Luna (f)	māh	ماه
Marte (m)	merrix	مریخ
Venus (f)	zahre	زهره
Júpiter (m)	moštari	مشتری
Saturno (m)	zohal	زحل
Mercurio (m)	atārod	عطارد
Urano (m)	orānus	اورانوس
Neptuno (m)	nepton	نپتون
Plutón (m)	poloton	پلوتون
la Vía Láctea	kahkešān rāh-e širi	کهکشان راه شیری
la Osa Mayor	dobb-e akbar	دب اکبر
la Estrella Polar	setāre-ye qotbi	ستاره قطبی
marciano (m)	merrixi	مریخی
extraterrestre (m)	farā zamini	فرا زمینی

planetícola (m)	mowjud fazāyi	موجود فضایی
platillo (m) volante	bošqāb-e parande	بشقاب پرنده
nave (f) espacial	fazā peymā	فضا پیما
estación (f) orbital	istgāh-e fazāyi	ایستگاه فضایی
despegue (m)	rāh andāzi	راه اندازی
motor (m)	motor	موتور
tobera (f)	nāzel	نازل
combustible (m)	suxt	سوخت
carlinga (f)	kābin	کابین
antena (f)	ānten	آنتن
ventana (f)	panjere	پنجره
batería (f) solar	bātri-ye xoršidi	باطری خورشیدی
escafandra (f)	lebās-e fazānavardi	لباس فضانوردی
ingravidez (f)	bi vazni	بی وزنی
oxígeno (m)	oksižen	اکسیژن
atraque (m)	vasl	وصل
realizar el atraque	vasl kardan	وصل کردن
observatorio (m)	rasadxāne	رصدخانه
telescopio (m)	teleskop	تلسکوپ
observar (vt)	mošāhede kardan	مشاهده کردن
explorar (~ el universo)	kašf kardan	کشف کردن

196. La tierra

Tierra (f)	zamin	زمین
globo (m) terrestre	kare-ye zamin	کرۀ زمین
planeta (m)	sayyāre	سیاره
atmósfera (f)	jav	جو
geografía (f)	joqrāfiyā	جغرافیا
naturaleza (f)	tabi'at	طبیعت
globo (m) terráqueo	kare-ye joqrāfiyāyi	کرۀ جغرافیایی
mapa (m)	naqše	نقشه
atlas (m)	atlas	اطلس
Europa (f)	orupā	اروپا
Asia (f)	āsiyā	آسیا
África (f)	āfriqā	آفریقا
Australia (f)	ostorāliyā	استرالیا
América (f)	emrikā	امریکا
América (f) del Norte	emrikā-ye šomāli	امریکای شمالی
América (f) del Sur	emrikā-ye jonubi	امریکای جنوبی
Antártida (f)	qotb-e jonub	قطب جنوب
Ártico (m)	qotb-e šomāl	قطب شمال

197. Los puntos cardinales

norte (m)	šomāl	شمال
al norte	be šomāl	به شمال
en el norte	dar šomāl	در شمال
del norte (adj)	šomāli	شمالی

sur (m)	jonub	جنوب
al sur	be jonub	به جنوب
en el sur	dar jonub	در جنوب
del sur (adj)	jonubi	جنوبی

oeste (m)	qarb	غرب
al oeste	be qarb	به غرب
en el oeste	dar qarb	در غرب
del oeste (adj)	qarbi	غربی

este (m)	šarq	شرق
al este	be šarq	به شرق
en el este	dar šarq	در شرق
del este (adj)	šarqi	شرقی

198. El mar. El océano

mar (m)	daryā	دریا
océano (m)	oqyānus	اقیانوس
golfo (m)	xalij	خلیج
estrecho (m)	tange	تنگه

| tierra (f) firme | zamin | زمین |
| continente (m) | qāre | قاره |

isla (f)	jazire	جزیره
península (f)	šeb-e jazire	شبه جزیره
archipiélago (m)	majmaʾ-ol-jazāyer	مجمع‌الجزایر

bahía (f)	xalij-e kučak	خلیج کوچک
ensenada, bahía (f)	langargāh	لنگرگاه
laguna (f)	mordāb	مرداب
cabo (m)	damāqe	دماغه

atolón (m)	jazire-ye marjāni	جزیره مرجانی
arrecife (m)	tappe-ye daryāyi	تپه دریایی
coral (m)	marjān	مرجان
arrecife (m) de coral	tappe-ye marjāni	تپه مرجانی

profundo (adj)	amiq	عمیق
profundidad (f)	omq	عمق
abismo (m)	partgāh	پرتگاه
fosa (f) oceánica	derāz godāl	درازگودال

| corriente (f) | jaryān | جریان |
| bañar (rodear) | ehāte kardan | احاطه کردن |

| orilla (f) | sāhel | ساحل |
| costa (f) | sāhel | ساحل |

flujo (m)	mod	مد
reflujo (m)	jazr	جزر
banco (m) de arena	sāhel-e šeni	ساحل شنی
fondo (m)	qa'r	قعر

ola (f)	mowj	موج
cresta (f) de la ola	nok	نوک
espuma (f)	kaf	کف

tempestad (f)	tufān-e daryāyi	طوفان دریایی
huracán (m)	tufān	طوفان
tsunami (m)	sonāmi	سونامی
bonanza (f)	sokun-e daryā	سکون دریا
calmo, tranquilo	ārām	آرام

| polo (m) | qotb | قطب |
| polar (adj) | qotbi | قطبی |

latitud (f)	arz-e joqrāfiyāyi	عرض جغرافیایی
longitud (f)	tul-e joqrāfiyāyi	طول جغرافیایی
paralelo (m)	movāzi	موازی
ecuador (m)	xatt-e ostavā	خط استوا

cielo (m)	āsemān	آسمان
horizonte (m)	ofoq	افق
aire (m)	havā	هوا

faro (m)	fānus-e daryāyi	فانوس دریایی
bucear (vi)	širje raftan	شیرجه رفتن
hundirse (vr)	qarq šodan	غرق شدن
tesoros (m pl)	ganj	گنج

199. Los nombres de los mares y los océanos

océano (m) Atlántico	oqyānus-e atlas	اقیانوس اطلس
océano (m) Índico	oqyānus-e hend	اقیانوس هند
océano (m) Pacífico	oqyānus-e ārām	اقیانوس آرام
océano (m) Glacial Ártico	oqyānus-e monjamed-e šomāli	اقیانوس منجمد شمالی

mar (m) Negro	daryā-ye siyāh	دریای سیاه
mar (m) Rojo	daryā-ye sorx	دریای سرخ
mar (m) Amarillo	daryā-ye zard	دریای زرد
mar (m) Blanco	daryā-ye sefid	دریای سفید

mar (m) Caspio	daryā-ye xazar	دریای خزر
mar (m) Muerto	daryā-ye morde	دریای مرده
mar (m) Mediterráneo	daryā-ye meditarāne	دریای مدیترانه

| mar (m) Egeo | daryā-ye eže | دریای اژه |
| mar (m) Adriático | daryā-ye ādriyātik | دریای آدریاتیک |

mar (m) Arábigo	daryā-ye arab	دریای عرب
mar (m) del Japón	daryā-ye žāpon	دریای ژاپن
mar (m) de Bering	daryā-ye brinq	دریای برینگ
mar (m) de la China Meridional	daryā-ye čin-e jonubi	دریای چین جنوبی
mar (m) del Coral	daryā-ye marjān	دریای مرجان
mar (m) de Tasmania	daryā-ye tās-emān	دریای تاسمان
mar (m) Caribe	daryā-ye kārāib	دریای کارائیب
mar (m) de Barents	daryā-ye barntz	دریای بارنتز
mar (m) de Kara	daryā-ye kārā	دریای کارا
mar (m) del Norte	daryā-ye šomāl	دریای شمال
mar (m) Báltico	daryā-ye bāltik	دریای بالتیک
mar (m) de Noruega	daryā-ye norvež	دریای نروژ

200. Las montañas

montaña (f)	kuh	کوه
cadena (f) de montañas	rešte-ye kuh	رشته کوه
cresta (f) de montañas	selsele-ye jebāl	سلسله جبال
cima (f)	qolle	قله
pico (m)	qolle	قله
pie (m)	dāmane-ye kuh	دامنۀ کوه
cuesta (f)	šib	شیب
volcán (m)	ātaš-fešān	آتشفشان
volcán (m) activo	ātaš-fešān-e fa'āl	آتش فشان فعال
volcán (m) apagado	ātaš-fešān-e xāmuš	آتش فشان خاموش
erupción (f)	favarān	فوران
cráter (m)	dahāne-ye ātašfešān	دهانۀ آتش فشان
magma (m)	māgmā	ماگما
lava (f)	godāze	گدازه
fundido (lava ~a)	godāxte	گداخته
cañón (m)	tange	تنگ
desfiladero (m)	darre-ye tang	دره تنگ
grieta (f)	tange	تنگ
precipicio (m)	partgāh	پرتگاه
puerto (m) (paso)	gozargāh	گذرگاه
meseta (f)	falāt	فلات
roca (f)	saxre	صخره
colina (f)	tappe	تپه
glaciar (m)	yaxčāl	یخچال
cascada (f)	ābšār	آبشار
geiser (m)	češme-ye āb-e garm	چشمۀ آب گرم
lago (m)	daryāče	دریاچه
llanura (f)	jolge	جلگه
paisaje (m)	manzare	منظره

eco (m)	en'ekās-e sowt	انعکاس صوت
alpinista (m)	kuhnavard	کوهنورد
escalador (m)	saxre-ye navard	صخره نورد
conquistar (vt)	fath kardan	فتح کردن
ascensión (f)	so'ud	صعود

201. Los nombres de las montañas

Alpes (m pl)	ālp	آلپ
Montblanc (m)	moan belān	مون بلان
Pirineos (m pl)	pirene	پیرنه

Cárpatos (m pl)	kuhhā-ye kārpāt	کوههای کارپات
Urales (m pl)	kuhe-i orāl	کوههای اورال
Cáucaso (m)	qafqāz	قفقاز
Elbrus (m)	alborz	البرز

Altai (m)	āltāy	آلتای
Tian-Shan (m)	tiyān šān	تیان شان
Pamir (m)	pāmir	پامیر
Himalayos (m pl)	himāliyā-vo	هیمالیا
Everest (m)	everest	اورست

| Andes (m pl) | ānd | آند |
| Kilimanjaro (m) | kelimānjāro | کلیمانجارو |

202. Los ríos

río (m)	rudxāne	رودخانه
manantial (m)	češme	چشمه
lecho (m) (curso de agua)	bastar	بستر
cuenca (f) fluvial	howze	حوضه
desembocar en ...	rixtan	ریختن

| afluente (m) | enše'āb | انشعاب |
| ribera (f) | sāhel | ساحل |

corriente (f)	jaryān	جریان
río abajo (adv)	be samt-e pāin-e rudxāne	به سمت پائین رودخانه
río arriba (adv)	be samt-e bālā-ye rudxāne	به سمت بالای رودخانه

inundación (f)	seyl	سیل
riada (f)	toqyān	طغیان
desbordarse (vr)	toqyān kardan	طغیان کردن
inundar (vt)	toqyān kardan	طغیان کردن

| bajo (m) arenoso | tangāb | تنگاب |
| rápido (m) | tondāb | تندآب |

presa (f)	sad	سد
canal (m)	kānāl	کانال
lago (m) artificiale	maxzan-e āb	مخزن آب

esclusa (f)	ābgir	آبگیر
cuerpo (m) de agua	maxzan-e āb	مخزن آب
pantano (m)	bātlāq	باتلاق
ciénaga (f)	lajan zār	لجن زار
remolino (m)	gerdāb	گرداب

arroyo (m)	ravad	رود
potable (adj)	āšāmidani	آشامیدنی
dulce (agua ~)	širin	شیرین

| hielo (m) | yax | یخ |
| helarse (el lago, etc.) | yax bastan | یخ بستن |

203. Los nombres de los ríos

| Sena (m) | sen | سن |
| Loira (m) | lavār | لوآر |

Támesis (m)	timz	تیمز
Rin (m)	rāyn	راین
Danubio (m)	dānub	دانوب

Volga (m)	volgā	ولگا
Don (m)	don	دن
Lena (m)	lenā	لنا

Río (m) Amarillo	rud-e zard	رود زرد
Río (m) Azul	yāng tese	یانگ تسه
Mekong (m)	mekung	مکونگ
Ganges (m)	gong	گنگ

Nilo (m)	neyl	نیل
Congo (m)	kongo	کنگو
Okavango (m)	okavango	اوکاوانگو
Zambeze (m)	zāmbezi	زامبزی
Limpopo (m)	rud-e limpupu	رود لیمپوپو
Misisipi (m)	mi si si pi	می سی سی پی

204. El bosque

| bosque (m) | jangal | جنگل |
| de bosque (adj) | jangali | جنگلی |

espesura (f)	jangal-e anbuh	جنگل انبوه
bosquecillo (m)	biše	بیشه
claro (m)	marqzār	مرغزار

| maleza (f) | biše-hā | بیشه ها |
| matorral (m) | bute zār | بوته زار |

| senda (f) | kure-ye rāh | کوره راه |
| barranco (m) | darre | دره |

árbol (m)	deraxt	درخت
hoja (f)	barg	برگ
follaje (m)	šāx-o barg	شاخ و برگ

caída (f) de hojas	barg rizi	برگ ریزی
caer (las hojas)	rixtan	ریختن
cima (f)	nok	نوک

rama (f)	šāxe	شاخه
rama (f) (gruesa)	šāxe	شاخه
brote (m)	šokufe	شکوفه
aguja (f)	suzan	سوزن
piña (f)	maxrut-e kāj	مخروط کاج

| agujero (m) | surāx | سوراخ |
| nido (m) | lāne | لانه |

tronco (m)	tane	تنه
raíz (f)	riše	ریشه
corteza (f)	pust	پوست
musgo (m)	xaze	خزه

extirpar (vt)	rišekan kardan	ریشه کن کردن
talar (vt)	boridan	بریدن
deforestar (vt)	boridan	بریدن
tocón (m)	kande-ye deraxt	کندهٔ درخت

hoguera (f)	ātaš	آتش
incendio (m) forestal	ātaš suzi	آتش سوزی
apagar (~ el incendio)	xāmuš kardan	خاموش کردن

guarda (m) forestal	jangal bān	جنگل بان
protección (f)	mohāfezat	محافظت
proteger (vt)	mohāfezat kardan	محافظت کردن
cazador (m) furtivo	šekārči-ye qeyr-e qānuni	شکارچی غیر قانونی
cepo (m)	tale	تله

| recoger (setas, bayas) | čidan | چیدن |
| perderse (vr) | gom šodan | گم شدن |

205. Los recursos naturales

recursos (m pl) naturales	manābe-'e tabii	منابع طبیعی
recursos (m pl) subterráneos	mavādd-e ma'dani	مواد معدنی
depósitos (m pl)	tah nešast	ته نشست
yacimiento (m)	meydān	میدان

extraer (vt)	estexrāj kardan	استخراج کردن
extracción (f)	estexrāj	استخراج
mena (f)	sang-e ma'dani	سنگ معدنی
mina (f)	ma'dan	معدن
pozo (m) de mina	ma'dan	معدن
minero (m)	ma'danči	معدنچی
gas (m)	gāz	گاز

gasoducto (m)	lule-ye gāz	لولهٔ گاز
petróleo (m)	naft	نفت
oleoducto (m)	lule-ye naft	لولهٔ نفت
pozo (m) de petróleo	čāh-e naft	چاه نفت
torre (f) de sondeo	dakal-e haffāri	دکل حفاری
petrolero (m)	tānker	تانکر
arena (f)	šen	شن
caliza (f)	sang-e āhak	سنگ آهک
grava (f)	sangrize	سنگریزه
turba (f)	turb	تورب
arcilla (f)	xāk-e ros	خاک رس
carbón (m)	zoqāl sang	زغال سنگ
hierro (m)	āhan	آهن
oro (m)	talā	طلا
plata (f)	noqre	نقره
níquel (m)	nikel	نیکل
cobre (m)	mes	مس
zinc (m)	ruy	روی
manganeso (m)	mangenez	منگنز
mercurio (m)	jive	جیوه
plomo (m)	sorb	سرب
mineral (m)	mādde-ye ma'dani	مادهٔ معدنی
cristal (m)	bolur	بلور
mármol (m)	marmar	مرمر
uranio (m)	orāniyom	اورانیوم

La tierra. Unidad 2

206. El tiempo

tiempo (m)	havā	هوا
previsión (f) del tiempo	piš bini havā	پیش بینی هوا
temperatura (f)	damā	دما
termómetro (m)	damāsanj	دماسنج
barómetro (m)	havāsanj	هواسنج
húmedo (adj)	martub	مرطوب
humedad (f)	rotubat	رطوبت
bochorno (m)	garmā	گرما
tórrido (adj)	dāq	داغ
hace mucho calor	havā xeyli garm ast	هوا خیلی گرم است
hace calor (templado)	havā garm ast	هوا گرم است
templado (adj)	garm	گرم
hace frío	sard ast	سرد است
frío (adj)	sard	سرد
sol (m)	āftāb	آفتاب
brillar (vi)	tābidan	تابیدن
soleado (un día ~)	āftābi	آفتابی
elevarse (el sol)	tolu' kardan	طلوع کردن
ponerse (vr)	qorob kardan	غروب کردن
nube (f)	abr	ابر
nuboso (adj)	abri	ابری
nubarrón (m)	abr-e bārānzā	ابر باران زا
nublado (adj)	tire	تیره
lluvia (f)	bārān	باران
está lloviendo	bārān mibārad	باران می بارد
lluvioso (adj)	bārāni	بارانی
lloviznar (vi)	nam-nam bāridan	نم نم باریدن
aguacero (m)	bārān šodid	باران شدید
chaparrón (m)	ragbār	رگبار
fuerte (la lluvia ~)	šadid	شدید
charco (m)	čāle	چاله
mojarse (vr)	xis šodan	خیس شدن
niebla (f)	meh	مه
nebuloso (adj)	meh ālud	مه آلود
nieve (f)	barf	برف
está nevando	barf mibārad	برف می بارد

207. Los eventos climáticos severos. Los desastres naturales

tormenta (f)	tufãn	طوفان
relámpago (m)	barq	برق
relampaguear (vi)	barq zadan	برق زدن
trueno (m)	ra'd	رعد
tronar (vi)	qorridan	غریدن
está tronando	ra'd mizanad	رعد می زند
granizo (m)	tagarg	تگرگ
está granizando	tagarg mibãrad	تگرگ می بارد
inundar (vt)	toqyãn kardan	طغیان کردن
inundación (f)	seyl	سیل
terremoto (m)	zamin-larze	زمین لرزه
sacudida (f)	tekãn	تکان
epicentro (m)	kãnun-e zaminlarze	کانون زمین لرزه
erupción (f)	favarãn	فوران
lava (f)	godãze	گدازه
torbellino (m), tornado (m)	gerdbãd	گردباد
tifón (m)	tufãn	طوفان
huracán (m)	tufãn	طوفان
tempestad (f)	tufãn-e daryãyi	طوفان دریایی
tsunami (m)	sonãmi	سونامی
ciclón (m)	gerdbãd	گردباد
mal tiempo (m)	havã-ye bad	هوای بد
incendio (m)	ãtaš suzi	آتش سوزی
catástrofe (f)	balã-ye tabi'i	بلای طبیعی
meteorito (m)	sang-e ãsmãni	سنگ آسمانی
avalancha (f)	bahman	بهمن
alud (m) de nieve	bahman	بهمن
ventisca (f)	kulãk	کولاک
nevasca (f)	barf-o burãn	برف و بوران

208. Los ruidos. Los sonidos

silencio (m)	sokut	سکوت
sonido (m)	sedã	صدا
ruido (m)	sar-o sedã	سر و صدا
hacer ruido	sar-o sedã kardan	سر و صدا کردن
ruidoso (adj)	por sar-o sedã	پر سر و صدا
alto (adv)	boland	بلند
fuerte (~ voz)	boland	بلند
constante (ruido, etc.)	dãemi	دائمی
grito (m)	faryãd	فریاد

gritar (vi)	faryād zadan	فریاد زدن
susurro (m)	najvā	نجوا
susurrar (vi, vt)	najvā kardan	نجوا کردن

ladrido (m)	vāq vāq	واق واق
ladrar (vi)	vāq-vāq kardan	واق واق کردن

gemido (m)	nāle	ناله
gemir (vi)	nāle kardan	ناله کردن
tos (f)	sorfe	سرفه
toser (vi)	sorfe kardan	سرفه کردن

silbido (m)	sut	سوت
silbar (vi)	sut zadan	سوت زدن
toque (m) en la puerta	dar zadan	درزدن
golpear (la puerta)	dar zadan	درزدن

crepitar (vi)	šekastan	شکستن
crepitación (f)	tarak	ترک

sirena (f)	āžir-e xatar	آژیر خطر
pito (m) (de la fábrica)	buq	بوق
pitar (un tren, etc.)	buq zadan	بوق زدن
bocinazo (m)	buq	بوق
tocar la bocina	buq zadan	بوق زدن

209. El invierno

invierno (m)	zemestān	زمستان
de invierno (adj)	zemestāni	زمستانی
en invierno	dar zemestān	در زمستان

nieve (f)	barf	برف
está nevando	barf mibārad	برف می بارد
nevada (f)	bāreš-e barf	بارش برف
montón (m) de nieve	tappe-ye barf	تپهٔ برف

copo (m) de nieve	barf-e rize	برف ریزه
bola (f) de nieve	golule-ye barf	گلولهٔ برف
monigote (m) de nieve	ādam-e barfi	آدم برفی
carámbano (m)	qandil	قندیل

diciembre (m)	desāmr	دسامبر
enero (m)	žānvie	ژانویه
febrero (m)	fevriye	فوریه

helada (f)	yaxbandān	یخبندان
helado (~a noche)	sard	سرد

bajo cero (adv)	zir-e sefr	زیر صفر
primeras heladas (f pl)	avalin moje sarmā	اولین موج سرما
escarcha (f)	barf-e rize	برف ریزه
frío (m)	sarmā	سرما
hace frío	sard ast	سرد است

abrigo (m) de piel	pālto-ye pustin	پالتوی پوستین
manoplas (f pl)	dastkeš-e yek angošti	دستکش یک انگشتی
enfermarse (vr)	bimār šodan	بیمار شدن
resfriado (m)	sarmā xordegi	سرما خوردگی
resfriarse (vr)	sarmā xordan	سرما خوردن
hielo (m)	yax	یخ
hielo (m) negro	lāye-ye yax	لایه یخ
helarse (el lago, etc.)	yax bastan	یخ بستن
bloque (m) de hielo	tekke-ye yax-e šenāvar	تکه یخ شناور
esquís (m pl)	eski	اسکی
esquiador (m)	eski bāz	اسکی باز
esquiar (vi)	eski kardan	اسکی کردن
patinar (vi)	eskeyt bāzi kardan	اسکیت بازی کردن

La fauna

carnívoro (m)	heyvān-e darande	حیوان درنده
tigre (m)	bebar	ببر
león (m)	šir	شیر
lobo (m)	gorg	گرگ
zorro (m)	rubāh	روباه
jaguar (m)	jagvār	جگوار
leopardo (m)	palang	پلنگ
guepardo (m)	yuzpalang	یوزپلنگ
pantera (f)	palang-e siyāh	پلنگ سیاه
puma (f)	yuzpalang	یوزپلنگ
leopardo (m) de las nieves	palang-e barfi	پلنگ برفی
lince (m)	siyāh guš	سیاه گوش
coyote (m)	gorg-e sahrāyi	گرگ صحرایی
chacal (m)	šoqāl	شغال
hiena (f)	kaftār	کفتار

animal (m)	heyvān	حیوان
bestia (f)	heyvān	حیوان
ardilla (f)	sanjāb	سنجاب
erizo (m)	xārpošt	خارپشت
liebre (f)	xarguš	خرگوش
conejo (m)	xarguš	خرگوش
tejón (m)	gurkan	گورکن
mapache (m)	rākon	راکون
hámster (m)	muš-e bozorg	موش بزرگ
marmota (f)	muš-e xormā-ye kuhi	موش خرمای کوهی
topo (m)	muš-e kur	موش کور
ratón (m)	muš	موش
rata (f)	muš-e sahrāyi	موش صحرایی
murciélago (m)	xoffāš	خفاش
armiño (m)	qāqom	قاقم
cebellina (f)	samur	سمور
marta (f)	samur	سمور
comadreja (f)	rāsu	راسو
visón (m)	tire-ye rāsu	تیره راسو

castor (m)	sag-e ābi	سگ آبی
nutria (f)	samur ābi	سمور آبی
caballo (m)	asb	اسب
alce (m)	gavazn	گوزن
ciervo (m)	āhu	آهو
camello (m)	šotor	شتر
bisonte (m)	gāvmiš	گاومیش
uro (m)	gāv miš	گاو میش
búfalo (m)	bufālo	بوفالو
cebra (f)	gurexar	گورخر
antílope (m)	boz-e kuhi	بز کوهی
corzo (m)	šukā	شوکا
gamo (m)	qazāl	غزال
gamuza (f)	boz-e kuhi	بز کوهی
jabalí (m)	gorāz	گراز
ballena (f)	nahang	نهنگ
foca (f)	fak	فک
morsa (f)	širmāhi	شیرماهی
oso (m) marino	gorbe-ye ābi	گربۀ آبی
delfín (m)	delfin	دلفین
oso (m)	xers	خرس
oso (m) blanco	xers-e sefid	خرس سفید
panda (f)	pāndā	پاندا
mono (m)	meymun	میمون
chimpancé (m)	šampānze	شمپانزه
orangután (m)	orāngutān	اورانگوتان
gorila (m)	guril	گوریل
macaco (m)	mākāk	ماکاک
gibón (m)	gibon	گیبون
elefante (m)	fil	فیل
rinoceronte (m)	kargadan	کرگدن
jirafa (f)	zarrāfe	زرافه
hipopótamo (m)	asb-e ābi	اسب آبی
canguro (m)	kāngoro	کانگورو
koala (f)	kovālā	کوالا
mangosta (f)	xadang	خدنگ
chinchilla (f)	čin čila	چین چیلا
mofeta (f)	rāsu-ye badbu	راسوی بدبو
espín (m)	taši	تشی

212. Los animales domésticos

gata (f)	gorbe	گربه
gato (m)	gorbe-ye nar	گربۀ نر
perro (m)	sag	سگ

caballo (m)	asb	اسب
garañón (m)	asb-e nar	اسب نر
yegua (f)	mādiyān	مادیان

vaca (f)	gāv	گاو
toro (m)	gāv-e nar	گاو نر
buey (m)	gāv-e axte	گاو اخته

oveja (f)	gusfand	گوسفند
carnero (m)	gusfand-e nar	گوسفند نر
cabra (f)	boz-e mādde	بز ماده
cabrón (m)	boz-e nar	بز نر

| asno (m) | xar | خر |
| mulo (m) | qāter | قاطر |

cerdo (m)	xuk	خوک
cerdito (m)	bače-ye xuk	بچهٔ خوک
conejo (m)	xarguš	خرگوش

| gallina (f) | morq | مرغ |
| gallo (m) | xorus | خروس |

pato (m)	ordak	اردک
ánade (m)	ordak-e nar	اردک نر
ganso (m)	qāz	غاز

| pavo (m) | buqalamun-e nar | بوقلمون نر |
| pava (f) | buqalamun-e māde | بوقلمون ماده |

animales (m pl) domésticos	heyvānāt-e ahli	حیوانات اهلی
domesticado (adj)	ahli	اهلی
domesticar (vt)	rām kardan	رام کردن
criar (vt)	parvareš dādan	پرورش دادن

granja (f)	mazrae	مزرعه
aves (f pl) de corral	morq-e xānegi	مرغ خانگی
ganado (m)	dām	دام
rebaño (m)	galle	گله

caballeriza (f)	establ	اصطبل
porqueriza (f)	āqol xuk	آغل خوک
vaquería (f)	āqol gāv	آغل گاو
conejal (m)	lanye xarguš	لانه خرگوش
gallinero (m)	morq dāni	مرغ دانی

213. Los perros. Las razas de perros

perro (m)	sag	سگ
perro (m) pastor	sag-e gele	سگ گله
pastor (m) alemán	sag-e ĵerman šeperd	سگ ژرمن شپرد
caniche (m)	pudel	پودل
teckel (m)	sag-e pākutāh	سگ پاکوتاه
bulldog (m)	buldāg	بولداگ

bóxer (m)	boksor	بوکسور
mastín (m) inglés	māstif	ماستيف
rottweiler (m)	rotveylir	روتويلر
doberman (m)	dobermen	دوبرمن

basset hound (m)	ba's-at	باسيت
bobtail (m)	dam čatri	دم چتری
dálmata (m)	dālmāsi	دالماسی
cocker spaniel (m)	kākir spāniyel	کاکیر سپانییل

terranova (m)	nyufāundland	نیوفاوندلند
san bernardo (m)	sant bernārd	سنت برنارد

husky (m)	sag-e surtme	سگ سورتمه
chow chow (m)	čāu-čāu	چاو-چاو
pomerania (m)	espitz	اسپیتز
pug (m), carlino (m)	pāg	پاگ

214. Los sonidos de los animales

ladrido (m)	vāq vāq	واق واق
ladrar (vi)	vāq-vāq kardan	واق واق کردن
maullar (vi)	miyu-miyu kardan	میو میو کردن
ronronear (vi)	xor-xor kardan	خرخر کردن

mugir (vi)	mu-mu kardan	مو مو کردن
bramar (toro)	na're kešidan	نعره کشیدن
rugir (vi)	qorqor kardan	غرغر کردن

aullido (m)	zuze	زوزه
aullar (vi)	zuze kešidan	زوزه کشیدن
gañir (vi)	zuze kešidan	زوزه کشیدن

balar (vi)	ba'ba' kardan	بع بع کردن
gruñir (cerdo)	xor-xor kardan	خرخر کردن
chillar (vi)	jiq zadan	جیغ زدن

croar (vi)	qur-qur kardan	قورقور کردن
zumbar (vi)	vez-vez kardan	وزوز کردن
chirriar (vi)	jir-jir kardan	جیر جیر کردن

215. Los animales jóvenes

cría (f)	tule	توله
gatito (m)	bačče gorbe	بچه گربه
ratoncillo (m)	bače-ye muš	بچۀ موش
cachorro (m)	tule-ye sag	تولۀ سگ

lebrato (m)	bače-ye xarguš	بچۀ خرگوش
gazapo (m)	bače-ye xarguš	بچۀ خرگوش
lobato (m)	bače-ye gorg	بچۀ گرگ
cachorro (m) de zorro	bače-ye rubāh	بچۀ روباه

osito (m)	bače-ye xers	بچهٔ خرس
cachorro (m) de león	bače-ye šir	بچهٔ شیر
cachorro (m) de tigre	bače-ye bebar	بچهٔ ببر
elefante bebé (m)	bače-ye fil	بچهٔ فیل
cerdito (m)	bače-ye xuk	بچهٔ خوک
ternero (m)	gusāle	گوساله
cabrito (m)	bozqāle	بزغاله
cordero (m)	barre	بره
cervato (m)	bače-ye gavazn	بچهٔ گوزن
cría (f) de camello	bače-ye šotor	بچهٔ شتر
serpiente (f) joven	bače-ye mār	بچهٔ مار
rana (f) juvenil	bače-ye qurbāqe	بچهٔ قرباغه
polluelo (m)	juje	جوجه
pollito (m)	juje	جوجه
patito (m)	juje-ye ordak	جوجهٔ اردک

216. Los pájaros

pájaro (m)	parande	پرنده
paloma (f)	kabutar	کبوتر
gorrión (m)	gonješk	گنجشک
carbonero (m)	morq-e zanburxār	مرغ زنبورخوار
urraca (f)	zāqi	زاغی
cuervo (m)	kalāq-e siyāh	کلاغ سیاه
corneja (f)	kalāq	کلاغ
chova (f)	zāq	زاغ
grajo (m)	kalāq-e siyāh	کلاغ سیاه
pato (m)	ordak	اردک
ganso (m)	qāz	غاز
faisán (m)	qarqāvol	قرقاول
águila (f)	oqāb	عقاب
azor (m)	qerqi	قرقی
halcón (m)	šāhin	شاهین
buitre (m)	karkas	کرکس
cóndor (m)	karkas-e emrikāyi	کرکس امریکایی
cisne (m)	qu	قو
grulla (f)	dornā	درنا
cigüeña (f)	lak lak	لک لک
loro (m), papagayo (m)	tuti	طوطی
colibrí (m)	morq-e magas-e xār	مرغ مگس خوار
pavo (m) real	tāvus	طاووس
avestruz (m)	šotormorq	شترمرغ
garza (f)	havāsil	حواصیل
flamenco (m)	felāmingo	فلامینگو
pelícano (m)	pelikān	پلیکان

| ruiseñor (m) | bolbol | بلبل |
| golondrina (f) | parastu | پرستو |

tordo (m)	bāstarak	باسترک
zorzal (m)	torqe	طرقه
mirlo (m)	tukā-ye siyāh	توکای سیاه

vencejo (m)	bādxorak	بادخورک
alondra (f)	čakāvak	چکاوک
codorniz (f)	belderčin	بلدرچین

pájaro carpintero (m)	dārkub	دارکوب
cuco (m)	fāxte	فاخته
lechuza (f)	joqd	جغد
búho (m)	šāh buf	شاه بوف
urogallo (m)	siāh xorus	سیاه خروس
gallo lira (m)	siāh xorus-e jangali	سیاه خروس جنگلی
perdiz (f)	kabk	کبک

estornino (m)	sār	سار
canario (m)	qanāri	قناری
ortega (f)	siyāh xorus-e fandoqi	سیاه خروس فندقی
pinzón (m)	sehre-ye jangali	سهره جنگلی
camachuelo (m)	sohre sar-e siyāh	سهره سر سیاه

gaviota (f)	morq-e daryāyi	مرغ دریایی
albatros (m)	morq-e daryāyi	مرغ دریایی
pingüino (m)	pangoan	پنگوئن

217. Los pájaros. El canto y los sonidos

cantar (vi)	xāndan	خواندن
gritar, llamar (vi)	faryād kardan	فریاد کردن
cantar (el gallo)	ququli ququ kardan	قوقولی قوقو کردن
quiquiriquí (m)	ququli ququ	قوقولی قوقو

cloquear (vi)	qodqod kardan	قدقد کردن
graznar (vi)	qār-qār kardan	قارقار کردن
graznar, parpar (vi)	qāt-qāt kardan	قات قات کردن
piar (vi)	jir-jir kardan	جیر جیر کردن
gorjear (vi)	jik-jik kardan	جیک جیک کردن

218. Los peces. Los animales marinos

brema (f)	māhi-ye sim	ماهی سیم
carpa (f)	kapur	کپور
perca (f)	māhi-e luti	ماهی لوتی
siluro (m)	gorbe-ye māhi	گربه ماهی
lucio (m)	ordak māhi	اردک ماهی

| salmón (m) | māhi-ye salemon | ماهی سالمون |
| esturión (m) | māhi-ye xāviār | ماهی خاویار |

arenque (m)	māhi-ye šur	ماهی شور
salmón (m) del Atlántico	sālmon-e atlāntik	سالمون اتلانتیک
caballa (f)	māhi-ye esqumeri	ماهی اسقومری
lenguado (m)	sofre māhi	سفره ماهی
lucioperca (f)	suf	سوف
bacalao (m)	māhi-ye rowqan	ماهی روغن
atún (m)	tan māhi	تن ماهی
trucha (f)	māhi-ye qezelālā	ماهی قزل آلا
anguila (f)	mārmāhi	مارماهی
raya (f) eléctrica	partomahiye barqi	پرتوماهی برقی
morena (f)	mārmāhi	مارماهی
piraña (f)	pirānā	پیرانا
tiburón (m)	kuse-ye māhi	کوسه ماهی
delfín (m)	delfin	دلفین
ballena (f)	nahang	نهنگ
centolla (f)	xarčang	خرچنگ
medusa (f)	arus-e daryāyi	عروس دریایی
pulpo (m)	hašt pā	هشت پا
estrella (f) de mar	setāre-ye daryāyi	ستاره دریایی
erizo (m) de mar	xārpošt-e daryāyi	خارپشت دریایی
caballito (m) de mar	asb-e daryāyi	اسب دریایی
ostra (f)	sadaf-e xorāki	صدف خوراکی
camarón (m)	meygu	میگو
bogavante (m)	xarčang-e daryāyi	خرچنگ دریایی
langosta (f)	xarčang-e xārdār	خرچنگ خاردار

219. Los anfibios. Los reptiles

serpiente (f)	mār	مار
venenoso (adj)	sammi	سمی
víbora (f)	afʼi	افعی
cobra (f)	kobrā	کبرا
pitón (m)	mār-e pinton	مار پیتون
boa (f)	mār-e bwa	مار بوا
culebra (f)	mār-e čaman	مار چمن
serpiente (m) de cascabel	mār-e zangi	مار زنگی
anaconda (f)	mār-e ānākondā	مار آناکوندا
lagarto (m)	susmār	سوسمار
iguana (f)	susmār-e deraxti	سوسمار درختی
varano (m)	bozmajje	بزمجه
salamandra (f)	samandar	سمندر
camaleón (m)	āftāb-parast	آفتاب پرست
escorpión (m)	aqrab	عقرب
tortuga (f)	lāk pošt	لاک پشت
rana (f)	qurbāqe	قورباغه

| sapo (m) | vazaq | وزغ |
| cocodrilo (m) | temsāh | تمساح |

220. Los insectos

insecto (m)	hašare	حشره
mariposa (f)	parvāne	پروانه
hormiga (f)	murče	مورچه
mosca (f)	magas	مگس
mosquito (m) (picadura de ~)	paše	پشه
escarabajo (m)	susk	سوسک

avispa (f)	zanbur	زنبور
abeja (f)	zanbur-e asal	زنبور عسل
abejorro (m)	xar zanbur	خرزنبور
moscardón (m)	xarmagas	خرمگس

| araña (f) | ankabut | عنکبوت |
| telaraña (f) | tār-e ankabut | تارعنکبوت |

libélula (f)	sanjāqak	سنجاقک
saltamontes (m)	malax	ملخ
mariposa (f) nocturna	bid	بید

cucaracha (f)	susk	سوسک
garrapata (f)	kane	کنه
pulga (f)	kak	کک
mosca (f) negra	paše-ye rize	پشه ریزه

langosta (f)	malax	ملخ
caracol (m)	halazun	حلزون
grillo (m)	jirjirak	جیرجیرک
luciérnaga (f)	kerm-e šab-tāb	کرم شب تاب
mariquita (f)	kafšduzak	کفشدوزک
sanjuanero (m)	susk bāldār	سوسک بالدار

sanguijuela (f)	zālu	زالو
oruga (f)	kerm-e abrišam	کرم ابریشم
lombriz (m) de tierra	kerm	کرم
larva (f)	lārv	لارو

221. Los animales. Las partes del cuerpo

pico (m)	nok	نوک
alas (f pl)	bāl-hā	بال ها
pata (f)	panje	پنجه
plumaje (m)	por-o bāl	پر و بال
pluma (f)	por	پر
penacho (m)	kākol	کاکل

| branquias (f pl) | ābšoš | آبشش |
| huevas (f pl) | toxme mahi | تخم ماهی |

larva (f)	lārv	لارو
aleta (f)	bāle-ye māhi	باله ماهی
escamas (f pl)	fals	فلس

colmillo (m)	niš	نیش
garra (f), pata (f)	panje	پنجه
hocico (m)	puze	پوزه
boca (f)	dahān	دهان
cola (f)	dam	دم
bigotes (m pl)	sebil	سبیل

| casco (m) (pezuña) | sam | سم |
| cuerno (m) | šāx | شاخ |

caparazón (m)	lāk	لاک
concha (f) (de moluscos)	sadaf	صدف
cáscara (f) (de huevo)	puste	پوسته

| pelo (m) (de perro) | pašm | پشم |
| piel (f) (de vaca, etc.) | pust | پوست |

222. Los animales. Acciones. Conducta.

| volar (vi) | parvāz kardan | پرواز کردن |
| dar vueltas | dowr zadan | دور زدن |

| echar a volar | parvāz kardan | پرواز کردن |
| batir las alas | bāl zadan | بال زدن |

| picotear (vt) | nok zadan | نوک زدن |
| empollar (vt) | ru-ye toxm xābidan | روی تخم خوابیدن |

| salir del cascarón | az toxm birun āmadan | از تخم بیرون آمدن |
| hacer el nido | lāne sāxtan | لانه ساختن |

reptar (serpiente)	xazidan	خزیدن
picar (vt)	gozidan	گزیدن
morder (animal)	gāz gereftan	گاز گرفتن

olfatear (vt)	buyidan	بوییدن
ladrar (vi)	vāq-vāq kardan	واق واق کردن
sisear (culebra)	his kardan	هیس کردن

| asustar (vt) | tarsāndan | ترساندن |
| atacar (vt) | hamle kardan | حمله کردن |

roer (vt)	javidan	جویدن
arañar (vt)	čang zadan	چنگ زدن
esconderse (vr)	penhān šodan	پنهان شدن

jugar (gatitos, etc.)	bāzi kardan	بازی کردن
cazar (vi, vt)	šekār kardan	شکار کردن
hibernar (vi)	dar xāb-e zemestāni budan	درخواب زمستانی بودن
extinguirse (vr)	monqarez šodan	منقرض شدن

223. Los animales. El hábitat

hábitat (m)	zistgāh	زیستگاه
migración (f)	mohājerat	مهاجرت
montaña (f)	kuh	کوه
arrecife (m)	tappe-ye daryāyi	تپه دریایی
roca (f)	saxre	صخره
bosque (m)	jangal	جنگل
jungla (f)	jangal	جنگل
sabana (f)	sāvānā	ساوانا
tundra (f)	tondrā	توندرا
estepa (f)	estep	استپ
desierto (m)	biyābān	بیابان
oasis (m)	vāhe	واحه
mar (m)	daryā	دریا
lago (m)	daryāče	دریاچه
océano (m)	oqyānus	اقیانوس
pantano (m)	bātlāq	باتلاق
de agua dulce (adj)	ab-e širin	آب شیرین
estanque (m)	tālāb	تالاب
río (m)	rudxāne	رودخانه
cubil (m)	lāne-ye xers	لانه خرس
nido (m)	lāne	لانه
agujero (m)	surāx	سوراخ
madriguera (f)	lāne	لانه
hormiguero (m)	lāne-ye murče	لانهٔ مورچه

224. El cuidado de los animales

zoológico (m)	bāq-e vahš	باغ وحش
reserva (f) natural	mantaqe hefāzat šode	منطقه حفاظت شده
criadero (m)	zaxire-ye gāh	ذخیره گاه
jaula (f) al aire libre	lāne	لانه
jaula (f)	qafas	قفس
perrera (f)	lāne-ye sag	لانه سگ
palomar (m)	lāne-ye kabutar	لانه کبوتر
acuario (m)	ākvāriyom	آکواریوم
delfinario (m)	delfin xane	دلفین خانه
criar (~ animales)	parvareš dādan	پرورش دادن
crías (f pl)	juje, tule	جوجه، توله
domesticar (vt)	rām kardan	رام کردن
adiestrar (~ animales)	tarbiyat kardan	تربیت کردن
pienso (m), comida (f)	xorāk	خوراک
dar de comer	xorāk dādan	خوراک دادن

tienda (f) de animales	forušgāh-e heyvānāt-e ahli	فروشگاه حیوانات اهلی
bozal (m) de perro	puze band	پوزه بند
collar (m)	qallāde	قلاده
nombre (m) (de perro, etc.)	laqab	لقب
pedigrí (m)	nežād	نژاد

225. Los animales. Miscelánea

manada (f) (de lobos)	daste	دسته
bandada (f) (de pájaros)	daste	دسته
banco (m) de peces	daste	دسته
caballada (f)	galle	گله

| macho (m) | nar | نر |
| hembra (f) | mādde | ماده |

hambriento (adj)	gorosne	گرسنه
salvaje (adj)	vahši	وحشی
peligroso (adj)	xatarnāk	خطرناک

226. Los caballos

| caballo (m) | asb | اسب |
| raza (f) | nežād | نژاد |

| potro (m) | korre asb | کره اسب |
| yegua (f) | mādiyān | مادیان |

mustang (m)	asb-e vahš-i	اسب وحشی
poni (m)	asbče	اسبچه
caballo (m) de tiro	asb-e bārkeš	اسب بارکش

| crin (f) | yāl | یال |
| cola (f) | dam | دم |

casco (m) (pezuña)	sam	سم
herradura (f)	na'l	نعل
herrar (vt)	na'l zadan	نعل زدن
herrero (m)	āhangar	آهنگر

silla (f)	zin	زین
estribo (m)	rekāb	رکاب
bridón (m)	lejām	لجام
riendas (f pl)	afsār	افسار
fusta (f)	tāziyāne	تازیانه

jinete (m)	savārkār	سوارکار
ensillar (vt)	zin kardan	زین کردن
montar al caballo	ruy-ye zin nešastan	روی زین نشستن

| galope (m) | čāhārna'l | چهارنعل |
| ir al galope | čāhārna'l tāxtan | چهارنعل تاختن |

trote (m)	yurtme	یورتمه
al trote (adv)	yurtme	یورتمه
ir al trote, trotar (vi)	yurtme raftan	یورتمه رفتن
caballo (m) de carreras	asb-e mosābeqe	اسب مسابقه
carreras (f pl)	asb-e davāni	اسب دوانی
caballeriza (f)	establ	اصطبل
dar de comer	xorāk dādan	خوراک دادن
heno (m)	alaf-e xošk	علف خشک
dar de beber	āb dādan	آب دادن
limpiar (el caballo)	pāk kardan	پاک کردن
carro (m)	gāri	گاری
pastar (vi)	čaridan	چریدن
relinchar (vi)	šeyhe kešidan	شیهه کشیدن
cocear (vi)	lagad zadan	لگد زدن

La flora

227. Los árboles

árbol (m)	deraxt	درخت
foliáceo (adj)	barg riz	برگ ریز
conífero (adj)	maxrutiyān	مخروطیان
de hoja perenne	hamiše sabz	همیشه سبز
manzano (m)	deraxt-e sib	درخت سیب
peral (m)	golābi	گلابی
cerezo (m)	gilās	گیلاس
guindo (m)	ālbālu	آلبالو
ciruelo (m)	ālu	آلو
abedul (m)	tus	توس
roble (m)	balut	بلوط
tilo (m)	zirfun	زیرفون
pobo (m)	senowbar-e larzān	صنوبر لرزان
arce (m)	afrā	افرا
pícea (f)	senowbar	صنوبر
pino (m)	kāj	کاج
alerce (m)	senowbar-e ārāste	صنوبر آراسته
abeto (m)	šāh deraxt	شاه درخت
cedro (m)	sedr	سدر
álamo (m)	sepidār	سپیدار
serbal (m)	zabān gonješk-e kuhi	زبان گنجشک کوهی
sauce (m)	bid	بید
aliso (m)	tuskā	توسکا
haya (f)	rāš	راش
olmo (m)	nārvan-e qermez	نارون قرمز
fresno (m)	zabān-e gonješk	زبان گنجشک
castaño (m)	šāh balut	شاه بلوط
magnolia (f)	māgnoliyā	ماگنولیا
palmera (f)	naxl	نخل
ciprés (m)	sarv	سرو
mangle (m)	karnā	کرنا
baobab (m)	bāobāb	بائوباب
eucalipto (m)	okaliptus	اوکالیپتوس
secoya (f)	sorx-e čub	سرخ چوب

228. Los arbustos

mata (f)	bute	بوته
arbusto (m)	bute zār	بوته زار

vid (f)	angur	انگور
viñedo (m)	tākestān	تاکستان

frambueso (m)	tamešk	تمشک
grosellero (m) negro	angur-e farangi-ye siyāh	انگور فرنگی سیاه
grosellero (m) rojo	angur-e farangi-ye sorx	انگور فرنگی سرخ
grosellero (m) espinoso	angur-e farangi	انگور فرنگی

acacia (f)	aqāqiyā	اقاقیا
berberís (m)	zerešk	زرشک
jazmín (m)	yāsaman	یاسمن

enebro (m)	ardaj	اردج
rosal (m)	bute-ye gol-e mohammadi	بوتۀ گل محمدی
escaramujo (m)	nastaran	نسترن

229. Los hongos

seta (f)	qārč	قارچ
seta (f) comestible	qārč-e xorāki	قارچ خوراکی
seta (f) venenosa	qārč-e sammi	قارچ سمی
sombrerete (m)	kolāhak-e qārč	کلاهک قارچ
estipe (m)	pāye	پایه

seta calabaza (f)	qārč-e sefid	قارچ سفید
boleto (m) castaño	samāruq	سماروغ
boleto (m) áspero	qārč-e bulet	قارچ بولت
rebozuelo (m)	qārč-e zard	قارچ زرد
rúsula (f)	qārč-e tiqe-ye tord	قارچ تیغه ترد

colmenilla (f)	qārč-e morkelā	قارچ مورکلا
matamoscas (m)	qārč-e magas	قارچ مگس
oronja (f) verde	kolāhak-e marg	کلاهک مرگ

230. Las frutas. Las bayas

fruto (m)	mive	میوه
frutos (m pl)	mive jāt	میوه جات

manzana (f)	sib	سیب
pera (f)	golābi	گلابی
ciruela (f)	ālu	آلو

fresa (f)	tut-e farangi	توت فرنگی
guinda (f)	ālbālu	آلبالو
cereza (f)	gilās	گیلاس
uva (f)	angur	انگور

frambuesa (f)	tamešk	تمشک
grosella (f) negra	angur-e farangi-ye siyāh	انگور فرنگی سیاه
grosella (f) roja	angur-e farangi-ye sorx	انگور فرنگی سرخ
grosella (f) espinosa	angur-e farangi	انگور فرنگی

arándano (m) agrio	nārdānak-e vahši	ناردانک وحشی
naranja (f)	porteqāl	پرتقال
mandarina (f)	nārengi	نارنگی
piña (f)	ānānās	آناناس
banana (f)	mowz	موز
dátil (m)	xormā	خرما

limón (m)	limu	لیمو
albaricoque (m)	zardālu	زردآلو
melocotón (m)	holu	هلو
kiwi (m)	kivi	کیوی
toronja (f)	gerip forut	گریپ فوروت

baya (f)	mive-ye butei	میوۀ بوته ای
bayas (f pl)	mivehā-ye butei	میوه های بوته ای
arándano (m) rojo	tut-e farangi-ye jangali	توت فرنگی جنگلی
fresa (f) silvestre	zoqāl axte	زغال اخته
arándano (m)	zoqāl axte	زغال اخته

231. Las flores. Las plantas

| flor (f) | gol | گل |
| ramo (m) de flores | daste-ye gol | دسته گل |

rosa (f)	gol-e sorx	گل سرخ
tulipán (m)	lāle	لاله
clavel (m)	mixak	میخک
gladiolo (m)	susan-e sefid	سوسن سفید

aciano (m)	gol-e gandom	گل گندم
campanilla (f)	gol-e estekāni	گل استکانی
diente (m) de león	gol-e qāsedak	گل قاصدک
manzanilla (f)	bābune	بابونه

áloe (m)	oloviye	آلوئه
cacto (m)	kāktus	کاکتوس
ficus (m)	fikus	فیکوس

azucena (f)	susan	سوسن
geranio (m)	gol-e šam'dāni	گل شمعدانی
jacinto (m)	sonbol	سنبل

mimosa (f)	mimosā	میموسا
narciso (m)	narges	نرگس
capuchina (f)	gol-e lādan	گل لادن

orquídea (f)	orkide	ارکیده
peonía (f)	gol-e ašrafi	گل اشرفی
violeta (f)	banafše	بنفشه

trinitaria (f)	banafše-ye farangi	بنفشه فرنگی
nomeolvides (f)	gol-e farāmuš-am makon	گل فراموشم مکن
margarita (f)	gol-e morvārid	گل مروارید
amapola (f)	xašxāš	خشخاش

cáñamo (m)	šāh dāne	شاه دانه
menta (f)	na'nā'	نعناع
muguete (m)	muge	موگه
campanilla (f) de las nieves	gol-e barfi	گل برفی
ortiga (f)	gazane	گزنه
acedera (f)	toršak	ترشک
nenúfar (m)	nilufar-e abi	نیلوفر آبی
helecho (m)	saraxs	سرخس
liquen (m)	golesang	گلسنگ
invernadero (m) tropical	golxāne	گلخانه
césped (m)	čaman	چمن
macizo (m) de flores	baqče-ye gol	باغچه گل
planta (f)	giyāh	گیاه
hierba (f)	alaf	علف
hoja (f) de hierba	alaf	علف
hoja (f)	barg	برگ
pétalo (m)	golbarg	گلبرگ
tallo (m)	sāqe	ساقه
tubérculo (m)	riše	ریشه
retoño (m)	javāne	جوانه
espina (f)	xār	خار
florecer (vi)	gol kardan	گل کردن
marchitarse (vr)	pažmorde šodan	پژمرده شدن
olor (m)	bu	بو
cortar (vt)	boridan	بریدن
coger (una flor)	kandan	کندن

232. Los cereales, los granos

grano (m)	dāne	دانه
cereales (m pl) (plantas)	qallāt	غلات
espiga (f)	xuše	خوشه
trigo (m)	gandom	گندم
centeno (m)	čāvdār	چاودار
avena (f)	jow-e sahrāyi	جو صحرایی
mijo (m)	arzan	ارزن
cebada (f)	jow	جو
maíz (m)	zorrat	ذرت
arroz (m)	berenj	برنج
alforfón (m)	gandom-e siyāh	گندم سیاه
guisante (m)	noxod	نخود
fréjol (m)	lubiyā qermez	لوبیا قرمز
soya (f)	sowyā	سویا
lenteja (f)	adas	عدس
habas (f pl)	lubiyā	لوبیا

233. Los vegetales. Las verduras

legumbres (f pl)	sabzijāt	سبزیجات
verduras (f pl)	sabzi	سبزی
tomate (m)	gowje farangi	گوجه فرنگی
pepino (m)	xiyār	خیار
zanahoria (f)	havij	هویج
patata (f)	sib zamini	سیب زمینی
cebolla (f)	piyāz	پیاز
ajo (m)	sir	سیر
col (f)	kalam	کلم
coliflor (f)	gol kalam	گل کلم
col (f) de Bruselas	koll-am boruksel	کلم بروکسل
brócoli (m)	kalam borokli	کلم بروکلی
remolacha (f)	čoqondar	چغندر
berenjena (f)	bādenjān	بادنجان
calabacín (m)	kadu sabz	کدو سبز
calabaza (f)	kadu tanbal	کدو تنبل
nabo (m)	šalqam	شلغم
perejil (m)	ja'fari	جعفری
eneldo (m)	šavid	شوید
lechuga (f)	kāhu	کاهو
apio (m)	karafs	کرفس
espárrago (m)	mārčube	مارچوبه
espinaca (f)	esfenāj	اسفناج
guisante (m)	noxod	نخود
habas (f pl)	lubiyā	لوبیا
maíz (m)	zorrat	ذرت
fréjol (m)	lubiyā qermez	لوبیا قرمز
pimentón (m)	felfel	فلفل
rábano (m)	torobče	تربچه
alcachofa (f)	kangar farangi	کنگرفرنگی

GEOGRAFÍA REGIONAL

234. Europa occidental

Europa (f)	orupā	اروپا
Unión (f) Europea	ettehādiye-ye orupā	اتحادیه اروپا
europeo (m)	orupāyi	اروپایی
europeo (adj)	orupāyi	اروپایی
Austria (f)	otriš	اتریش
austriaco (m)	mard-e otriši	مرد اتریشی
austriaca (f)	zan-e otriši	زن اتریشی
austriaco (adj)	otriši	اتریشی
Gran Bretaña (f)	beritāniyā-ye kabir	بریتانیای کبیر
Inglaterra (f)	engelestān	انگلستان
inglés (m)	mard-e engelisi	مرد انگلیسی
inglesa (f)	zan-e engelisi	زن انگلیسی
inglés (adj)	engelisi	انگلیسی
Bélgica (f)	belžik	بلژیک
belga (m)	mard-e belžiki	مرد بلژیکی
belga (f)	zan-e belžiki	زن بلژیکی
belga (adj)	belžiki	بلژیکی
Alemania (f)	ālmān	آلمان
alemán (m)	mard-e ālmāni	مرد آلمانی
alemana (f)	zan-e ālmāni	زن آلمانی
alemán (adj)	ālmāni	آلمانی
Países Bajos (m pl)	holand	هلند
Holanda (f)	holand	هلند
holandés (m)	mard-e holandi	مرد هلندی
holandesa (f)	zan-e holandi	زن هلندی
holandés (adj)	holandi	هلندی
Grecia (f)	yunān	یونان
griego (m)	mard-e yunāni	مرد یونانی
griega (f)	zan-e yunāni	زن یونانی
griego (adj)	yunāni	یونانی
Dinamarca (f)	dānmārk	دانمارک
danés (m)	mard-e dānmārki	مرد دانمارکی
danesa (f)	zan-e dānmārki	زن دانمارکی
danés (adj)	dānmārki	دانمارکی
Irlanda (f)	irland	ایرلند
irlandés (m)	mard-e irlandi	مرد ایرلندی
irlandesa (f)	zan-e irlandi	زن ایرلندی
irlandés (adj)	irlandi	ایرلندی

Islandia (f)	island	ایسلند
islandés (m)	mard-e island-i	مرد ایسلندی
islandesa (f)	zan-e island-i	زن ایسلندی
islandés (adj)	island-i	ایسلندی
España (f)	espāniyā	اسپانیا
español (m)	mard-e espāniyāyi	مرد اسپانیایی
española (f)	zan-e espāniyāyi	زن اسپانیایی
español (adj)	espāniyāyi	اسپانیایی
Italia (f)	itāliyā	ایتالیا
italiano (m)	mard-e itāliyāyi	مرد ایتالیایی
italiana (f)	zan-e itāliyāyi	زن ایتالیایی
italiano (adj)	itāliyāyi	ایتالیایی
Chipre (m)	qebres	قبرس
chipriota (m)	mard-e qebresi	مرد قبرسی
chipriota (f)	zan-e qebresi	زن قبرسی
chipriota (adj)	qebresi	قبرسی
Malta (f)	mālt	مالت
maltés (m)	mard-e mālti	مرد مالتی
maltesa (f)	zan-e mālti	زن مالتی
maltés (adj)	mālti	مالتی
Noruega (f)	norvež	نروژ
noruego (m)	mard-e norveži	مرد نروژی
noruega (f)	zan-e norveži	زن نروژی
noruego (adj)	norveži	نروژی
Portugal (m)	porteqāl	پرتغال
portugués (m)	mard-e porteqāli	مرد پرتغالی
portuguesa (f)	zan-e porteqāli	زن پرتغالی
portugués (adj)	porteqāli	پرتغالی
Finlandia (f)	fanlānd	فنلاند
finlandés (m)	mard-e fanlāndi	مرد فنلاندی
finlandesa (f)	zan-e fanlāndi	زن فنلاندی
finlandés (adj)	fanlāndi	فنلاندی
Francia (f)	farānse	فرانسه
francés (m)	mard-e farānsavi	مرد فرانسوی
francesa (f)	zan-e farānsavi	زن فرانسوی
francés (adj)	farānsavi	فرانسوی
Suecia (f)	sued	سوئد
sueco (m)	mard-e suedi	مرد سوئدی
sueca (f)	zan-e suedi	زن سوئدی
sueco (adj)	suedi	سوئدی
Suiza (f)	suis	سوئیس
suizo (m)	mard-e suisi	مرد سوئیسی
suiza (f)	zan-e suisi	زن سوئیسی
suizo (adj)	suisi	سوئیسی
Escocia (f)	eskātland	اسکاتلند
escocés (m)	mard-e eskātlandi	مرد اسکاتلندی

| escocesa (f) | zan-e eskātlandi | زن اسکاتلندی |
| escocés (adj) | eskātlandi | اسکاتلندی |

Vaticano (m)	vātikān	واتیکان
Liechtenstein (m)	lixteneštāyn	لیختن‌اشتاین
Luxemburgo (m)	lokzāmborg	لوکزامبورگ
Mónaco (m)	monāko	موناکو

235. Europa central y oriental

Albania (f)	ālbāni	آلبانی
albanés (m)	mard-e ālbāniyāyi	مرد آلبانیایی
albanesa (f)	zan-e ālbāniyāyi	زن آلبانیایی
albanés (adj)	ālbāniyāyi	آلبانیایی

Bulgaria (f)	bolqārestān	بلغارستان
búlgaro (m)	mard-e bolqāri	مرد بلغاری
búlgara (f)	zan-e bolqāri	زن بلغاری
búlgaro (adj)	bolqāri	بلغاری

Hungría (f)	majārestān	مجارستان
húngaro (m)	mard-e majāri	مرد مجاری
húngara (f)	zan-e majāri	زن مجاری
húngaro (adj)	majāri	مجاری

Letonia (f)	letuni	لتونی
letón (m)	mard-e letoniyāyi	مرد لتونیایی
letona (f)	zan-e letoniyāyi	زن لتونیایی
letón (adj)	letuniyāyi	لتونیایی

Lituania (f)	litvāni	لیتوانی
lituano (m)	mard-e litvāniyāyi	مرد لیتوانیایی
lituana (f)	zan-e litvāniyāyi	زن لیتوانیایی
lituano (adj)	litvāniyāyi	لیتوانیایی

Polonia (f)	lahestān	لهستان
polaco (m)	mard-e lahestāni	مرد لهستانی
polaca (f)	zan-e lahestāni	زن لهستانی
polaco (adj)	lahestāni	لهستانی

Rumania (f)	romāni	رومانی
rumano (m)	mard-e romāniyāyi	مرد رومانیایی
rumana (f)	zan-e romāniyāyi	زن رومانیایی
rumano (adj)	romāniyāyi	رومانیایی

Serbia (f)	serbestān	صربستان
serbio (m)	mard-e serb	مرد صرب
serbia (f)	zan-e serb	زن صرب
serbio (adj)	serb	صرب

Eslovaquia (f)	eslovāki	اسلواکی
eslovaco (m)	mard-e eslovāk	مرد اسلواک
eslovaca (f)	zan-e eslovāk	زن اسلواک
eslovaco (adj)	eslovāk	اسلواک

Croacia (f)	korovāsi	کرواسی
croata (m)	mard-e korovāt	مرد کروات
croata (f)	zan-e korovāt	زن کروات
croata (adj)	korovāt	کروات
Chequia (f)	jomhuri-ye ček	جمهوری چک
checo (m)	mard-e ček	مرد چک
checa (f)	zan-e ček	زن چک
checo (adj)	ček	چک
Estonia (f)	estoni	استونی
estonio (m)	mard-e estuniyāyi	مرد استونیایی
estonia (f)	zan-e estuniyāyi	زن استونیایی
estonio (adj)	estuniyāyi	استونیایی
Bosnia y Herzegovina	bosni-yo herzogovin	بوسنی وهرزگوین
Macedonia	jomhuri-ye maqduniye	جمهوری مقدونیه
Eslovenia	eslovoni	اسلوونی
Montenegro (m)	montenegro	مونته‌نگرو

236. Los países de la antes Unión Soviética

Azerbaiyán (m)	āzarbāyjān	آذربایجان
azerbaiyano (m)	mard-e āzarbāyejāni	مرد آذربایجانی
azerbaiyana (f)	zan-e āzarbāyejāni	زن آذربایجانی
azerbaiyano (adj)	āzarbāyejāni	آذربایجانی
Armenia (f)	armanestān	ارمنستان
armenio (m)	mard-e armani	مرد ارمنی
armenia (f)	zan-e armani	زن ارمنی
armenio (adj)	armani	ارمنی
Bielorrusia (f)	belārus	بلاروس
bielorruso (m)	mard belārus-i	مرد بلاروسی
bielorrusa (f)	zan belārus-i	زن بلاروسی
bielorruso (adj)	belārus-i	بلاروسی
Georgia (f)	gorjestān	گرجستان
georgiano (m)	mard-e gorji	مرد گرجی
georgiana (f)	zan-e gorji	زن گرجی
georgiano (adj)	gorji	گرجی
Kazajstán (m)	qazzāqestān	قزاقستان
kazajo (m)	mard-e qazzāq	مرد قزاق
kazaja (f)	zan-e qazzāq	زن قزاق
kazajo (adj)	qazzāqi	قزاقی
Kirguizistán (m)	qerqizestān	قرقیزستان
kirguís (m)	mard-e qerqiz	مرد قرقیز
kirguisa (f)	zan-e qerqiz	زن قرقیز
kirguís (adj)	qerqiz	قرقیز
Moldavia (f)	moldāvi	مولداوی
moldavo (m)	mard-e moldāv	مرد مولداو

| moldava (f) | zan-e moldāv | زن مولداو |
| moldavo (adj) | moldāv | مولداو |

Rusia (f)	rusiye	روسیه
ruso (m)	mard-e rusi	مرد روسی
rusa (f)	zan-e rusi	زن روسی
ruso (adj)	rusi	روسی

Tayikistán (m)	tājikestān	تاجیکستان
tayiko (m)	mard-e tājik	مرد تاجیک
tayika (f)	zan-e tājik	زن تاجیک
tayiko (adj)	tājik	تاجیک

Turkmenistán (m)	torkamanestān	ترکمنستان
turkmeno (m)	mard-e torkaman	مرد ترکمن
turkmena (f)	zan-e torkaman	زن ترکمن
turkmeno (adj)	torkaman	ترکمن

Uzbekistán (m)	ozbakestān	ازبکستان
uzbeko (m)	mard-e ozbak	مرد ازبک
uzbeka (f)	zan-e ozbak	زن ازبک
uzbeko (adj)	ozbak	ازبک

Ucrania (f)	okrāyn	اوکراین
ucraniano (m)	mard-e okrāyni	مرد اوکراینی
ucraniana (f)	zan-e okrāyni	زن اوکراینی
ucraniano (adj)	okrāyni	اوکراینی

237. Asia

| Asia (f) | āsiyā | آسیا |
| asiático (adj) | āsiyāyi | آسیایی |

Vietnam (m)	viyetnām	ویتنام
vietnamita (m)	mard-e viyetnāmi	مرد ویتنامی
vietnamita (f)	zan-e viyetnāmi	زن ویتنامی
vietnamita (adj)	viyetnāmi	ویتنامی

India (f)	hendustān	هندوستان
indio (m)	mard-e hendi	مرد هندی
india (f)	zan-e hendi	زن هندی
indio (adj)	hendi	هندی

Israel (m)	esrāil	اسرائیل
israelí (m)	mard-e esrāili	مرد اسرائیلی
israelí (f)	zan-e esrāili	زن اسرائیلی
israelí (adj)	esrāili	اسرائیلی

hebreo (m)	mard-e yahudi	مرد یهودی
hebrea (f)	zan-e yahudi	زن یهودی
hebreo (adj)	yahudi	یهودی

| China (f) | čin | چین |
| chino (m) | mard-e čini | مرد چینی |

| china (f) | zan-e čini | زن چینی |
| chino (adj) | čini | چینی |

Corea (f) del Sur	kare-ye jonubi	کرۀ جنوبی
Corea (f) del Norte	kare-ye šomāli	کرۀ شمالی
coreano (m)	mard-e karei	مرد کره ای
coreana (f)	zan-e karei	زن کره ای
coreano (adj)	kare i	کره ای

Líbano (m)	lobnān	لبنان
libanés (m)	mard-e lobnāni	مرد لبنانی
libanesa (f)	zan-e lobnāni	زن لبنانی
libanés (adj)	lobnāni	لبنانی

Mongolia (f)	moqolestān	مغولستان
mongol (m)	mard-e moqol	مرد مغول
mongola (f)	zan-e moqol	زن مغول
mongol (adj)	moqol	مغول

Malasia (f)	mālezi	مالزی
malayo (m)	mard-e māleziāyi	مرد مالزیایی
malaya (f)	zan-e māleziāyi	زن مالزیایی
malayo (adj)	māleziāyi	مالزیایی

Pakistán (m)	pākestān	پاکستان
pakistaní (m)	mard-e pākestāni	مرد پاکستانی
pakistaní (f)	zan-e pākestāni	زن پاکستانی
pakistaní (adj)	pākestāni	پاکستانی

Arabia (f) Saudita	arabestān-e so'udi	عربستان سعودی
árabe (m)	mard-e arab	مرد عرب
árabe (f)	zan-e arab	زن عرب
árabe (adj)	arab	عرب

Tailandia (f)	tāyland	تایلند
tailandés (m)	mard-e tāylandi	مرد تایلندی
tailandesa (f)	zan-e tāylandi	زن تایلندی
tailandés (adj)	tāylandi	تایلندی

Taiwán (m)	tāyvān	تایوان
taiwanés (m)	mard-e tāyvāni	مرد تایوانی
taiwanesa (f)	zan-e tāyvāni	زن تایوانی
taiwanés (adj)	tāyvāni	تایوانی

Turquía (f)	torkiye	ترکیه
turco (m)	mard-e tork	مرد ترک
turca (f)	zan-e tork	زن ترک
turco (adj)	tork	ترک

Japón (m)	žāpon	ژاپن
japonés (m)	mard-e žāponi	مرد ژاپنی
japonesa (f)	zan-e žāponi	زن ژاپنی
japonés (adj)	žāponi	ژاپنی

| Afganistán (m) | afqānestān | افغانستان |
| Bangladesh (m) | bangelādeš | بنگلادش |

| Indonesia (f) | andonezi | اندونزی |
| Jordania (f) | ordon | اردن |

Irak (m)	arāq	عراق
Irán (m)	irān	ایران
Camboya (f)	kāmboj	کامبوج
Kuwait (m)	koveyt	کویت

Laos (m)	lāus	لائوس
Myanmar (m)	miyānmār	میانمار
Nepal (m)	nepāl	نپال
Emiratos (m pl) Árabes Unidos	emārāt-e mottahede-ye arabi	امارات متحده عربی

| Siria (f) | suriye | سوریه |
| Palestina (f) | felestin | فلسطین |

238. América del Norte

Estados Unidos de América (m pl)	eyālāt-e mottahede-ye emrikā	ایالات متحدهٔ امریکا
americano (m)	mard-e emrikāyi	مرد امریکایی
americana (f)	zan-e emrikāyi	زن امریکایی
americano (adj)	emrikāyi	امریکایی

Canadá (f)	kānādā	کانادا
canadiense (m)	mard-e kānādāyi	مرد کانادایی
canadiense (f)	zan-e kānādāyi	زن کانادایی
canadiense (adj)	kānādāyi	کانادایی

Méjico (m)	mekzik	مکزیک
mejicano (m)	mard-e mekziki	مرد مکزیکی
mejicana (f)	zan-e mekziki	زن مکزیکی
mejicano (adj)	mekziki	مکزیکی

239. Centroamérica y Sudamérica

Argentina (f)	āržāntin	آرژانتین
argentino (m)	mard-e āržāntini	مرد آرژانتینی
argentina (f)	zan-e āržāntini	زن آرژانتینی
argentino (adj)	āržāntini	آرژانتینی

Brasil (m)	berezil	برزیل
brasileño (m)	mard-e berezili	مرد برزیلی
brasileña (f)	zan-e berezili	زن برزیلی
brasileño (adj)	berezili	برزیلی

Colombia (f)	kolombiyā	کلمبیا
colombiano (m)	mard-e kolombiyāyi	مرد کلمبیایی
colombiana (f)	zan-e kolombiyāyi	زن کلمبیایی
colombiano (adj)	kolombiyāyi	کلمبیایی
Cuba (f)	kubā	کوبا
cubano (m)	mard-e kubāyi	مرد کوبایی

| cubana (f) | zan-e kubāyi | زن کوبایی |
| cubano (adj) | kubāyi | کوبایی |

Chile (m)	šhili	شیلی
chileno (m)	mard-e šhiliyāyi	مرد شیلیایی
chilena (f)	zan-e šhiliyāyi	زن شیلیایی
chileno (adj)	šhiliyāyi	شیلیایی

Bolivia (f)	bulivi	بولیوی
Venezuela (f)	venezuelā	ونزوئلا
Paraguay (m)	pārāgue	پاراگوئه
Perú (m)	porov	پرو

Surinam (m)	surinām	سورینام
Uruguay (m)	orogue	اوروگوئه
Ecuador (m)	ekvādor	اکوادور

Islas (f pl) Bahamas	bāhāmā	باهاما
Haití (m)	hāiti	هائتی
República (f) Dominicana	jomhuri-ye dominikan	جمهوری دومینیکن
Panamá (f)	pānāmā	پاناما
Jamaica (f)	jāmāikā	جامائیکا

240. África

Egipto (m)	mesr	مصر
egipcio (m)	mard-e mesri	مرد مصری
egipcia (f)	zan-e mesri	زن مصری
egipcio (adj)	mesri	مصری

Marruecos (m)	marākeš	مراکش
marroquí (m)	mard-e marākeši	مرد مراکشی
marroquí (f)	zan-e marākeši	زن مراکشی
marroquí (adj)	marākeši	مراکشی

Túnez (m)	tunes	تونس
tunecino (m)	mard-e tunesi	مرد تونسی
tunecina (f)	zan-e tunesi	زن تونسی
tunecino (adj)	tunesi	تونسی

Ghana (f)	qanā	غنا
Zanzíbar (m)	zangbār	زنگبار
Kenia (f)	keniyā	کنیا
Libia (f)	libi	لیبی
Madagascar (m)	mādāgāskār	ماداگاسکار

Namibia (f)	nāmibiyā	نامیبیا
Senegal (m)	senegāl	سنگال
Tanzania (f)	tānzāniyā	تانزانیا
República (f) Sudafricana	jomhuri-ye āfriqā-ye jonubi	جمهوری آفریقای جنوبی

africano (m)	mard-e āfriqāyi	مرد آفریقایی
africana (f)	zan-e āfriqāyi	زن آفریقایی
africano (adj)	āfriqāyi	آفریقایی

241. Australia. Oceanía

Australia (f)	ostorāliyā	استرالیا
australiano (m)	mard-e ostorāliyāyi	مرد استرالیایی
australiana (f)	zan-e ostorāliyāyi	زن استرالیایی
australiano (adj)	ostorāliyāyi	استرالیایی
Nueva Zelanda (f)	niyuzland	نیوزلند
neocelandés (m)	mard-e niyuzlandi	مرد نیوزلندی
neocelandesa (f)	zan-e niyuzlandi	زن نیوزلندی
neocelandés (adj)	niyuzlandi	نیوزلندی
Tasmania (f)	tāsmāni	تاسمانی
Polinesia (f) Francesa	polinezi-ye farānse	پلینزی فرانسه

242. Las ciudades

Ámsterdam	āmesterdām	آمستردام
Ankara	ānkārā	آنکارا
Atenas	āten	آتن
Bagdad	baqdād	بغداد
Bangkok	bānkok	بانکوک
Barcelona	bārselon	بارسلون
Beirut	beyrut	بیروت
Berlín	berlin	برلین
Mumbai	bombai	بمبئی
Bonn	bon	بن
Bratislava	bratislav	براتیسلاو
Bruselas	boruksel	بروکسل
Bucarest	boxārest	بخارست
Budapest	budāpest	بوداپست
Burdeos	bordo	بوردو
El Cairo	qāhere	قاهره
Calcuta	kalkate	کلکته
Chicago	šikāgo	شیکاگو
Copenhague	kopenhāk	کپنهاک
Dar-es-Salam	dārossalām	دارالسلام
Delhi	dehli	دهلی
Dubai	debi	دبی
Dublín	dublin	دوبلین
Dusseldorf	duseldorf	دوسلدورف
Estambul	estānbol	استامبول
Estocolmo	āstokholm	استکهلم
Florencia	felorāns	فلورانس
Fráncfort del Meno	ferānkfort	فرانکفورت
Ginebra	ženev	ژنو
La Habana	hāvānā	هاوانا
Hamburgo	hāmborg	هامبورگ

Hanói	hānoy	هانوی
La Haya	lāhe	لاهه
Helsinki	helsinki	هلسینکی
Hiroshima	hirošimā	هیروشیما
Hong Kong	hong kong	هنگ کنگ

Jerusalén	beytolmoqaddas	بیت المقدس
Kiev	keyf	کیف
Kuala Lumpur	kuālālāmpur	کوالالامپور

Lisboa	lisbun	لیسبون
Londres	landan	لندن
Los Ángeles	losānjeles	لس‌آنجلس
Lyon	liyon	لیون

Madrid	mādrid	مادرید
Marsella	mārsey	مارسی
Ciudad de México	mekziko	مکزیکو
Miami	mayāmey	میامی
Montreal	montreāl	مونترآل
Moscú	moskow	مسکو
Múnich	munix	مونیخ

Nairobi	nāyrubi	نایروبی
Nápoles	nāpl	ناپل
Niza	nis	نیس
Nueva York	niyuyork	نیویورک

Oslo	oslo	اسلو
Ottawa	otāvā	اتاوا
París	pāris	پاریس
Pekín	pekan	پکن
Praga	perāg	پراگ

Río de Janeiro	riyo-do-žāniro	ریو دو ژانیرو
Roma	ram	رم
San Petersburgo	sān peterzburg	سن پترزبورگ
Seúl	seul	سئول
Shanghái	šānghāy	شانگهای
Singapur	sangāpur	سنگاپور
Sydney	sidni	سیدنی

Taipei	tāype	تایپه
Tokio	tokiyo	توکیو
Toronto	torento	تورنتو
Varsovia	varšow	ورشو
Venecia	veniz	ونیز
Viena	viyan	وین
Washington	vāšangton	واشنگتن

243. La política. El gobierno. Unidad 1

| política (f) | siyāsat | سیاست |
| político (adj) | siyāsi | سیاسی |

político (m)	siyāsatmadār	سیاستمدار
estado (m)	dowlat	دولت
ciudadano (m)	šahrvand	شهروند
ciudadanía (f)	šahrvandi	شهروندی

| escudo (m) nacional | nešān melli | نشان ملی |
| himno (m) nacional | sorud-e melli | سرود ملی |

gobierno (m)	hokumat	حکومت
jefe (m) de estado	rahbar-e dowlat	رهبر دولت
parlamento (m)	pārlemān	پارلمان
partido (m)	hezb	حزب

| capitalismo (m) | sarmāye dāri | سرمایه داری |
| capitalista (adj) | kāpitālisti | کاپیتالیستی |

| socialismo (m) | sosiyālism | سوسیالیسم |
| socialista (adj) | sosiyālisti | سوسیالیستی |

comunismo (m)	komonism	کمونیسم
comunista (adj)	komonisti	کمونیستی
comunista (m)	komonist	کمونیست

democracia (f)	demokrāsi	دموکراسی
demócrata (m)	demokrāt	دموکرات
democrático (adj)	demokrātik	دموکراتیک
Partido (m) Democrático	hezb-e demokrāt	حزب دموکرات

| liberal (m) | liberāl | لیبرال |
| liberal (adj) | liberāli | لیبرالی |

| conservador (m) | mohāfeze kār | محافظه کار |
| conservador (adj) | mohāfeze kāri | محافظه کاری |

república (f)	jomhuri	جمهوری
republicano (m)	jomhuri xāh	جمهوری خواه
Partido (m) Republicano	hezb-e jomhurixāh	حزب جمهوری خواه

elecciones (f pl)	entexābāt	انتخابات
elegir (vi)	entexāb kardan	انتخاب کردن
elector (m)	entexāb konande	انتخاب کننده
campaña (f) electoral	kampeyn-e entexābāti	کمپین انتخاباتی

votación (f)	axz-e ra'y	اخذ رأی
votar (vi)	ra'y dādan	رأی دادن
derecho (m) a voto	haqq-e ra'y	حق رأی

candidato (m)	nāmzad	نامزد
presentarse como candidato	nāmzad šodan	نامزد شدن
campaña (f)	kampeyn	کمپین

| de oposición (adj) | moxālef | مخالف |
| oposición (f) | opozisyon | اپوزیسیون |

| visita (f) | vizit | ویزیت |
| visita (f) oficial | vizit-e rasmi | ویزیت رسمی |

internacional (adj)	beynolmelali	بین المللی
negociaciones (f pl)	mozākerāt	مذاکرات
negociar (vi)	mozākere kardan	مذاکره کردن

244. La política. El gobierno. Unidad 2

sociedad (f)	jam'iyat	جمعیت
constitución (f)	qānun-e asāsi	قانون اساسی
poder (m)	hākemiyat	حاکمیت
corrupción (f)	fesād	فساد

| ley (f) | qānun | قانون |
| legal (adj) | qānuni | قانونی |

| justicia (f) | edālat | عدالت |
| justo (adj) | ādel | عادل |

comité (m)	komite	کمیته
proyecto (m) de ley	lāyehe-ye qānun	لایحهٔ قانون
presupuesto (m)	budje	بودجه
política (f)	siyāsat	سیاست
reforma (f)	eslāhāt	اصلاحات
radical (adj)	efrāti	افراطی

potencia (f) (~ militar, etc.)	niru	نیرو
poderoso (adj)	moqtader	مقتدر
partidario (m)	tarafdār	طرفدار
influencia (f)	ta'sir	تأثیر

régimen (m)	nezām	نظام
conflicto (m)	dargiri	درگیری
complot (m)	towtee	توطئه
provocación (f)	tahrik	تحریک

derrocar (al régimen)	sarnegun kardan	سرنگون کردن
derrocamiento (m)	sarneguni	سرنگونی
revolución (f)	enqelāb	انقلاب

| golpe (m) de estado | kudetā | کودتا |
| golpe (m) militar | kudetā-ye nezāmi | کودتای نظامی |

crisis (f)	bohrān	بحران
recesión (f) económica	rokud-e eqtesādi	رکود اقتصادی
manifestante (m)	tazāhorāt konande	تظاهرات کننده
manifestación (f)	tazāhorāt	تظاهرات
ley (f) marcial	hālat-e nezāmi	حالت نظامی
base (f) militar	pāygāh-e nezāmi	پایگاه نظامی

| estabilidad (f) | sobāt | ثبات |
| estable (adj) | bāsobāt | باثبات |

explotación (f)	bahre bardār-i	بهره برداری
explotar (vt)	bahre bardār-i kardan	بهره برداری کردن
racismo (m)	nežādparasti	نژادپرستی

racista (m)	nežādparast	نژادپرست
fascismo (m)	fāšizm	فاشیزم
fascista (m)	fāšist	فاشیست

245. Los países. Miscelánea

extranjero (m)	xāreji	خارجی
extranjero (adj)	xāreji	خارجی
en el extranjero	dar xārej	در خارج

emigrante (m)	mohājer	مهاجر
emigración (f)	mohājerat	مهاجرت
emigrar (vi)	mohājerat kardan	مهاجرت کردن

Oeste (m)	qarb	غرب
Oriente (m)	xāvar	خاور
Extremo Oriente (m)	xāvar-e-dur	خاوردور
civilización (f)	tamaddon	تمدن
humanidad (f)	ensāniyat	انسانیت
mundo (m)	jahān	جهان
paz (f)	solh	صلح
mundial (adj)	jahāni	جهانی

patria (f)	vatan	وطن
pueblo (m)	mellat	ملت
población (f)	mardom	مردم
gente (f)	afrād	افراد
nación (f)	mellat	ملت
generación (f)	nasl	نسل
territorio (m)	qalamrow	قلمرو
región (f)	mantaqe	منطقه
estado (m) (parte de un país)	eyālat	ایالت

tradición (f)	sonnat	سنت
costumbre (f)	ādat	عادت
ecología (f)	mohit-e zist	محیط زیست

indio (m)	hendi	هندی
gitano (m)	mard-e kowli	مرد کولی
gitana (f)	zan-e kowli	زن کولی
gitano (adj)	kowli	کولی

imperio (m)	emperāturi	امپراطوری
colonia (f)	mosta'mere	مستعمره
esclavitud (f)	bardegi	بردگی
invasión (f)	tahājom	تهاجم
hambruna (f)	gorosnegi	گرسنگی

246. Grupos religiosos principales. Las confesiones

| religión (f) | din | دین |
| religioso (adj) | dini | دینی |

creencia (f)	e'teqād	اعتقاد
creer (en Dios)	e'teqād dāštan	اعتقاد داشتن
creyente (m)	mo'men	مؤمن

| ateísmo (m) | bi dini | بی دینی |
| ateo (m) | molhed | ملحد |

cristianismo (m)	masihiyat	مسیحیت
cristiano (m)	masihi	مسیحی
cristiano (adj)	masihi	مسیحی

catolicismo (m)	mazhab-e kātolik	مذهب کاتولیک
católico (m)	kātolik	کاتولیک
católico (adj)	kātolik	کاتولیک

protestantismo (m)	āin-e porotestān	آئین پروتستان
Iglesia (f) protestante	kelisā-ye porotestān	کلیسای پروتستان
protestante (m)	porotestān	پروتستان

ortodoxia (f)	mazhab-e ortodoks	مذهب ارتدوکس
Iglesia (f) ortodoxa	kelisā-ye ortodoks	کلیسای ارتدوکس
ortodoxo (m)	ortodoks	ارتدوکس

presbiterianismo (m)	persbiterinism	پرسبیترینیسم
Iglesia (f) presbiteriana	kelisā-ye persbiteri	کلیسای پرسبیتری
presbiteriano (m)	persbiteri	پرسبیتری

| Iglesia (f) luterana | kelisā-ye lutrān | کلیسای لوتران |
| luterano (m) | lutrān | لوتران |

| Iglesia (f) bautista | kelisā-ye baptist | کلیسای باپتیست |
| bautista (m) | baptist | باپتیست |

| Iglesia (f) anglicana | kelisā-ye anglikān | کلیسای انگلیکان |
| anglicano (m) | anglikān | انگلیکان |

| mormonismo (m) | ferqe-ye mormon | فرقه مورمون |
| mormón (m) | mormon | مورمون |

| judaísmo (m) | yahudiyat | یهودیت |
| judío (m) | yahudi | یهودی |

| budismo (m) | budism | بودیسم |
| budista (m) | budāyi | بودایی |

| hinduismo (m) | hendi | هندی |
| hinduista (m) | hendu | هندو |

Islam (m)	eslām	اسلام
musulmán (m)	mosalmān	مسلمان
musulmán (adj)	mosalmāni	مسلمانی

chiísmo (m)	ši'e	شیعه
chiita (m)	ši'e	شیعه
sunismo (m)	senni	سنی
suní (m, f)	senni	سنی

247. Las religiones. Los sacerdotes

sacerdote (m)	kešiš	کشیش
Papa (m)	pāp	پاپ
monje (m)	rāheb	راهب
monja (f)	rāhebe	راهبه
pastor (m)	pišvā-ye ruhān-i	پیشوای روحانی
abad (m)	rāheb-e bozorg	راهب بزرگ
vicario (m)	keš-yaš baxš	کشیش بخش
obispo (m)	osqof	اسقف
cardenal (m)	kārdināl	کاردینال
predicador (m)	vā'ez	واعظ
prédica (f)	mo'eze	موعظه
parroquianos (pl)	kešiš tabār	کشیش تبار
creyente (m)	mo'men	مؤمن
ateo (m)	molhed	ملحد

248. La fe. El cristianismo. El islamismo

Adán	ādam	آدم
Eva	havvā	حوا
Dios (m)	xodā	خدا
Señor (m)	xodā	خدا
el Todopoderoso	xodā	خدا
pecado (m)	gonāh	گناه
pecar (vi)	gonāh kardan	گناه کردن
pecador (m)	gonāhkār	گناهکار
pecadora (f)	gonāhkār	گناهکار
infierno (m)	jahannam	جهنم
paraíso (m)	behešt	بهشت
Jesús	isā	عیسی
Jesucristo (m)	isā masih	عیسی مسیح
el Espíritu Santo	ruh olqodos	روح القدس
el Salvador	monji	منجی
la Virgen María	maryam bākere	مریم باکره
el Diablo	šeytān	شیطان
diabólico (adj)	šeytāni	شیطانی
Satán (m)	šeytān	شیطان
satánico (adj)	šeytāni	شیطانی
ángel (m)	ferešte	فرشته
ángel (m) custodio	ferešte-ye negahbān	فرشتهٔ نگهبان
angelical (adj)	ferešte i	فرشته ای

apóstol (m)	havāri	حوارى
arcángel (m)	ferešte-ye moqarrab	فرشتهٔ مقرب
anticristo (m)	dajjāl	دجال
Iglesia (f)	kelisā	كليسا
Biblia (f)	enjil	انجيل
bíblico (adj)	enjili	انجيلى
Antiguo Testamento (m)	ahd-e atiq	عهد عتيق
Nuevo Testamento (m)	ahd-e jadid	عهد جديد
Evangelio (m)	enjil	انجيل
Sagrada Escritura (f)	ketāb-e moqaddas	كتاب مقدس
cielo (m)	behešt	بهشت
mandamiento (m)	farmān	فرمان
profeta (m)	payāmbar	پيامبر
profecía (f)	payāmbari	پيامبرى
Alá	allāh	الله
Mahoma	mohammad	محمد
Corán, Korán (m)	qor'ān	قرآن
mezquita (f)	masjed	مسجد
mulá (m), mullah (m)	mala'	ملا
oración (f)	namāz	نماز
orar, rezar (vi)	do'ā kardan	دعا كردن
peregrinación (f)	ziyārat	زيارت
peregrino (m)	zāer	زائر
La Meca	makke	مكه
iglesia (f)	kelisā	كليسا
templo (m)	haram	حرم
catedral (f)	kelisā-ye jāme'	كليساى جامع
gótico (adj)	gotik	گوتيک
sinagoga (f)	kenešt	كنشت
mezquita (f)	masjed	مسجد
capilla (f)	kelisā-ye kučak	كليساى كوچک
abadía (f)	sowme'e	صومعه
convento (m)	sowme'e	صومعه
monasterio (m)	deyr	دير
campana (f)	nāqus	ناقوس
campanario (m)	borj-e nāqus	برج ناقوس
sonar (vi)	sedā kardan	صدا كردن
cruz (f)	salib	صليب
cúpula (f)	gonbad	گنبد
icono (m)	šamāyel-e moqaddas	شمايل مقدس
alma (f)	jān	جان
destino (m)	sarnevešt	سرنوشت
maldad (f)	badi	بدى
bien (m)	niki	نيكى
vampiro (m)	xun āšām	خون آشام

bruja (f)	jādugar	جادوگر
demonio (m)	div	دیو
espíritu (m)	ruh	روح

| redención (f) | talab-e afv | طلب عفو |
| redimir (vt) | talab-e afv kardan | طلب عفو کردن |

culto (m), misa (f)	ebādat	عبادت
decir misa	ebādat kardan	عبادت کردن
confesión (f)	marāsem-e towbe	مراسم توبه
confesarse (vr)	towbe kardan	توبه کردن

santo (m)	qeddis	قدیس
sagrado (adj)	moqaddas	مقدس
agua (f) santa	āb-e moqaddas	آب مقدس

rito (m)	marāsem	مراسم
ritual (adj)	āyini	آیینی
sacrificio (m)	qorbāni	قربانی

superstición (f)	xorāfe	خرافه
supersticioso (adj)	xorāfāti	خرافاتی
vida (f) de ultratumba	zendegi pas az marg	زندگی پس ازمرگ
vida (f) eterna	zendegi-ye jāvid	زندگی جاوید

MISCELÁNEA

249. Varias palabras útiles

alto (m) (parada temporal)	tavaqqof	توقف
ayuda (f)	komak	کمک
balance (m)	ta'ādol	تعادل
barrera (f)	hesār	حصار
base (f) (~ científica)	pāye	پایه
categoría (f)	tabaqe	طبقه
causa (f)	sabab	سبب
coincidencia (f)	tatāboq	تطابق
comienzo (m) (principio)	šoru'	شروع
comparación (f)	qiyās	قیاس
compensación (f)	jobrān	جبران
confortable (adj)	rāhat	راحت
cosa (f) (objeto)	čiz	چیز
crecimiento (m)	rošd	رشد
desarrollo (m)	pišraft	پیشرفت
diferencia (f)	farq	فرق
efecto (m)	asar	اثر
ejemplo (m)	mesāl	مثال
variedad (f) (selección)	entexāb	انتخاب
elemento (m)	onsor	عنصر
error (m)	eštebāh	اشتباه
esfuerzo (m)	kušeš	کوشش
estándar (adj)	estāndārd	استاندارد
estándar (m)	estāndārd	استاندارد
estilo (m)	sabok	سبک
fin (m)	etmām	اتمام
fondo (m) (color de ~)	zamine	زمینه
forma (f) (contorno)	šekl	شکل
frecuente (adj)	mokarrar	مکرر
grado (m) (en mayor ~)	daraje	درجه
hecho (m)	haqiqat	حقیقت
ideal (m)	ide āl	ایده آل
laberinto (m)	hezār tuy	هزارتوی
modo (m) (de otro ~)	tariq	طریق
momento (m)	lahze	لحظه
objeto (m)	mabhas	مبحث
obstáculo (m)	māne'	مانع
original (m)	asli	اصلی
parte (f)	joz	جزء

partícula (f)	zarre	ذره
pausa (f)	maks	مکث
posición (f)	vazʿ	وضع
principio (m) (tener por ~)	asl	اصل
problema (m)	moškel	مشکل
proceso (m)	ravand	روند
progreso (m)	taraqqi	ترقی
propiedad (f) (cualidad)	xāsiyat	خاصیت
reacción (f)	vākoneš	واکنش
riesgo (m)	risk	ریسک
secreto (m)	rāz	راز
serie (f)	seri	سری
sistema (m)	sistem	سیستم
situación (f)	vazʿiyat	وضعیت
solución (f)	hal	حل
tabla (f) (~ de multiplicar)	jadval	جدول
tempo (m) (ritmo)	sorʿat	سرعت
término (m)	estelāh	اصطلاح
tipo (m) (p.ej. ~ de deportes)	noʿ	نوع
tipo (m) (no es mi ~)	noʿ	نوع
turno (m) (esperar su ~)	nowbat	نوبت
urgente (adj)	fowri	فوری
urgentemente	foran	فوراً
utilidad (f)	fāyede	فایده
variante (f)	moteqayyer	متغیر
verdad (f)	haqiqat	حقیقت
zona (f)	mantaqe	منطقه

250. Los adjetivos. Unidad 1

abierto (adj)	bāz	باز
adicional (adj)	ezāfi	اضافی
agradable (~ voz)	delpasand	دلپسند
agradecido (adj)	sepāsgozār	سپاسگزار
agrio (sabor ~)	torš	ترش
agudo (adj)	tiz	تیز
alegre (adj)	šād	شاد
amargo (adj)	talx	تلخ
amplio (~a habitación)	vasiʿ	وسیع
ancho (camino ~)	vasiʿ	وسیع
antiguo (adj)	qadimi	قدیمی
apretado (falda ~a)	tang	تنگ
arriesgado (adj)	xatarnāk	خطرناک
artificial (adj)	masnuʿi	مصنوعی
azucarado, dulce (adj)	širin	شیرین
bajo (voz ~a)	āheste	آهسته

barato (adj)	arzān	ارزان
bello (hermoso)	zibā	زیبا
blando (adj)	narm	نرم
bronceado (adj)	boronze	برنزه
bueno (de buen corazón)	mehrbān	مهربان

bueno (un libro, etc.)	xub	خوب
caliente (adj)	dāq	داغ
calmo, tranquilo	ārām	آرام
cansado (adj)	xaste	خسته

cariñoso (un padre ~)	ba molāheze	با ملاحظه
caro (adj)	gerān	گران
central (adj)	markazi	مرکزی
cerrado (adj)	baste	بسته
ciego (adj)	kur	کور

civil (derecho ~)	madani	مدنی
clandestino (adj)	maxfi	مخفی
claro (color)	rowšan	روشن
claro (explicación, etc.)	vāzeh	واضح
compatible (adj)	sāzgār	سازگار

congelado (pescado ~)	yax zade	یخ زده
conjunto (decisión ~a)	moštarek	مشترک
considerable (adj)	mohem	مهم
contento (adj)	rāzi	راضی
continuo (adj)	tulāni	طولانی

continuo (incesante)	modāvem	مداوم
conveniente (apto)	monāseb	مناسب
correcto (adj)	dorost	درست
cortés (adj)	moaddab	مؤدب
corto (adj)	kutāh	کوتاه

crudo (huevos ~s)	xām	خام
de atrás (adj)	aqab	عقب
de corta duración (adj)	kutāh moddat	کوتاه مدت
de segunda mano	dast-e dovvom	دست دوم
delgado (adj)	lāqar	لاغر

flaco, delgado (adj)	lāqar	لاغر
denso (~a niebla)	qaliz	غلیظ
derecho (adj)	rāst	راست
diferente (adj)	motefāvet	متفاوت
difícil (decisión)	moškel	مشکل

difícil (problema ~)	saxt	سخت
distante (adj)	dur	دور
dulce (agua ~)	širin	شیرین
duro (material, etc.)	soft	سفت

el más alto	āli	عالی
el más importante	mohemmtarin	مهمترین
el más próximo	nazdik tarin	نزدیک ترین
enfermo (adj)	bimār	بیمار

enorme (adj)	bozorg	بزرگ
entero (adj)	kāmel	کامل
especial (adj)	maxsus	مخصوص
espeso (niebla ~a)	zaxim	ضخیم
estrecho (calle, etc.)	bārik	باریک

exacto (adj)	daqiq	دقیق
excelente (adj)	āli	عالی
excesivo (adj)	ziyād az had	زیاد از حد
exterior (adj)	xāreji	خارجی
extranjero (adj)	xāreji	خارجی

fácil (adj)	āsān	آسان
fatigoso (adj)	xaste konande	خسته کننده
feliz (adj)	xošbaxt	خوشبخت
fértil (la tierra ~)	hāzer	حاصلخیز

frágil (florero, etc.)	šekanande	شکننده
fresco (está ~ hoy)	xonak	خنک
fresco (pan, etc.)	tāze	تازه
frío (bebida ~a, etc.)	sard	سرد

fuerte (~ voz)	boland	بلند
fuerte (adj)	nirumand	نیرومند
grande (en dimensiones)	bozorg	بزرگ
graso (alimento ~)	čarb	چرب

gratis (adj)	majjāni	مجانی
grueso (muro, etc.)	koloft	کلفت
hambriento (adj)	gorosne	گرسنه
hermoso (~ palacio)	zibā	زیبا
hostil (adj)	xasmāne	خصمانه

húmedo (adj)	martub	مرطوب
igual, idéntico (adj)	yeksān	یکسان
importante (adj)	mohem	مهم
imposible (adj)	qeyr-e momken	غیر ممکن

imprescindible (adj)	zaruri	ضروری
indescifrable (adj)	nāmafhum	نامفهوم
infantil (adj)	kudakāne	کودکانه
inmóvil (adj)	bi harekat	بی حرکت
insignificante (adj)	nāčiz	ناچیز

inteligente (adj)	bāhuš	باهوش
interior (adj)	dāxeli	داخلی
izquierdo (adj)	čap	چپ
joven (adj)	javān	جوان

251. Los adjetivos. Unidad 2

largo (camino)	derāz	دراز
legal (adj)	qānuni	قانونی
lejano (adj)	dur	دور

libre (acceso ~)	āzād	آزاد
ligero (un metal ~)	sabok	سبک
limitado (adj)	mahdud	محدود
limpio (camisa ~)	pāk	پاک
líquido (adj)	māye'	مایع
liso (piel, pelo, etc.)	hamvār	هموار
lleno (adj)	por	پر
maduro (fruto, etc.)	reside	رسیده
malo (adj)	bad	بد
mas próximo	nazdik	نزدیک
mate (sin brillo)	tār	تار
meticuloso (adj)	daqiq	دقیق
miope (adj)	nazdik bin	نزدیک بین
misterioso (adj)	asrār āmiz	اسرارآمیز
mojado (adj)	xis	خیس
moreno (adj)	sabze ru	سبزه رو
muerto (adj)	morde	مرده
natal (país ~)	bumi	بومی
necesario (adj)	lāzem	لازم
negativo (adj)	manfi	منفی
negligente (adj)	bi mas'uliyyat	بی مسئولیت
nervioso (adj)	asabi	عصبی
no difícil (adj)	āsān	آسان
no muy grande (adj)	nesbatan kučak	نسبتاً کوچک
normal (adj)	ma'muli	معمولی
nuevo (adj)	jadid	جدید
obligatorio (adj)	ejbāri	اجباری
opuesto (adj)	moqābel	مقابل
ordinario (adj)	ādi	عادی
original (inusual)	orijināl	اوریژینال
oscuro (cuarto ~)	tārik	تاریک
pasado (tiempo ~)	gozašte	گذشته
peligroso (adj)	xatarnāk	خطرناک
pequeño (adj)	kučak	کوچک
perfecto (adj)	āli	عالی
permanente (adj)	dāemi	دائمی
personal (adj)	xosusi	خصوصی
pesado (adj)	sangin	سنگین
plano (pantalla ~a)	hamvār	هموار
plano (superficie ~a)	hamvār	هموار
pobre (adj)	faqir	فقیر
indigente (adj)	faqir	فقیر
poco claro (adj)	nāmo'ayyan	نامعین
poco profundo (adj)	kam omq	کم عمق
posible (adj)	ehtemāli	احتمالی
precedente (adj)	qabli	قبلی
presente (momento ~)	hāzer nabudan	حاضر

principal (~ idea)	asāsi	اساسی
principal (la entrada ~)	asli	اصلی
privado (avión ~)	xosusi	خصوصی
probable (adj)	mohtamel	محتمل
próximo (cercano)	nazdik	نزدیک
público (adj)	omumi	عمومی
puntual (adj)	vaqt šenās	وقت شناس
rápido (adj)	sariʿ	سریع
raro (adj)	nāder	نادر
recto (línea ~a)	rāst	راست
sabroso (adj)	xoš mazze	خوش مزه
salado (adj)	šur	شور
satisfecho (cliente)	rāzi	راضی
seco (adj)	xošk	خشک
seguro (no peligroso)	amn	امن
siguiente (avión, etc.)	digar	دیگر
similar (adj)	šabih	شبیه
simpático, amable (adj)	xub	خوب
simple (adj)	ādi	عادی
sin experiencia (adj)	bi tajrobe	بی تجربه
sin nubes (adj)	sāf	صاف
soleado (un día ~)	āftābi	آفتابی
sólido (~a pared)	mohkam	محکم
sombrío (adj)	tārik	تاریک
sucio (no limpio)	kasif	کثیف
templado (adj)	garm	گرم
tenue (una ~ luz)	kam nur	کم نور
tierno (afectuoso)	mehrbān	مهربان
tonto (adj)	ahmaq	احمق
tranquilo (adj)	ārām	آرام
transparente (adj)	šaffāf	شفاف
triste (adj)	qamgin	غمگین
triste (mirada ~)	anduhgin	اندوهگین
último (~a oportunidad)	āxarin	آخرین
último (~a vez)	piš	پیش
único (excepcional)	kamyāb	کمیاب
vacío (vaso medio ~)	xāli	خالی
vario (adj)	moxtalef	مختلف
vecino (casa ~a)	hamsāye	همسایه
viejo (casa ~a)	qadimi	قدیمی

LOS 500 VERBOS PRINCIPALES

252. Los verbos A-C

abandonar (vt)	rahā kardan	رها کردن
abrazar (vt)	dar āquš gereftan	در آغوش گرفتن
abrir (vt)	bāz kardan	باز کردن
aburrirse (vr)	hosele sar raftan	حوصله سر رفتن
acariciar (~ el cabello)	navāzeš kardan	نوازش کردن
acercarse (vr)	nazdik šodan	نزدیک شدن
acompañar (vt)	ham-rāhi kardan	همراهی کردن
aconsejar (vt)	nasihat kardan	نصیحت کردن
actuar (vi)	amal kardan	عمل کردن
acusar (vt)	mottaham kardan	متهم کردن
adiestrar (~ animales)	tarbiyat kardan	تربیت کردن
adivinar (vt)	hads zadan	حدس زدن
admirar (vt)	tahsin kardan	تحسین کردن
adular (vt)	tamalloq goftan	تملق گفتن
advertir (avisar)	hošdār dādan	هشدار دادن
afeitarse (vr)	riš tarāšidan	ریش تراشیدن
afirmar (vt)	ta'kid kardan	تأکید کردن
agitar la mano	tekān dādan	تکان دادن
agradecer (vt)	tašakkor kardan	تشکر کردن
ahogarse (vr)	qarq šodan	غرق شدن
aislar (al enfermo, etc.)	jodā kardan	جدا کردن
alabarse (vr)	be rox kešidan	به رخ کشیدن
alimentar (vt)	xorāk dādan	خوراک دادن
almorzar (vi)	nāhār xordan	ناهار خوردن
alquilar (~ una casa)	ejāre kardan	اجاره کردن
alquilar (barco, etc.)	kerāye kardan	کرایه کردن
aludir (vi)	kenāye zadan	کنایه زدن
alumbrar (vt)	rowšan kardan	روشن کردن
amarrar (vt)	pahlu gereftan	پهلو گرفتن
amenazar (vt)	tahdid kardan	تهدید کردن
amputar (vt)	qat' kardan	قطع کردن
añadir (vt)	afzudan	افزودن
anotar (vt)	yāddāšt kardan	یادداشت کردن
anular (vt)	laqv kardan	لغو کردن
apagar (~ la luz)	xāmuš kardan	خاموش کردن
aparecer (vi)	padidār šodan	پدیدار شدن
aplastar (insecto, etc.)	lah kardan	له کردن
aplaudir (vi, vt)	dast zadan	دست زدن

apoyar (la decisión)	poštibāni kardan	پشتیبانی کردن
apresurar (vt)	be ajale vā dāštan	به عجله وا داشتن
apuntar a ...	nešāne raftan	نشانه رفتن
arañar (vt)	čang zadan	چنگ زدن
arrancar (vt)	kandan	کندن

arrepentirse (vr)	afsus xordan	افسوس خوردن
arriesgar (vt)	risk kardan	ریسک کردن
asistir (vt)	mo'āvenat kardan	معاونت کردن
aspirar (~ a algo)	eštiyāq dāštan	اشتیاق داشتن

atacar (mil.)	hamle kardan	حمله کردن
atar (cautivo)	bastan	بستن
atar a ...	bastan	بستن
aumentar (vt)	afzudan	افزودن
aumentarse (vr)	afzāyeš yāftan	افزایش یافتن

autorizar (vt)	ejāze dādan	اجازه دادن
avanzarse (vr)	piš raftan	پیش رفتن
avistar (vt)	didan	دیدن
ayudar (vt)	komak kardan	کمک کردن

bajar (vt)	pāin āvardan	پائین آوردن
bañar (~ al bebé)	hamām kardan	حمام کردن
bañarse (vr)	ābtani kardan	آبتنی کردن
beber (vi, vt)	nušidan	نوشیدن
borrar (vt)	pāk kardan	پاک کردن

brillar (vi)	deraxšidan	درخشیدن
bromear (vi)	šuxi kardan	شوخی کردن
bucear (vi)	širje raftan	شیرجه رفتن
burlarse (vr)	masxare kardan	مسخره کردن

buscar (vt)	jostoju kardan	جستجو کردن
calentar (vt)	garm kardan	گرم کردن
callarse (no decir nada)	sāket māndan	ساکت ماندن
calmar (vt)	ārām kardan	آرام کردن
cambiar (de opinión)	avaz kardan	عوض کردن

cambiar (vt)	avaz kardan	عوض کردن
cansar (vt)	xaste kardan	خسته کردن
cargar (camión, etc.)	bār kardan	بار کردن
cargar (pistola)	por kardan	پر کردن
casarse (con una mujer)	ezdevāj kardan	ازدواج کردن

castigar (vt)	tanbih kardan	تنبیه کردن
cavar (fosa, etc.)	kandan	کندن
cazar (vi, vt)	šekār kardan	شکار کردن
ceder (vi, vt)	taslim šodan	تسلیم شدن

cegar (deslumbrar)	kur kardan	کور کردن
cenar (vi)	šām xordan	شام خوردن
cerrar (vt)	bastan	بستن
cesar (vt)	bas kardan	بس کردن
citar (vt)	naql-e qowl kardan	نقل قول کردن
coger (flores, etc.)	kandan	کندن

coger (pelota, etc.)	gereftan	گرفتن
colaborar (vi)	ham-kāri kardan	همکاری کردن
colgar (vt)	āvizān kardan	آویزان کردن
colocar (poner)	qarār dādan	قرار دادن
combatir (vi)	jangidan	جنگیدن
comenzar (vt)	šoru' kardan	شروع کردن
comer (vi, vt)	xordan	خوردن
comparar (vt)	moqāyse kardan	مقایسه کردن
compensar (vt)	jobrān kardan	جبران کردن
competir (vi)	reqābat kardan	رقابت کردن
compilar (~ una lista)	tanzim kardan	تنظیم کردن
complicar (vt)	pičide kardan	پیچیده کردن
componer (música)	tasnif kardan	تصنیف کردن
comportarse (vr)	raftār kardan	رفتار کردن
comprar (vt)	xarid kardan	خرید کردن
comprender (vt)	fahmidan	فهمیدن
comprometer (vt)	badnām kardan	بدنام کردن
informar (~ a la policía)	xabar dādan	خبر دادن
concentrarse (vr)	motemarkez šodan	متمرکز شدن
condecorar (vt)	medāl dādan	مدال دادن
conducir el coche	rāndan	راندن
confesar (un crimen)	e'terāf kardan	اعتراف کردن
confiar (vt)	etminān kardan	اطمینان کردن
confundir (vt)	qāti kardan	قاطی کردن
conocer (~ a alguien)	šenāxtan	شناختن
consultar (a un médico)	mošāvere šodan	مشاوره شدن
contagiar (vt)	mobtalā kardan	مبتلا کردن
contagiarse (de …)	mobtalā šodan	مبتلا شدن
contar (dinero, etc.)	hesāb kardan	حساب کردن
contar (una historia)	hekāyat kardan	حکایت کردن
contar con …	hesāb kardan	حساب کردن
continuar (vt)	edāme dādan	ادامه دادن
contratar (~ a un abogado)	estexdām kardan	استخدام کردن
controlar (vt)	kontorol kardan	کنترل کردن
convencer (vt)	moteqā'ed kardan	متقاعد کردن
convencerse (vr)	mo'taqed šodan	معتقد شدن
coordinar (vt)	hamāhang kardan	هماهنگ کردن
corregir (un error)	eslāh kardan	اصلاح کردن
correr (vi)	davidan	دویدن
cortar (un dedo, etc.)	boridan	بریدن
costar (vt)	qeymat dāštan	قیمت داشتن
crear (vt)	ijād kardan	ایجاد کردن
creer (vt)	bāvar kardan	باور کردن
cultivar (plantas)	kāštan	کاشتن
curar (vt)	mo'āleje kardan	معالجه کردن

253. Los verbos D-E

dar (algo a alguien)	dādan	دادن
darse prisa	ajale kardan	عجله کردن
darse un baño	hamām kardan	حمام کردن
datar de ...	tārix gozāri šodan	تاریخ گذاری شدن
deber (v aux)	bāyad	باید
decidir (vt)	tasmim gereftan	تصمیم گرفتن
decir (vt)	goftan	گفتن
decorar (para la fiesta)	tazyin kardan	تزیین کردن
dedicar (vt)	ehdā kardan	اهدا کردن
defender (vt)	defāʾ kardan	دفاع کردن
defenderse (vr)	az xod defāʿ kardan	از خود دفاع کردن
dejar caer	andāxtan	انداختن
dejar de hablar	sāket šodan	ساکت شدن
denunciar (vt)	lo dādan	لو دادن
depender de ...	vābaste budan	وابسته بودن
derramar (líquido)	rixtan	ریختن
desamarrar (vt)	tark kardan	ترک کردن
desaparecer (vi)	nāpadid šodan	ناپدید شدن
desatar (vt)	bāz kardan	باز کردن
desayunar (vi)	sobhāne xordan	صبحانه خوردن
descansar (vi)	esterāhat kardan	استراحت کردن
descender (vi)	pāyin āmadan	پایین آمدن
descubrir (tierras nuevas)	kašf kardan	کشف کردن
desear (vt)	xāstan	خواستن
desparramarse (azúcar)	rixtan	ریختن
emitir (~ un olor)	paxš kardan	پخش کردن
despegar (el avión)	parvāz kardan	پرواز کردن
despertar (vt)	bidār kardan	بیدار کردن
despreciar (vt)	tahqir kardan	تحقیر کردن
destruir (~ las pruebas)	az beyn bordan	از بین بردن
devolver (paquete, etc.)	pas ferestādan	پس فرستادن
diferenciarse (vr)	farq dāštan	فرق داشتن
distribuir (~ folletos)	towziʿ kardan	توزیع کردن
dirigir (administrar)	edāre kardan	اداره کردن
dirigirse (~ al jurado)	morāje'e kardan	مراجعه کردن
disculpar (vt)	baxšidan	بخشیدن
disculparse (vr)	ozr xāstan	عذر خواستن
discutir (vt)	bahs kardan	بحث کردن
disminuir (vt)	kam kardan	کم کردن
distribuir (comida, agua)	paxš kardan	پخش کردن
divertirse (vr)	šādi kardan	شادی کردن
dividir (~ 7 entre 5)	taqsim kardan	تقسیم کردن
doblar (p.ej. capital)	do barābar kardan	دو برابر کردن

dudar (vt)	šok dāštan	شک داشتن
elevarse (alzarse)	sar be āsmān kešidan	سر به آسمان کشیدن
eliminar (obstáculo)	raf' kardan	رفع کردن
emerger (submarino)	bālā-ye āb āmadan	بالای آب آمدن
empaquetar (vt)	baste bandi kardan	بسته بندی کردن
emplear (utilizar)	este'māl kardan	استعمال کردن
emprender (~ acciones)	mobāderat kardan	مبادرت کردن
empujar (vt)	hel dādan	هل دادن
enamorarse (de …)	āšeq šodan	عاشق شدن
encabezar (vt)	rahbari kardan	رهبری کردن
encaminar (vt)	hedāyat kardan	هدایت کردن
encender (hoguera)	rowšan kardan	روشن کردن
encender (radio, etc.)	rowšan kardan	روشن کردن
encontrar (hallar)	peydā kardan	پیدا کردن
enfadar (vt)	xašmgin kardan	خشمگین کردن
enfadarse (con …)	baxš-am āmadan	بخشم آمدن
engañar (vi, vt)	farib dādan	فریب دادن
enrojecer (vi)	sorx šodan	سرخ شدن
enseñar (vi, vt)	āmuxtan	آموختن
ensuciarse (vr)	kasif šodan	کثیف شدن
entrar (vi)	vāred šodan	وارد شدن
entrenar (vt)	tamrin dādan	تمرین دادن
entrenarse (vr)	tamrin kardan	تمرین کردن
entretener (vt)	sargarm kardan	سرگرم کردن
enviar (carta, etc.)	ferestādan	فرستادن
envidiar (vt)	hasad bordan	حسد بردن
equipar (vt)	mojahhaz kardan	مجهز کردن
equivocarse (vr)	eštebāh kardan	اشتباه کردن
escoger (vt)	entexāb kardan	انتخاب کردن
esconder (vt)	penhān kardan	پنهان کردن
escribir (vt)	neveštan	نوشتن
escuchar (vt)	guš dādan	گوش دادن
escuchar a hurtadillas	esterāq-e sam' kardan	استراق سمع کردن
escupir (vi)	tof kardan	تف کردن
esperar (aguardar)	montazer budan	منتظر بودن
esperar (anticipar)	montazer budan	منتظر بودن
esperar (tener esperanza)	omid dāštan	امید داشتن
estar (~ sobre la mesa)	qarār dāštan	قرار داشتن
estar acostado	derāz kešidan	دراز کشیدن
estar basado (en …)	mottaki budan	متکی بودن
estar cansado	xaste šodan	خسته شدن
estar conservado	mahfuz māndan	محفوظ ماندن
estar de acuerdo	movāfeqat kardan	موافقت کردن
estar en guerra	jangidan	جنگیدن
estar perplejo	heyrat kardan	حیرت کردن

estar sentado	nešastan	نشستن
estremecerse (vr)	larzidan	لرزیدن
estudiar (vt)	dars xāndan	درس خواندن

evitar (peligro, etc.)	duri jostan	دوری جستن
examinar (propuesta)	barresi kardan	بررسی کردن
excluir (vt)	exrāj kardan	اخراج کردن
exigir (vt)	darxāst kardan	درخواست کردن

existir (vi)	vojud dāštan	وجود داشتن
explicar (vt)	touzih dādan	توضیح دادن
expresar (vt)	bayān kardan	بیان کردن
expulsar (ahuyentar)	rāndan	راندن

254. Los verbos F-M

facilitar (vt)	āsān kardan	آسان کردن
faltar (a las clases)	qāyeb budan	غایب بودن
fascinar (vt)	del bordan	دل بردن
felicitar (vt)	tabrik goftan	تبریک گفتن

firmar (~ el contrato)	emzā kardan	امضا کردن
formar (vt)	bevojud āvardan	بوجود آوردن
fortalecer (vt)	tahkim kardan	تحکیم کردن
forzar (obligar)	majbur kardan	مجبور کردن

fotografiar (vt)	aks gereftan	عکس گرفتن
garantizar (vt)	tazmin kardan	تضمین کردن
girar (~ a la izquierda)	pičidan	پیچیدن
golpear (la puerta)	dar zadan	درزدن

gritar (vi)	faryād zadan	فریاد زدن
guardar (cartas, etc.)	negāh dāštan	نگاه داشتن
gustar (el tenis, etc.)	dust dāštan	دوست داشتن
gustar (vi)	dust dāštan	دوست داشتن
habitar (vi, vt)	zendegi kardan	زندگی کردن

hablar con ...	harf zadan bā	حرف زدن با
hacer (vt)	anjām dādan	انجام دادن
hacer conocimiento	āšnā šodan	آشنا شدن
hacer copias	kopi gereftan	کپی گرفتن

hacer la limpieza	jam-o jur kardan	جمع و جورکردن
hacer una conclusión	estenbāt kardan	استنباط کردن
hacerse (vr)	šodan	شدن
hachear (vt)	boridan	بریدن
heredar (vt)	be ers bordan	به ارث بردن

imaginarse (vr)	tasavvor kardan	تصور کردن
imitar (vt)	taqlid kardan	تقلید کردن
importar (vt)	vāred kardan	وارد کردن
indignarse (vr)	xašmgin šodan	خشمگین شدن
influir (vt)	ta'sir gozāštan	تأثیر گذاشتن
informar (vt)	āgah kardan	آگاه کردن

| informarse (vr) | bāxabar šodan | با خبر شدن |
| inquietar (vt) | negarān kardan | نگران کردن |

inquietarse (vr)	negarān šodan	نگران شدن
inscribir (en la lista)	darj kardan	درج کردن
insertar (~ la llave)	qarār dādan	قرار دادن
insistir (vi)	esrār kardan	اصرار کردن

inspirar (vt)	elhām baxšidan	الهام بخشیدن
instruir (enseñar)	yād dādan	یاد دادن
insultar (vt)	towhin kardan	توهین کردن
intentar (vt)	kušidan	کوشیدن
intercambiar (vt)	avaz kardan	عوض کردن

interesar (vt)	jāleb budan	جالب بودن
interesarse (vr)	alāqe dāštan	علاقه داشتن
interpretar (actuar)	bāzi kardan	بازی کردن
intervenir (vi)	modāxele kardan	مداخله کردن
inventar (máquina, etc.)	exterā' kardan	اختراع کردن

invitar (vt)	da'vat kardan	دعوت کردن
ir (~ en taxi)	raftan	رفتن
ir (a pie)	raftan	رفتن
irritar (vt)	xašmgin kardan	خشمگین کردن

irritarse (vr)	xašmgin šodan	خشمگین شدن
irse a la cama	be raxtexāb raftan	به رختخواب رفتن
jugar (divertirse)	bāzi kardan	بازی کردن
lanzar (comenzar)	šoru' kardan	شروع کردن
lavar (vt)	šostan	شستن

lavar la ropa	šostan-e lebās	شستن لباس
leer (vi, vt)	xāndan	خواندن
levantarse (de la cama)	boland šodan	بلند شدن
liberar (ciudad, etc.)	āzād kardan	آزاد کردن
librarse de …	xalās šodan az	خلاص شدن از

limitar (vt)	mahdud kardan	محدود کردن
limpiar (~ el horno)	tamiz kardan	تمیز کردن
limpiar (zapatos, etc.)	pāk kardan	پاک کردن
llamar (le llamamos …)	nāmidan	نامیدن
llamar (por ayuda)	komak xāstan	کمک خواستن

llamar (vt)	sedā kardan	صدا کردن
llegar (~ al Polo Norte)	residan	رسیدن
llegar (tren)	residan	رسیدن
llenar (p.ej. botella)	por kardan	پر کردن

retirar (~ los platos)	bā xod bordan	با خود بردن
llorar (vi)	gerye kardan	گریه کردن
lograr (un objetivo)	be natije residan	به نتیجه رسیدن
luchar (combatir)	mobāreze kardan	مبارزه کردن

luchar (sport)	košti gereftan	کشتی گرفتن
mantener (la paz)	hefz kardan	حفظ کردن
marcar (en el mapa, etc.)	nešāne gozāštan	نشانه گذاشتن

matar (vt)	koštan	کشتن
memorizar (vt)	be xāter sepordan	به خاطر سپردن
mencionar (vt)	zekr kardan	ذکر کردن
mentir (vi)	doruq goftan	دروغ گفتن
merecer (vt)	šāyeste budan	شایسته بودن
mezclar (vt)	maxlut kardan	مخلوط کردن
mirar (vi, vt)	negāh kardan	نگاه کردن
mirar a hurtadillas	pāyidan	پاییدن
molestar (vt)	mozāhem šodan	مزاحم شدن
mostrar (~ el camino)	nešān dādan	نشان دادن
mostrar (demostrar)	nešān dādan	نشان دادن
mover (el sofá, etc.)	jābejā kardan	جابه جا کردن
multiplicar (mat)	zarb kardan	ضرب کردن

255. Los verbos N-R

nadar (vi)	šenā kardan	شنا کردن
negar (rechazar)	rad kardan	رد کردن
negar (vt)	enkār kardan	انکار کردن
negociar (vi)	mozākere kardan	مذاکره کردن
nombrar (designar)	ta'yin kardan	تعیین کردن
notar (divisar)	motevajjeh šodan	متوجه شدن
obedecer (vi, vt)	etā'at kardan	اطاعت کردن
objetar (vt)	moxalefat kardan	مخالفت کردن
observar (vt)	mošāhede kardan	مشاهده کردن
ofender (vt)	ranjāndan	رنجاندن
oír (vt)	šenidan	شنیدن
oler (despedir olores)	bu dādan	بو دادن
oler (percibir olores)	buidan	بوئیدن
olvidar (dejar)	jā gozāštan	جا گذاشتن
olvidar (vt)	farāmuš kardan	فراموش کردن
omitir (vt)	az qalam andāxtan	از قلم انداختن
orar (vi)	do'ā kardan	دعا کردن
ordenar (mil.)	farmān dādan	فرمان دادن
organizar (concierto, etc.)	taškil dādan	تشکیل دادن
osar (vi)	jor'at kardan	جرأت کردن
pagar (vi, vt)	pardāxtan	پرداختن
pararse (vr)	motevaghef šodan	متوقف شدن
parecerse (vr)	šabih budan	شبیه بودن
participar (vi)	šerekat kardan	شرکت کردن
partir (~ a Londres)	raftan	رفتن
pasar (~ el pueblo)	gozāštan	گذشتن
pecar (vi)	gonāh kardan	گناه کردن
pedir (ayuda, etc.)	xāstan	خواستن
pedir (restaurante)	sefāreš dādan	سفارش دادن
pegar (golpear)	zadan	زدن

peinarse (vr)	sar xod rā šāne kardan	سر خودرا شانه کردن
pelear (vi)	zad-o-xord kardan	زد و خورد کردن
penetrar (vt)	nofuz kardan	نفوذ کردن
pensar (creer)	fekr kardan	فکر کردن
pensar (vi, vt)	fekr kardan	فکر کردن
perder (paraguas, etc.)	gom kardan	گم کردن
perdonar (vt)	baxšidan	بخشیدن
permitir (vt)	ejāze dādan	اجازه دادن
pertenecer a …	ta'alloq dāštan	تعلق داشتن
pesar (tener peso)	vazn dāštan	وزن داشتن
pescar (vi)	māhi gereftan	ماهی گرفتن
planchar (vi, vt)	oto kardan	اتو کردن
planear (vt)	barnāmerizi kardan	برنامه ریزی کردن
poder (v aux)	tavānestan	توانستن
poner (colocar)	gozāštan	گذاشتن
poner en orden	morattab kardan	مرتب کردن
poseer (vt)	sāheb budan	صاحب بودن
preferir (vt)	tarjih dādan	ترجیح دادن
preocuparse (vr)	negarān šodan	نگران شدن
preparar (la cena)	hāzer kardan	حاضر کردن
preparar (vt)	āmāde kardan	آماده کردن
presentar (~ a sus padres)	mo'arrefi kardan	معرفی کردن
presentar (vt) (persona)	mo'arrefi kardan	معرفی کردن
presentar un informe	gozāreš dādan	گزارش دادن
prestar (vt)	qarz gereftan	قرض گرفتن
prever (vt)	pišbini kardan	پیش بینی کردن
privar (vt)	mahrum kardan	محروم کردن
probar (una teoría, etc.)	esbāt kardan	اثبات کردن
prohibir (vt)	mamnu' kardan	ممنوع کردن
prometer (vt)	qowl dādan	قول دادن
pronunciar (vt)	talaffoz kardan	تلفظ کردن
proponer (vt)	pišnahād dādan	پیشنهاد دادن
proteger (la naturaleza)	mohāfezat kardan	محافظت کردن
protestar (vi, vt)	e'terāz kardan	اعتراض کردن
provocar (vt)	tahrik kardan	تحریک کردن
proyectar (~ un edificio)	tarh rizi kardan	طرح ریزی کردن
publicitar (vt)	tabliq kardan	تبلیغ کردن
quedar (una ropa, etc.)	monāseb budan	مناسب بودن
quejarse (vr)	šekāyat kardan	شکایت کردن
quemar (vt)	suzāndan	سوزاندن
querer (amar)	dust dāštan	دوست داشتن
querer (desear)	xāstan	خواستن
quitar (~ una mancha)	bardāštan	برداشتن
quitar (cuadro de la pared)	bardāštan	برداشتن
guardar (~ en su sitio)	morattab kardan	مرتب کردن
rajarse (vr)	tarak xordan	ترک خوردن

realizar (vt)	amali kardan	عملی کردن
recomendar (vt)	towsie kardan	توصیه کردن
reconocer (admitir)	e'terāf kardan	اعتراف کردن
reconocer (una voz, etc.)	šenāxtan	شناختن
recordar (tener en mente)	be xāter āvardan	به خاطر آوردن

recordar algo a algn	yād-āvari kardan	یادآوری کردن
recordarse (vr)	be xāter āvardan	به خاطر آوردن
recuperarse (vr)	behbud yāftan	بهبود یافتن
reflexionar (vi)	be fekr foru raftan	به فکر فرو رفتن
regañar (vt)	da'vā kardan	دعوا کردن

regar (plantas)	āb dādan	آب دادن
regresar (~ a la ciudad)	bargaštan	برگشتن
rehacer (vt)	dobāre anjām dādan	دوباره انجام دادن
reírse (vr)	xandidan	خندیدن

reparar (arreglar)	dorost kardan	درست کردن
repetir (vt)	tekrār kardan	تکرار کردن
reprochar (vt)	sarzaneš kardan	سرزنش کردن
reservar (~ una mesa)	rezerv kardan	رزرو کردن

resolver (~ el problema)	hal kardan	حل کردن
resolver (~ la discusión)	hal-o-fasl kardan	حل و فصل کردن
respirar (vi)	nafas kešidan	نفس کشیدن
responder (vi, vt)	javāb dādan	جواب دادن

retener (impedir)	māne' šodan	مانع شدن
robar (vt)	dozdidan	دزدیدن
romper (mueble, etc.)	šekastan	شکستن
romperse (la cuerda)	pāre šodan	پاره شدن

256. Los verbos S-V

saber (~ algo mas)	dānestan	دانستن
sacudir (agitar)	tekān dādan	تکان دادن
salir (libro)	montašer šodan	منتشر شدن
salir (vi)	birun raftan	بیرون رفتن

saludar (vt)	salām kardan	سلام کردن
salvar (vt)	najāt dādan	نجات دادن
satisfacer (vt)	qāne' kardan	قانع کردن
secar (ropa, pelo)	xošk kardan	خشک کردن

seguir ...	donbāl kardan	دنبال کردن
seleccionar (vt)	entexāb kardan	انتخاب کردن
sembrar (semillas)	kāštan	کاشتن
sentarse (vr)	nešastan	نشستن

sentenciar (vt)	mahkum kardan	محکوم کردن
sentir (peligro, etc.)	hess kardan	حس کردن
ser causa de ...	sabab budan	سبب بودن
ser indispensable	zaruri budan	ضروری بودن
ser necesario	hāmi budan	حامی بودن

| ser suficiente | kāfi budan | کافی بودن |
| ser, estar (vi) | budan | بودن |

servir (~ a los clientes)	serv kardan	سرو کردن
significar (querer decir)	ma'ni dādan	معنی دادن
significar (vt)	ma'ni dāštan	معنی داشتن
simplificar (vt)	sāde kardan	ساده کردن

sobreestimar (vt)	mobāleqe kardan	مبالغه کردن
sofocar (un incendio)	xāmuš kardan	خاموش کردن
soñar (durmiendo)	xāb didan	خواب دیدن
soñar (fantasear)	ārezu kardan	آرزو کردن

sonreír (vi)	labxand zadan	لبخند زدن
soplar (viento)	vazidan	وزیدن
soportar (~ el dolor)	tāqat āvordan	طاقت آوردن
sorprender (vt)	mote'ajjeb kardan	متعجب کردن

sorprenderse (vr)	mote'ajjeb šodan	متعجب شدن
sospechar (vt)	su'-e zann-e dāštan	سوء ظن داشتن
subestimar (vt)	dast-e kam gereftan	دست کم گرفتن
subrayar (vt)	xatt kešidan	خط کشیدن

sufrir (dolores, etc.)	ranj didan	رنج دیدن
suplicar (vt)	eltemās kardan	التماس کردن
suponer (vt)	farz kardan	فرض کردن
suspirar (vi)	āh kešidan	آه کشیدن

temblar (de frío)	larzidan	لرزیدن
tener (vt)	dāštan	داشتن
tener miedo	tarsidan	ترسیدن
terminar (vt)	be pāyān resāndan	به پایان رساندن

tirar (cuerda)	kešidan	کشیدن
tirar (disparar)	tirandāzi kardan	تیراندازی کردن
tirar (piedras, etc.)	andāxtan	انداختن

tocar (con la mano)	lams kardan	لمس کردن
tomar (vt)	bardāštan	برداشتن
tomar nota	neveštan	نوشتن
trabajar (vi)	kār kardan	کار کردن

traducir (vt)	tarjome kardan	ترجمه کردن
traer (un recuerdo, etc.)	āvardan	آوردن
transformar (vt)	taqyir dādan	تغییر دادن
tratar (de hacer algo)	talāš kardan	تلاش کردن

unir (vt)	mottahed kardan	متحد کردن
unirse (~ al grupo)	peyvastan	پیوستن
usar (la cuchara, etc.)	estefāde kardan	استفاده کردن
vacunar (vt)	vāksine kardan	واکسینه کردن

vender (vt)	foruxtan	فروختن
vengar (vt)	enteqām gereftan	انتقام گرفتن
verter (agua, vino)	rixtan	ریختن
vivir (vi)	zendegi kardan	زندگی کردن